Breve historia
de la guerra de Vietnam

BREVE HISTORIA
DE LA GUERRA DEL VIETNAM

Raquel Barrios Ramos

nowtilus

Colección: Breve Historia
www.brevehistoria.com

Título: *Breve historia de la guerra de Vietnam*
Autor: © Raquel Barrios Ramos
Director de la colección: Ernest Yassine Bendriss

Copyright de la presente edición: © 2015 Ediciones Nowtilus, S.L.
Doña Juana I de Castilla 44, 3º C, 28027 Madrid
www.nowtilus.com

Elaboración de textos: Santos Rodríguez
Revisión y adaptación literaria: Teresa Escarpenter

Responsable editorial: Isabel López-Ayllón Martínez
Maquetación: Patricia T. Sánchez Cid
Diseño y realización de cubierta: Onoff Imagen y comunicación

ISBN edición impresa: 978-84-9967-686-9
ISBN impresión bajo demanda: 978-84-9967-687-6
ISBN edición digital: 978-84-9967-688-3
Fecha de edición: Marzo 2015

Impreso en España
Imprime: Servicepoint
Depósito legal: M-4965-2015

A Ángel y Claudia, la luz que siempre me ilumina.

A Constanza, una gran maestra.

Índice

Introducción

Cuando se aborda un episodio de la historia que ya ha sido previamente analizado por un elevado número de autores, es difícil superar el reto de ofrecer un estudio innovador –o, cuanto menos, sugerente– que arroje algo más de luz sobre lo ya existente. Sin embargo, lo que ha pretendido este libro no es solamente ahondar en los hechos históricos ofreciendo un nuevo estudio de los mismos, sino sumergir al lector en la historia narrada, ponerle en la tesitura de implicarse en ella de un modo tal que, de alguna manera, se sienta parte de la misma, no un mero espectador. Es importante abordar la historia de una forma crítica, sin limitarse a realizar un simple ejercicio memorístico sin más. Debemos asimilar la realidad que estamos percibiendo a través de las páginas de un libro como parte de nuestra propia realidad, a pesar de que los hechos que se dan a conocer se sitúen en una cultura diferente a la propia y sea probable que la interpretación del pasado se vea con cierta distancia. Es por esto que resulta muy importante entenderlos desde una perspectiva global en la que todo guarda relación y aparece entrelazado. Por lo que es necesario dar a conocer los hechos de manera que el interés por lo que se cuenta no disminuya y contribuya de forma considerable al enriquecimiento de nuestra cultura.

El protagonismo que el Tercer Mundo adquirió en el contexto de la Guerra Fría tuvo su origen en su elección por parte del mundo desarrollado como escenario para manifestar sus rivalidades. Aunque se encuadre dentro de las guerras de liberación, la guerra de Vietnam no puede ser considerada como un conflicto-tipo más que sirvió de enfrentamiento entre las dos superpotencias. Vietnam supuso el inicio de una nueva etapa como nación y para el conjunto de las relaciones internacionales. Marcaría un ritmo diferente en la construcción de su propia historia para todos aquellos que de una forma más o menos directa se vieron implicados en el conflicto. Para Francia supuso el comienzo de su declive como potencia colonial, y para Estados Unidos el inicio de una nueva etapa en lo relativo a su identidad como nación. Nada fue igual desde que Vietnam se cruzó en la historia de la gran superpotencia. Sin olvidarse de China, siempre expectante y deseosa de erigirse en el árbitro del continente asiático, para quien Vietnam puso de manifiesto su rivalidad con la Unión Soviética y significó la oportunidad de conseguir materializar este objetivo.

Lo que hemos contado a lo largo de estas páginas es la historia de un país que accedió a su independencia de forma absolutamente traumática, pagando un precio demasiado elevado para obtenerla. Tras décadas de dominación francesa, Indochina quiere dejar de serlo para pasar a ser Vietnam, y para dar este paso necesitaba desligarse de cualquier vínculo con su pasado colonial. Algo que no interesaba a quienes seguían viendo al Tercer Mundo como un escenario en el que satisfacer sus necesidades, sin tener en cuenta la posibilidad de que estas no coincidiesen con las que existían en estos territorios. Prueba de ello lo constituye el hecho de que, nada más empezar, Vietnam nace partido por la mitad. Quedaba por delante un largo camino en el que aún restaban muchas batallas que librar. Cuando Estados Unidos tomó el relevo de Francia no imaginaba que se enfrentaría al mayor desafío de su historia. Vietnam, con simples campesinos que combatían en la guerrilla y una notoria inferioridad armamentística por parte del ejército de Vietnam del Norte, supo hacer frente a la que se postulaba como la nación más poderosa del mundo, que contaba con el ejército más potente y la tecnología más avanzada, pero nada de esto le sirvió para evitar la derrota: Estados Unidos ganó todas las batallas, pero perdió una guerra que jamás llegó a ser declarada.

Así pues, veremos cómo en el contexto de la Guerra Fría se crearía el clima más apropiado para favorecer un desenlace que jamás nadie esperaba. Los diferentes acuerdos y tratados llevados a cabo no fueron capaces de ofrecer soluciones eficaces; más bien servirán para ralentizar la pacificación de un territorio que tan solo aspiraba a acceder a su legítimo derecho de desligarse de su pasado colonial y evolucionar siendo un país con entidad propia. Por eso no admitió que simplemente «se cambiara de dueño» y una nación poderosa fuese sustituida por otra aún más fuerte en el contexto internacional.

La guerra fue la herramienta que inevitablemente tuvo que emplearse para forjar su destino, toda vez que la vía diplomática había dejado de funcionar. Fueron tres décadas de lucha continua, de cruentas batallas, de terribles enfrentamientos, que constantemente medían las fuerzas de ambos bandos, en las cuales el conflicto se transformó en un pulso para ver quién se mantenía más firme y era capaz de imponer su voluntad. Pero la apabullante fuerza norteamericana no pudo con la interminable resistencia vietnamita, que supo hacer de ella su principal arma y el argumento más sólido en el que apoyarse para asestar al enemigo el golpe definitivo que le obligó a retirarse y a asumir que había sido vencido, dejándole sin capacidad para reaccionar.

1

La ruptura mundial: la Guerra Fría

Si el período de entreguerras estuvo determinado por las consecuencias de la Primera Guerra Mundial, casi resulta redundante destacar que el mundo que se configuró después de 1945 fue el resultado directo de lo experimentado a raíz del gran conflicto. La nueva comunidad internacional vendría definida, como denominaron los analistas en su momento, por una paz virtual, la cual se pondría en funcionamiento por medio de una serie de conferencias, celebradas algunas de ellas incluso antes de que finalizara la guerra, encaminadas a configurar un nuevo mundo. Sin embargo, la tensión será la nota predominante en la evolución de las relaciones internacionales. Y será esa misma tensión la que decidirá el trazado de las fronteras, las zonas de influencia y los enfrentamientos entre las dos superpotencias a través de los países del Tercer Mundo. A pesar de que hubo esfuerzos para conducir la paz, como fue la gestión de la Organización de las Naciones Unidas

(ONU), su eficacia fue muy limitada y siempre estuvo condicionada por los dos grandes directores mundiales, estadounidenses y soviéticos. La política de los dos grandes resultó ser una lucha sin cuartel por una imposición uno frente al otro para controlar el mundo, impidiendo con ello un entendimiento internacional.

La configuración de la escena internacional

El término «Guerra Fría» tiene distintos orígenes. Hay quienes consideran que la primera vez que se menciona con un sentido de tensión contenida fue en un escrito de Don Juan Manuel (s. xiv), quien utilizó este término para referirse a la precaria paz entre musulmanes y cristianos en España. Otros lo ponen en boca de George Orwell, escritor y periodista británico, quien en un artículo titulado «You and the Atomic Bomb» [Usted y la bomba atómica] empleó el término tal y como lo conocemos. Incluso hay quienes defienden la idea (François Genoud, en su obra *El testamento de Adolf Hitler: los documentos de Hitler-Bormann*) de que el propio Hitler lo definió con exactitud, ya que hablaba de un mundo bipolar en el que habría dos superpotencias, Estados Unidos y la Unión Soviética (URSS), que construirían sus respectivas historias basándose en una continua prueba de fuerza, y no sólo en el ámbito militar, sino también en el ideológico y la economía. Concluía afirmando que a ambas les resultaría casi imprescindible el apoyo de Alemania. Pero al margen de definiciones literarias con un carácter más o menos histórico, lo cierto es que el concepto «Guerra Fría» es originario de Estados Unidos. Según parece fue definido por primera vez en el sentido estricto con el que ha pasado a la historia por un periodista, H. B. Swope y popularizado por otro, W. Lippmann. A finales de la década de los cuarenta ya se utilizaba con toda normalidad para definir el complicado sistema de relaciones internacionales que imperaba tras la guerra; aunque de todas las definiciones posibles, la más simple, pero si cabe la más contundente, fue la que dio John Foster Dulles, secretario de Estado en la Administración Eisenhower, quien se refirió a ella como «todo lo que no es guerra caliente o declarada».

El espíritu que caracterizó la Guerra Fría, según citan J. P. Martínez y O. Pérez Tello, fue variando en función de cómo esta iba evolucionando. Así, habría que hablar de un «espíritu de exterminio», protagonizado por Stalin en los últimos años de la Segunda Guerra Mundial, consistente en erradicar todo aquello que no fuera sinónimo de comunismo; un «espíritu de reparto» (Conferencia de Yalta, 1945), que marcó el reparto de las zonas de influencia en la postguerra, y que fue el germen de la preponderancia de los dos grandes países; el «espíritu de revancha» (Potsdam, 1945), ya terminado el conflicto, cuando vuelven a reunirse los tres grandes –Gran Bretaña, Unión Soviética y Estados Unidos–, esta vez con Truman a la cabeza tras el fallecimiento de Roosevelt, convirtiéndose la reunión en un pulso enfebrecido entre Estados Unidos y la Unión Soviética por imponer los puntos de vista occidentales frente a la tenacidad de Stalin; un «espíritu de diplomacia» (Ginebra, 1955), cuando, con el telón de acero siendo ya una realidad, y tras la guerra de Corea y abierta la brecha en Vietnam de forma irremediable, la diplomacia es casi un eufemismo en las relaciones Este-Oeste; un «espíritu de coexistencia» (Camp David, 1959), cuando la distensión aparente esconde una serie de provocaciones por parte de Moscú de forma constante, así como una cierta ventaja en su empresa propagandística a través de la carrera espacial, y un continuo estado de alerta por parte de Estados Unidos. La atmósfera está enrarecida. «Espíritu de diálogo» (Viena, 1961): Kennedy inicia una era en la que intentó evitar los malentendidos. El presidente estadounidense hablaba de dialogar sin temor, presentando a Occidente, por primera vez en la evolución de la Guerra Fría, desde una enorme firmeza. Y, por último, «espíritu de desacuerdo» (Glasborow, 1967): las posiciones no pueden estar más separadas. La política atómica al margen de Naciones Unidas, Oriente Medio y, muy significativamente, la guerra de Vietnam, conducirán las relaciones internacionales a posturas casi irreconciliables.

Este desencuentro en la actuación de las distintas políticas internacionales se concretó, en primer lugar, por el cambio producido en el centro de poder. Ya no será Europa, como había ido sucediendo a lo largo de los siglos, el centro neurálgico mundial, sino que frente a ella se erguirán dos grandes colosos, Estados Unidos y la Unión Soviética, cuyo poder económico y político, así como sus relaciones bilaterales, marcarán las pautas a seguir por el resto del mundo en las relaciones internacionales. Su velado, pero continuo enfrentamiento, mantenido dentro de unos límites impuestos por el terrible riesgo que implicaba una guerra nuclear, condujo casi irremediablemente a un mundo bipolar canalizado a través de los dos grandes organismos internacionales surgidos para la ocasión, esto es, la OTAN y el Pacto de Varsovia. En segundo lugar, tras la división del mundo en Este-Oeste, Europa necesitaba encontrar su sitio. No podía resignarse a ser el segundón en la construcción de la historia, teniendo en cuenta que siempre había sido el primogénito. Es por ello que el europeísmo, que cobró fuerza casi más por necesidad que por pura convicción, culminó con la creación de la Comunidad Económica Europea (CEE). Europa tenía que estar a la altura de los más grandes. Y es por ello que la evolución de la política exterior europea estaría marcada por esta condición a partir de entonces. Y por último, un elemento absolutamente decisivo: el proceso de descolonización. El acceso a su independencia política no supuso la liberación económica para las antiguas colonias –es lo que muchos autores han bautizado como neocolonialismo–, de ahí que se considere el subdesarrollo la consecuencia directa y principal de la descolonización. Aunque el Tercer Mundo emerja con identidad propia frente al mundo desarrollado, nunca pudo desempeñar un papel protagonista y, de hecho, esa sigue siendo la realidad de la inmensa mayoría de los países que lo integran.

Sea como fuere, el origen del enfrentamiento entre estadounidenses y soviéticos hay que fundamentarlo en dos causas principales; de un lado, la diferencia de ideologías político-sociales de ambos países; y, por otro, la concentración de poder en sus manos de manera progresiva. Mientras que para los Estados Unidos y Occidente la libertad individual no tiene precio y son mucho más importantes las garantías políticas que la estructura del régimen social, para la Unión Soviética y los países del área comunista el camino hacia la libertad pasa por la omnipotencia del Estado y la subordinación de la libertad individual al interés colectivo, ya que esta es la única manera de construir una sociedad igualitaria y justa. Además de esto, el proceso de acumulación de poder entre las dos grandes superpotencias también fue diferente. Los Estados Unidos parten de una ventaja indiscutible: las bajas en la guerra habían sido mucho menores –trescientos mil muertos, frente a los veintidós millones de soviéticos–, la destrucción, escasa, la producción industrial, emergente, y eran una potencia nuclear. Sin embargo, la Unión Soviética superará su retraso en el punto de partida con un ímprobo esfuerzo por conseguir ser una gran potencia militar aunque fuese a costa del consumo. No pasaría mucho tiempo hasta que estuviese en condiciones de equilibrar su armamento con el de Estados Unidos. La lucha por el poder universal había comenzado.

Casi resulta obvio decir que el surgimiento de un mundo bipolar tuvo también una correlación económica. Tras la guerra mundial la economía de los países beligerantes presentaba unas condiciones espantosas. Tan solo Estados Unidos y Canadá habían aumentado sus índices de producción. En el resto de los países la devastación era absoluta: pérdidas de vidas humanas contadas por millones, destrucción física de los países, deuda, hundimiento de la producción, etc., todo lo cual configuraba un panorama sobre el que planearían, sin duda, las dificultades y el estancamiento.

No obstante, la evolución de la economía en las tres décadas siguientes –período que nos ocupa– se esquematiza de manera diferente según se hable del bloque occidental o del bloque oriental.

El bloque occidental, incuestionablemente dominado por los Estados Unidos, se movió en un neocapitalismo que, según A. Fernández, se manifestaría en cuatro fases claramente diferenciadas:

1. Reconstrucción (1945-1950): destaca el apoyo de Estados Unidos a la reconstrucción de las economías europeas aniquiladas tras la guerra (1947, Plan Marshall).
2. Reactivación (1950-1953): el aumento de la producción de la industria bélica, alentada por la guerra de Corea, influyó notablemente en otros sectores económicos, afectando esta reactivación sobre todo a Estados Unidos y a Japón.
3. Crecimiento sostenido (1954-1973): el sistema se afianza, aunque no esté exento de crisis puntuales, generándose un crecimiento ininterrumpido hasta la entrada en escena de la grave crisis económica de 1973.
4. Desde 1973: la quiebra de la coyuntura alcista. La subida de los precios del petróleo generaría

una serie de dificultades económicas de carácter estructural que pusieron en tela de juicio la validez del orden económico establecido tras la Segunda Guerra Mundial.

En líneas generales este período se caracterizó, primero, por fundamentar la expansión económica en la renovación de las fuentes de energía y la aplicación de la tecnología a la industria hasta el punto de ser considerada por la mayoría de los expertos como la tercera revolución industrial. Los rápidos avances científicos y técnicos han posibilitado la construcción del mundo tal y como lo entendemos hoy en día. En este sentido cabe destacar la enorme importancia que alcanzó la energía atómica, enfocándose su investigación en un principio como sustituta del petróleo y convirtiéndose a lo largo de todo este período en una gran excusa para medir fuerzas de forma reiterada entre las dos superpotencias en su lucha por la hegemonía mundial. Todo ello, en términos estrictamente de producción, se traduce en un traslado de la población activa del sector primario a los sectores secundario y terciario. Además, los Estados tendrán mucho más protagonismo en la economía, de modo que su intervencionismo en la misma servirá para controlar aún más las relaciones internacionales. Sirva de ejemplo la canalización de grandes sumas de dinero del gobierno hacia la industria de armamento, fiel reflejo de la situación internacional de esta etapa histórica.

Por su parte, el sistema soviético generó un gran desarrollo económico basándose en otros parámetros muy diferentes. La propiedad colectiva de los medios de producción es el primer gran rasgo que la caracterizó. Esto supuso la colectivización forzosa de la tierra desde el Primer Plan Quinquenal (1928-1932), ya fuera en cooperativas, ya en granjas estatales, así como el control por parte del Estado tanto de la industria como de los mecanismos de distribución. En el mismo sentido, la planificación económica seguida por las autoridades soviéticas orientó la recuperación y posterior desarrollo de su economía hacia las industrias básicas. Solamente tras la muerte de Stalin en 1953, y siguiendo las líneas que trazan la evolución de la Guerra Fría, se reorientará la producción de manos de Kruschev hacia sectores ya olvidados como la industria de consumo y la agricultura. De este modo, la economía de planificación de la Unión Soviética supuso un férreo control estatal sobre los mecanismos económicos —emisión de moneda, control de los precios, decisión sobre el consumo— y posibilitó de manera absoluta la desviación de los recursos hacia los intereses estrictamente gubernamentales —industria de armamento—, emulando así a su eterno rival.

Y en medio de ambos surgiría casi dos tercios de la población mundial aglutinada en torno a eso que convino en bautizarse como el Tercer Mundo, el cual en muchas ocasiones se vio obligado a soslayar la creación de su propia identidad, la construcción de su propia historia, para poner ambas al servicio de los intereses de las dos superpotencias. Vietnam fue uno de los más claros ejemplos de ello.

En cualquier caso, la Guerra Fría se revistió de un carácter oficial a partir de 1947, cuando empezó el fin de esa etapa que los analistas habían denominado como de expectativas económicas. Incluso antes de que acabara la guerra, desde 1943, la actuación de los soviéticos, la cual difería considerablemente de los criterios de actuación seguidos por los tres grandes aliados, esto es, Estados Unidos, Francia y Gran Bretaña, hacía presagiar una falta de entendimiento que culminaría en un claro enfrentamiento. No hay que perder de vista que de lo que se trataba era de repartirse el mundo tras una guerra universal. De ahí que la rivalidad entre ambos bloques fuera inevitable. Los primeros teóricos de la guerra, uno estadounidense —G. F. Kennan, embajador estadounidense en Moscú— y otro soviético, A. Jdanov, proclamaron casi antes que nadie la idea de que el tiempo de cooperación había pasado y que las nuevas condiciones internacionales exigían un cambio acorde con el nuevo papel de las dos superpotencias. En 1946, de forma simultánea al anuncio de Churchill de la aparición en Europa del telón de acero, Kennan aseguraba que la esencia de la política exterior norteamericana no debía ser otra que la de dedicarse en cuerpo y alma a contener la expansión soviética. Este punto de vista encontró rápidamente adeptos en todo el territorio estadounidense, preparando el terreno para la denominada Doctrina Truman un tiempo después, así como para la formulación de la denominada «política de represalia masiva» de la Administración republicana de Eisenhower. En el lado soviético la respuesta no fue menos contundente. Jdanov lo oficializó durante la conferencia fundacional de la Kominform –Oficina Internacional de Información–, creada en 1947 en respuesta a la Doctrina Truman y con el fin de coordinar la actuación de los partidos comunistas bajo la dirección de la Unión Soviética.

Para los estadounidenses la estrategia de la Guerra Fría, cuyo único objetivo es proteger el mundo libre del peligro comunista, se basaba en cuatro puntos esenciales:

1. Creación y sostenimiento de una gran potencia militar.
2. Ayuda económica a los países destruidos por la guerra y apoyo al mundo libre.
3. Constitución de alianzas militares mediante un sistema de pactos multilaterales que permitieran cercar a la Unión Soviética y sus aliados.
4. Propagación de una ideología anticomunista que legitimara todas sus actuaciones.

La heterogeneidad de este bloque obliga a su líder a formular una serie de alianzas múltiples encaminadas a identificar con carácter integrador su área de influencia en el mundo. Esta idea cristalizará con la creación de la

Organización del Tratado del Atlántico Norte (OTAN), en abril de 1949, teniendo su equivalente en el bloque oriental en el Pacto de Varsovia (1955), y se convertirá en la máxima alianza defensiva de la zona occidental. El mundo socialista, por su parte, bastante más compacto, basó su estrategia de confrontación en el desarrollo de un poder militar propio, la integración militar y económica del bloque del este europeo, el apoyo a los movimientos pacifistas del mundo occidental y la lucha contra las disidencias internas en el propio bloque. La forma en que llevaron a cabo esta actuación en Asia, escenario geográfico que nos ocupa, se tradujo, por parte de Estados Unidos, en aplastar la amenaza comunista en esta zona –convirtiéndose Vietnam en el máximo exponente de esta obsesión–, presente desde los movimientos independentistas y el triunfo comunista de Mao en 1949. Y, en lo relativo a la Unión Soviética, con una política mucho menos agresiva pero no por ello impasible, en la implantación progresiva del comunismo en esta zona del mundo, que se convirtió en un objetivo prioritario, convencidos de que su triunfo sería irremediable y la derrota de las terribles fuerzas del capitalismo aniquilador inevitable.

Las dos últimas décadas de la Guerra Fría, hasta que la perestroika de Gorbachov marque el principio del fin, fueron definitivas. Se producirían una serie de acontecimientos que irían configurando el panorama internacional de forma inequívoca. En 1970 entraría en vigor el Tratado de No Proliferación Nuclear –firmado por potencias nucleares como Estados Unidos, Unión Soviética y Gran Bretaña, pero que no sería ratificado hasta 1992 por otras potencias como Francia o China–; en 1972, tras la firma del acuerdo SALT I, comienza una nueva etapa en la Guerra Fría conocida como Detente; en 1979, Carter y Brezhnev firman el acuerdo SALT II para la reducción de sus arsenales nucleares. A finales de ese mismo año se produjo la invasión soviética de Afganistán, para evitar la caída del régimen comunista, que conllevaría un claro recrudecimiento del espíritu de enfrentamiento de la Guerra Fría.

Llegados ya los ochenta, con Reagan y Gorbachov al frente del todavía mundo bipolar, lo más destacable será la política aperturista de este último, cuya culminación vendría con el anuncio de la glasnost y la perestroika, que marcaría la última fase del conflicto, cuya fecha de caducidad se fijó en 1989, ya con George Bush liderando el bloque occidental. La caída del muro de Berlín (el 9 de noviembre) y la subsiguiente reunificación de Alemania al año siguiente (el 3 de octubre) supondrían el primer gran paso hacia el fin de una era: Gorbachov anunciaba una nueva era de paz, que daría sus primeros pasos el 19 de noviembre de 1990, con la declaración oficial de Bush y Yeltsin, presidente de la Federación Rusa, del fin de la Guerra Fría, y que alcanzaría su madurez con la renuncia el 25 de diciembre de 1991 de Gorbachov a la Secretaría General del Partido Comunista de la Unión Soviética (PCUS) y la desintegración de la Unión Soviética el 31 de diciembre, al ser arriados por última vez la hoz y el martillo en el Kremlin.

Después de 1989 se asentarían las bases del nuevo orden mundial. A partir de esta fecha se celebran elecciones libres y abiertas en la mayoría de los países del Este, perdiendo poder los partidos comunistas. En 1991 la Unión Soviética se disgregaba en numerosas naciones independientes, simbolizando este hecho el verdadero fin de la Guerra Fría. Así, el sistema bipolar cedió paso a uno multipolar en el que los Estados Unidos quedaba como única potencia mundial, pero obligada a ceder gran parte de su poder, o al menos a compartirlo, con otros países, ya sean aliados o no. Será la descentralización del poder el verdadero motor en el funcionamiento de las relaciones internacionales.

Ahora bien, el nuevo mundo surgido a finales del siglo xx no está exento de fricciones, rivalidades, problemas y conflictos. Todo lo contrario. Estos seguirán siendo una constante en el funcionamiento de las respectivas políticas exteriores. La inestabilidad del mundo árabe, la guerra del Golfo (1990), la disolución de Yugoslavia –país que vivió una cruenta guerra civil entre 1991 y 2000–, el conflicto árabe-israelí o la cuestión de Cachemira son los más claros ejemplos de ello. Aunque quizás, y al decir de los expertos, el hecho más impactante de este nuevo periodo es el que se ha convenido en denominar «guerra global contra el terrorismo», cuyo origen directo se encuentra en los atentados de las torres gemelas del 11 de septiembre y en la posterior guerra de Afganistán, a pesar de que, desgraciadamente, la victoria militar de la coalición anglo-americana en este conflicto no supuso el final de la amenaza terrorista internacional en el mundo.

Washington y Moscú: la batalla diplomática

La evolución de las respectivas políticas exteriores norteamericana y soviética durante el largo período de tiempo que ocupó la Guerra Fría decidió la suerte que iba a correr el mundo. La creciente rivalidad entre ambas fue una constante en el diseño de las mismas, de tal manera que la famosa *paz virtual,* establecida gracias a las numerosas conferencias y acuerdos mantenidos, en realidad no fue nada más que la excusa para desplegar toda una doctrina que posibilitara el cumplimiento de sus respectivos intereses. El equilibrio internacional pasaba por equilibrar el diálogo estadounidense-soviético de tal manera que, a pesar de la lejanía de sus respectivas posturas, una convergencia en lo esencial fuera posible.

Roosevelt había fallecido en 1945, un mes antes de que finalizara la guerra, sucediéndole en el cargo el vicepresidente Truman. Este partía del compromiso que había adquirido su país tras la guerra de contribuir a salvaguardar la paz y el orden mundiales, siguiendo los principios de Naciones Unidas. Sus principales retos fueron terminar la guerra, implantar la paz y asegurar el retorno a una vida normal. Para conseguir su objetivo tuvo que tomar una serie de decisiones trascendentales, algunas de ellas incluso antes de acabar la guerra, entre las que podría destacarse contravenir la decisión de Churchill de hacer avanzar a las tropas aliadas hacia el Este hasta llegar a Berlín, evitando con ello un enfrentamiento directo con Stalin cuya ayuda para vencer a Japón podría serle de gran utilidad.

No obstante, al acabar la guerra Estados Unidos era el único país que poseía la bomba atómica, con lo que podría dominar el mundo. Sin embargo, en 1949 los soviéticos hicieron estallar su primera bomba atómica. El duelo de titanes había comenzado de manera efectiva.

Stalin había ido aumentando su poder a lo largo de la guerra, hecho que consolidó al acabar esta. Mientras que en su país tenía que resolver serios problemas políticos y económicos, su política exterior la centró en obtener una posición privilegiada y de preferencia frente al resto de potencias en el contexto internacional surgido tras el conflicto. Para ello debía afianzar el comunismo en todo el mundo. Mientras estaba Roosevelt pudo mantenerse la situación, pero los verdaderos problemas llegaron con Truman y su doctrina, ya que Stalin siempre seguirá sus propias ideas –como su sorprendente Ofensiva de paz– y porque rebatirá casi de forma constante cada iniciativa, plan o idea proveniente de la Administración Truman. La Doctrina Truman, con la cual se quería llevar a cabo una labor de contención del comunismo y desde la que el presidente estadounidense consideraba «el efecto dominó» como una amenaza real para los intereses de su país, chocaba frontalmente con la intención primera de la política exterior soviética de expansión del comunismo. El Plan Marshall, programa de reconstrucción europea, fue calificado por Stalin de «instrumento del imperialismo del dólar» y constituyó la excusa perfecta de Stalin para apartarse de Occidente. Además, la constitución de la OTAN en 1949 será interpretada por la Unión Soviética como el primer gran pacto anticomunista, el cual tuvo su réplica en el Pacto de Varsovia constituido en 1955.

Sin embargo, en las relaciones EE. UU.-URSS en esta etapa de la Guerra Fría, el momento culminante de tensión se alcanzó con la guerra de Corea (1950-1953), ya que se temió que verdaderamente fuese el detonante de otra gran guerra, a pesar de que al final del conflicto las cosas permanecieron casi igual que cuando empezó y el paralelo 38 seguía siendo el límite entre las dos Coreas.

Cuando Eisenhower llega a la Casa Blanca, dos estadistas estarán al frente de su política exterior: primero, F. Dulles, y, a su muerte, C. Herder. Ambos consideraban que el antagonismo comunismo/mundo libre convertía las relaciones internacionales en un largo y tortuoso camino. Y para minimizar su efecto sólo había dos caminos posibles: uno, contener y rechazar el comunismo mediante pactos militares; otro, ayudar económicamente a los países no comunistas. Estas consideraciones, más bien la primera de ellas, estaban basadas en la denominada Doctrina Eisenhower (1957), también conocida como «Represalias masivas» o Doctrina Dulles, la cual comprometía a Estados Unidos a la defensa de otros países frente a la influencia comunista. En realidad era una doctrina militar geoestratégica mediante la cual un Estado se comprometía a enfrentarse al enemigo de forma mucho más contundente en caso de ataque. Dicha doctrina ponía el énfasis en el uso disuasivo de las armas nucleares y en la intervención en cualquier conflicto en cualquier parte del mundo donde se observara la influencia soviética. En cualquier caso, la política de Eisenhower respecto a la Unión Soviética pretendía mejorar las relaciones entre ambas naciones, bastante más deteriorada desde la resolución rusa sobre Berlín. Con esta intención propuso el presidente la celebración de una Conferencia de Ministros de Asuntos Exteriores en Ginebra, en 1954, para discutir las cuestiones sobre Alemania. Pero esta conferencia no obtuvo ningún resultado positivo ante la intransigencia soviética.

Kruschev, al frente de los soviéticos desde 1953, resumía su actuación en tres puntos básicos: coexistencia pacífica, consolidación de la posición preeminente de la Unión Soviética en el mundo y no ingerencia en los asuntos internos de otros países. Kruschev supuso el comienzo de la desestanilización de la Unión Soviética y su cambio de rumbo respecto al papel de los rusos. En su discurso secreto de 1956 (titulado «Acerca del culto a la personalidad», pronunciado en el XX Congreso del PCUS) intentó volver al leninismo inicial y denunció los crímenes de Stalin y su represión. Curiosamente es en este mismo año cuando los soviéticos aplastan el levantamiento popular en Hungría. Los estadounidenses no intervendrán. Comienza así la coexistencia pacífica.

Así, y toda vez que había quedado desterrado el culto a la personalidad de la época stalinista, Kruschev pone en práctica su doctrina, la cual cristalizó en dos encuentros claves: uno con Eisenhower –la entrevista en Camp David en 1959– y otro con Kennedy en la Conferencia de Viena de 1961. Lo verdaderamente trascendental del encuentro de Camp David, aparte del hecho de que fue la primera visita que hizo un presidente soviético a otro estadounidense, acuñándose tras el encuentro la expresión el «espíritu de Camp David», el cual inauguró la política de coexistencia pacífica, lo constituyó el hecho de que fue toda una declaración de intenciones por ambas partes, ya que se expresó al mundo el deseo de «solucionar todos los problemas internacionales por medios pacíficos». Pero además, en esta visita, Eisenhower y Kruschev acordaron celebrar una cumbre, en la que también estarían presentes Francia y Gran Bretaña, que comenzaría en París con el fin de intentar llegar a un acuerdo que pusiera fin a la Guerra

Fría y a los experimentos atómicos. Pero casi siempre ocurría un hecho puntual que deshacía las intenciones y volvía a conducir las relaciones internacionales al punto de partida: en vísperas de la reunión, un avión estadounidense U-2 fue derribado por un cohete ruso, Kruschev envió una nota exigiendo la suspensión de los vuelos de los U-2, pero Eisenhower se negó a aceptarlo y Kruschev abandonó la cumbre.

Con el nombramiento de Kennedy en 1961 como presidente de Estados Unidos la política exterior norteamericana se centraría en intentar contrarrestar la constante ofensiva soviética que seguía estando protagonizada por Kruschev. Sus líneas maestras fueron la intensificación de la fuerza de disuasión a base de armas nucleares y convencionales, la eliminación de posibles reticencias por parte de sus aliados occidentales al otorgarles la facultad de participar del derecho a utilizar armas atómicas y colaborar con una Europa atlántica unida (1962), y priorizar la ayuda militar al exterior. Sin embargo, la piedra angular de su programa estaba constituida por la denominada Alianza para el Progreso, «ante la imperiosa necesidad de cambiar la situación de pobreza y atraso en la que se encontraba una gran parte del mundo». En ese programa Kennedy se comprometía a atacar el analfabetismo, acabar con el hambre, tratar la injusta distribución de la tierra, de la vivienda y la insalubridad. Estados Unidos se comprometía así a aportar suficientes recursos como para que este programa se hiciera realidad.

El transcurso de las relaciones bilaterales se vio marcado por dos acontecimientos. De un lado, la mencionada Conferencia de Viena de 1961, que puso de manifiesto el hecho de que la posibilidad de acuerdo entre ambas superpotencias podía seguir siendo una realidad (ambas coincidieron en lo conveniente de un Laos neutral e independiente). Por otro, la crisis de los misiles de Cuba de 1962, que supuso un nuevo brote de tensión, aunque quedase de nuevo contenida. En este sentido, habría que destacar que fue entonces cuando se creó el famoso teléfono rojo –vía de comunicación directa entre Washington y Moscú– con el fin de evitar que la falta de comunicación entre ambos pudiera desembocar en conflictos no deseados. Sin embargo, este entendimiento que tan bien parecía transcurrir por los cauces de las relaciones bilaterales, quedó bruscamente interrumpido cuando el 13 de agosto de 1961 se construyó el muro de la vergüenza en Berlín, levantado por los soviéticos con la excusa de evitar la huida de los comunistas a la Alemania Federal.

El asesinato del presidente Kennedy obligó al relevo presidencial en la Casa Blanca. Johnson fue nombrado presidente en 1963 y tuvo que hacer frente a bastantes retos en lo que a la política exterior se refiere. Hubo numerosas dificultades y graves problemas de entre los que cabe destacar la crisis de la República Dominicana (en 1965 Estados Unidos invade Santo Domingo siguiendo la Doctrina Johnson de «intervención exterior cuando exista peligro comunista en algún país») y muy especialmente la guerra de Vietnam. No obstante, y en aras de la política de coexistencia pacífica, consiguió algunos logros reseñables, tales como consolidar las exportaciones americanas a la Unión Soviética.

Después de Johnson llegó Nixon, en 1969, quien se vio obligado a tratar las mismas cuestiones que su antecesor en política exterior. De entre todas ellas, y de una manera especialmente significativa, hay que seguir mencionando el conflicto vietnamita. El propio presidente declaró ante el Congreso el mismo día de su nombramiento que Vietnam constituía sin duda su mayor reto. Su prioridad era poner fin al conflicto. Y, a pesar de que lo consiguió, el fin definitivo de la guerra no se produciría hasta 1975, cuando Nixon ya no era presidente, y el presidente Ford tuvo que soportar no solo el impacto terrible que había supuesto Vietnam y las consecuencias que tuvo, sino también el efecto de Camboya; ambos fueron dos duros golpes para la administración norteamericana, que tuvo que sufrir el recelo por parte de terceros hacia el poder y la eficacia de Estados Unidos. Ya no parecía invencible. A pesar de todo, en su momento Nixon declaró haber firmado una paz con honor.

Así, mientras esto sucedía por la parte americana, en la Unión Soviética la situación había cambiado considerablemente. Desde 1964 Kruschev había sido sustituido por la troika Brezsnev-Kossigyn-Podgorny, a la que había que añadir a Gromiko –ministro de Asuntos Exteriores desde 1957–, lo cual implicaba la concentración del poder en manos del Politburó, de once miembros, y no en el secretariado del PCUS. El cambio de política que siguió al gobierno de Kruschev repercutió considerablemente en la política exterior de la Unión Soviética, de la cual, en relación con Estados Unidos, habría que resaltar el viaje que en 1973 realizó Brezsnev a Estados Unidos y tras el cual se firmó el Tratado SALT I. Además, en julio de ese mismo año se celebró la primera Conferencia Europea de Seguridad y Cooperación, que pretendía liquidar la Guerra Fría y que ha sido considerada por los analistas como la reunión más importante de esta etapa.

En definitiva, las relaciones Washington-Moscú fueron un cúmulo de encuentros y desencuentros que canalizaron las relaciones internacionales durante la Guerra Fría. Para hablar de los segundos, no hace falta más que indagar en las numerosas crisis y diversos conflictos producidos a lo largo de las décadas y de los cuales hemos ido dando cuenta. Y al destacar los primeros, siguiendo a L. Rubio García, podríamos concluir que se resumieron en contactos presidenciales relativamente frecuentes, cuya intención principal no era otra que evitar que la disparidad de criterios y los intereses contrapuestos no desembocasen en una nueva guerra abierta a nivel mundial; el respeto del statu quo establecido haciendo concesiones mutuas;

el mantenimiento del temor mutuo a la guerra por error (es decir, que la falta de comunicación o una mala interpretación no desembocara en el desastre); y, por último, el mantenimiento del consenso respecto al armamento nuclear.

EL SISTEMA DE ALIANZAS. LOS ORGANISMOS INTERNACIONALES

Si hubiese que definir la Guerra Fría desde el punto de vista de la diplomacia, este sería sin duda ninguna el del sistema de alianzas político-militares y económicas que se generó a lo largo de todo este período. Este sistema no persiguió más objetivo, como nos indica J. Gil Pecharromán, que el de facilitar la cooperación entre países de un mismo bloque y marcar su territorio frente a cualquier tentativa de incursión por parte del adversario. Tal y como nos apunta este historiador, su legitimación fue buscada por ambas superpotencias en el artículo 51 de la Carta de las Naciones Unidas, donde se reconocía el derecho a la legítima defensa, y en el artículo 52, que permitía el establecimiento de acuerdos regionales.

Las rivalidades surgidas entre las potencias vencedoras disminuyen de manera significativa las posibilidades de establecer la paz de forma unánime. Sin embargo, se harán grandes esfuerzos por conseguirlo. Las siguientes conferencias y acuerdos representaron esos esfuerzos por lograrlo: la Carta del Atlántico (1941), elaborada por Churchill y Roosevelt, establecía los principios que definirían el mundo tras la guerra: se insiste en la necesidad de una paz basada en la libertad y la igualdad de todos los pueblos; la Conferencia de Teherán (noviembre-diciembre de 1943), cuya finalidad principal fue la de establecer las estrategias necesarias por parte de los tres grandes –Estados Unidos, Unión Soviética y Gran Bretaña– para una rápida y total derrota de los alemanes: se centrará en asentar las bases para el surgimiento de una organización supranacional; la Conferencia de Yalta (febrero de 1945), fundamental para la posguerra, tendrá como objetivo primordial la preparación de la paz, lo cual concluirá en una serie de acuerdos básicos, de entre los cuales los más destacables para el tema que nos ocupan serán la división de Alemania en cuatro zonas y la creación de la Organización de Naciones Unidas sobre las bases establecidas por Roosevelt; y, por último, la Conferencia de Potsdam (agosto de 1945), verdadero arranque de la realidad bipolar que en las décadas siguientes protagonizarían Estados Unidos y la Unión Soviética. Después de Potsdam se llevarán a cabo unas complicadas reuniones del Consejo de Ministros de Exteriores (las dos superpotencias más Gran Bretaña, Francia y China) que no harán más que acrecentar la tensión entre Oriente y Occidente.

Los resultados de toda esta serie de conferencias y acuerdos se traducen en modificaciones territoriales muy importantes y, sobre todo, en un nuevo contexto político marcado por la distinta situación de cada Estado al acabar la contienda. Por otro lado, y teniendo en cuenta el fracaso de la Sociedad de Naciones tras la Primera Guerra Mundial, se creará un nuevo organismo internacional, la Organización de Naciones Unidas, que intentará superar todo tipo de obstáculos para llegar al entendimiento internacional.

La presencia de una organización como esta fue necesaria para otorgar un mínimo de coherencia a la complicada diplomacia de este contexto histórico, y ello a pesar de que en numerosas ocasiones no logrará su objetivo de mediador de la paz y crisol en el que confluir los intereses nacionales en aras de un interés supranacional. Ello se debió seguramente a que contaba con numerosas limitaciones para conseguir cumplir con éxito su misión: la primera, y, si cabe, más importante, el predominio de los dos grandes acompañados de sus respectivos aliados, desde donde se van a plantear las mismas posiciones inmovilistas. Aunque la ONU es una organización puramente política, no está exenta de un componente militar, siendo este uno de los puntos de fricción más considerable entre las dos superpotencias. Desde el primer momento los Estados Unidos defendieron la idea de que a la ONU no se la podía considerar un gobierno mundial y, por lo tanto, sus fuerzas armadas no tendrían que ser permanentes. Por eso proponían el establecimiento de bases estratégicas distribuidas a lo largo del mundo entero para que Naciones Unidas pudiera reaccionar de forma inmediata en caso de necesidad. La Unión Soviética, sin embargo, rechazaba esta propuesta de Estados Unidos y argumentaba que las tropas estuvieran en sus respectivos países mientras no las necesitase el Consejo de Seguridad. Posteriormente, los países del Tercer Mundo, que nunca van a ver representados sus intereses con justicia. En tercer lugar, la cuestión del *regionalismo internacional,* entendido como la reivindicación de su propia entidad por parte de los Estados medianos y pequeños, resistentes a ser relegados al papel de simples peones estratégicos para la defensa de los intereses de los dos grandes. Y en cuarto y último lugar, el deseo a la propia identidad cultural de cada Estado, con independencia de su situación geoestratégica o del bloque al que pertenezca.

El sistema de alianzas y acuerdos diseñó el mapa diplomático en este específico contexto histórico de forma explícita. Así, un recorrido por las más importantes de ellas nos hará entender de manera muy significativa la evolución histórica de este contexto de Guerra Fría:

Tratado del Atlántico Norte (OTAN) (1949) que integra a Bélgica, Canadá, Dinamarca, Francia, Islandia, Italia, Luxemburgo, Holanda, Noruega, Portugal, Gran Bretaña y Estados Unidos con el único objetivo de reprimir el avance comunista.

Comunidad Europea del Carbón y del Acero (CECA) (1951), al amparo del Tratado de París. Constituirá el germen de la futura Comunidad Económica Europea, surgida por el Tratado de Roma de 1957 (Francia, Italia, RFA, Holanda, Bélgica y Luxemburgo), que constituyó el primer gran paso de forma sólida para empezar a hablar de una Europa (en el bloque occidental) firmemente unida en la defensa de sus intereses comunes. Su principal cometido sería la creación de un mercado común mediante la supresión de aduanas para la libre circulación de productos.

Pacto de Varsovia (1955) en Europa oriental, firmado por Alemania Oriental, Checoslovaquia, Polonia, Hungría, Rumanía, Albania, Bulgaria y la Unión Soviética, fue el equivalente comunista a la OTAN.

Cumbre de París (1960) a causa del incidente con el avión estadounidense U-2.

Convención de Viena (1961): encuentro entre Kennedy y Kruschev que reguló las relaciones diplomáticas entre los países y la inmunidad de los diplomáticos.

Tratado de No Proliferación Nuclear (1970 año en que entra en vigor), firmado el 1 de julio de 1968 por los Estados Unidos, la Unión Soviética y Gran Bretaña, pero no ratificado por Francia y China hasta 1992.

SALT I (1971), siglas de Strategic Arms Limitation Talks [Conversaciones sobre Limitación de Armas Estratégicas], marca el inicio de una nueva etapa de la Guerra Fría conocida como «distensión». Se refiere a los encuentros Estados Unidos-Unión Soviética relativos al control de armas. Su intención primera era llegar a un acuerdo para frenar la proliferación de armas nucleares estratégicas y, por tanto, la carrera armamentística. Una consecuencia de este tratado fue el Strategic Arms Reduction Treaty, llamado START I, que consistió en la limitación en el uso de misiles nucleares que poseían las dos superpotencias. Fue propuesto por Reagan y firmado por Bush y, por la parte soviética, por Gorbachov.

Acuerdos de Helsinki (1975) entre los Estados Unidos, Canadá, la Unión Soviética y los países europeos de ambos bloques. Fue una conferencia sobre seguridad y cooperación en Europa que pretendió reducir las tensiones surgidas durante la etapa de la distensión.

SALT II (1979), firmado por Carter y Breznev, ponía límites a la construcción de armamentos estratégicos y un número para los misiles intercontinentales, así como a las lanzaderas de misiles instaladas en submarinos que poseían ambas superpotencias. Una consecuencia de este tratado fue el START II, firmado por Bush y Yeltsin en 1993, que prohibía el uso de cabezas nucleares múltiples.

Cumbre de Reykjavik (1986), donde Reagan y Gorbachov alcanzan varios acuerdos para el control efectivo de las armas nucleares.

No obstante, si nos circunscribimos al área geopolítica que constituía el Tercer Mundo, comprobaremos que una de las formas que encontraron los países que lo integraban de consolidar su necesidad de unidad frente a los dos colosos fue el sistema de alianzas. En este sentido, las que podríamos considerar más trascendentales fueron las siguientes:

- El *Plan Colombo* (1950). Reunidos en Colombo (Ceilán) –actual Sri Lanka–, los ministros de Asuntos Exteriores de diversos países de la Commonwealth –Gran Bretaña, Australia, Nueva Zelanda, India, Pakistán y Ceilán– establecen el llamado «Plan Colombo», por el cual destinan dos mil millones de libras esterlinas para el desarrollo económico de los países de Asia meridional y sudoriental. Lo financiarían los Estados más ricos de la Commonwealth, el Banco Internacional y el Export Import Bank. Transcurrido un tiempo se adherirían a este plan los Estados Unidos, Japón y la mayor parte de los países del Sudeste Asiático. En 1954, mientras que Francia capitulaba ante las fuerzas del Viet Minh y en Ginebra se celebraba una conferencia de paz, tenía lugar la Conferencia de Colombo, con India, Pakistán, Indonesia, Birmania –actual Myanmar– y Ceilán como participantes. Por primera vez se hicieron allí acuerdos abiertamente anticolonialistas y quedó registrado el solemne propósito de formalizar intenciones con la celebración de otra conferencia más amplia.

- Tratado ANZUS (1951), acrónimo proveniente de Australia, Nueva Zelanda y Estados Unidos (United States), países firmantes, que suponía un compromiso por parte de estos para defenderse mutuamente y cooperar en los asuntos concernientes a la defensa en la región del Pacífico Sur.

- Cumbre de Ginebra (1954), en donde se planteó por primera vez la necesidad de ofrecer soluciones generales a los conflictos, en virtud de lo cual se plantearon unos objetivos muy concretos:

1. Creación de un organismo internacional dependiente de Naciones Unidas que controlase el comercio entre las naciones.

2. Establecimiento de un sistema de preferencias, en la exportación a Estados desarrollados, para los productos elaborados o semielaborados de los países subdesarrollados.

3. Sistema de compensaciones para los precios de las materias primas de las naciones subdesarrolladas.

4. Compromiso por parte de los países más desarrollados para destinar algún porcentaje de su renta nacional a la asistencia de los países menos favorecidos.

En Ginebra se aprobaron un conjunto de recomendaciones, que tendrían que someterse a la Asamblea General de Naciones Unidas, aunque no eran ni obligatorias, ni ejecutorias, y se redactaron una serie de principios que pretendieron regular las relaciones internacionales desde la igualdad soberana de los Estados, hasta la necesidad de una descolonización absoluta.

De manera concreta en Ginebra se debatieron los problemas vietnamitas. Y, parece ser que una de sus intenciones más claras fue la de poner fin a la guerra de Francia contra el Viet Minh (1946-1954), aunque resulta obvio que a pesar de lo allí firmado no se llegó a solucionar de forma efectiva el problema.

Conferencia de Bandung (1955). Tras otra conferencia celebrada en Botor (Indonesia), los cinco de Colombo enviaron invitaciones a aquellos países de África y Asia que «tuviesen un gobierno independiente» para que asistiesen a una conferencia que tendría lugar en Bandung, Java, en Indonesia. Los países participantes fueron un total de veintinueve –veintitrés asiáticos y seis africanos–, figurando como países neutrales India e Indonesia y, como Estados vinculados a Occidente, Japón y Pakistán. La conferencia se estructuró en tres comisiones de trabajo: una política, una económica y una cultural, y fue organizada por los grandes líderes independentistas Nehru de la India y Sukarno de Indonesia, además de los líderes de Pakistán, Birmania y Ceilán. También hay que destacar la presencia de Pham Van Dong, ministro de Asuntos Exteriores de Vietnam del Norte, y del político socialista senegalés Léopold Sédar Sanghor, quien declaró: «Bandung expresa a escala planetaria la toma de conciencia y de dignidad de los pueblos de color». Tan escasa representación africana tiene su explicación en el hecho de que en 1955 África se hallaba en gran parte todavía bajo el dominio

La Conferencia de Ginebra, 1954.
Fuente: www.volvword.vn
La Conferencia de Ginebra resultaba especialmente importante
para Francia porque en ella se resolvió el futuro de Vietnam y,
por tanto, su futuro como potencia colonial

El ministro de Defensa de Vietnam Ta Quang Buu, sentado a
la derecha, firmando los acuerdos de la Conferencia de Ginebra
en 1954. Fuente: www.volvword.vn
La consecuencia más importante para Vietnam de la reunión de
Ginebra fue la división del país en dos naciones, una al norte,
comunista, con capital en Hanói, y otra al sur, con capital en
Saigón, aliada de Occidente. Ginebra marcó el principio del
enfrentamiento entre el norte y el sur de Vietnam

colonial. Los asistentes representaban el 55 % de la población mundial con tan solo el 8 % de la renta mundial.

El objetivo primordial de la conferencia era el de favorecer la cooperación económica y cultural afroasiática por oposición al colonialismo que habían ejercido durante demasiado tiempo las metrópolis europeas, así como el neocolonialismo que estas y Estados Unidos siguen ejerciendo en ambos continentes, apuntando con el dedo en este sentido recriminatorio también a la Unión Soviética.

Los principios básicos que definió Bandung, los cuales debían establecer las líneas maestras que seguir en las relaciones internacionales de los países no alineados, fueron estas:

1. Respeto por los derechos fundamentales del hombre y para los fines y principios de la Carta de las Naciones Unidas.
2. Respeto para la soberanía y la integridad territorial de todas las naciones.
3. Reconocimiento de la igualdad de todas las razas y de todas las naciones, grandes y pequeñas.
4. Abstención de intervenciones o interferencia en los asuntos internos de otros países.
5. Respeto al derecho de toda nación a defenderse por sí sola o en colaboración con otros Estados, en conformidad con la Carta de las Naciones Unidas.
6. Abstención de participar en acuerdos de defensa colectiva con vistas a favorecer los intereses particulares de una de las grandes potencias.
7. Abstención por parte de todo país a ejercitar presión sobre otros países.
8. Abstención de actos o de amenaza de agresión y del uso de la fuerza en los cotejos de la integridad territorial o de independencia política de cualquier país.

9. Composición de todas las vertientes internacionales con medios pacíficos, como tratados, conciliaciones, arbitraje o composición judicial, así como también con otros medios pacíficos, según la libre selección de las partes en conformidad con la Carta de las Naciones Unidas.

10. Promoción del interés y de la cooperación recíproca.

11. Respeto por la justicia y las obligaciones internacionales.

12. Hacer valer las creencias de las distintas culturas internacionales del Movimiento. Estos principios se plasmaron en cuatro decisivos acuerdos: el respeto por la soberanía y la integridad territorial de todas las naciones; el reconocimiento de la igualdad entre los hombres de distinta raza y entre las grandes y pequeñas potencias; la no ingerencia en los asuntos internos de otro país; y, por último, la prohibición de pruebas y uso de armas atómicas y nucleares.

Es a partir de Bandung, primera gran reunión de los países del Tercer Mundo, cuando empieza a hablarse con firmeza de neutralismo. Desde el primer momento surgirán dos corrientes en torno a este concepto. Por una parte, un neutralismo expectante, es decir, que se limitaba a observar los problemas internacionales sin comprometerse con ellos. Y, de otro lado, un neutralismo positivo (término acuñado por un periodista egipcio), o doctrina del no alineamiento, que supone una implicación total en esos problemas, participando de ellos, en su resolución, de forma plena.

Bandung está considerada la conferencia más importante celebrada por los países del Tercer Mundo. A decir verdad, si bien ese caminar unidos frente al enemigo común no acabó de funcionar en su sentido pleno, sí es cierto que sirvió para reforzar la identidad nacional afroasiática y para fomentar el orgullo de pertenecer a ella, condenando la opresión que ha supuesto, y puede seguir suponiendo, las respectivas políticas exteriores de los poderosos. Sin embargo, tras la conferencia no hubo ningún comunicado oficial anticomunista, sino todo lo contrario: fue un deseo, más o menos velado, más o menos evidente, de abrir una puerta a la esperanza a la buena comunicación en las relaciones internacionales.

Bandung inauguró una serie de conferencias internacionales identificadas como «afroasiáticas», o de países no alineados, y originó algunas instituciones permanentes:

- *Conferencia de El Cairo* (1957-1958). Dos años después de la conferencia de Bandung tiene lugar en El Cairo una conferencia afroasiática con la intención de coordinar la actuación de los países de los dos continentes. El hecho de cambiar de Asia a África obedeció a los problemas específicos que padecía el continente. El proceso de emancipación en el que entonces se hallaban inmersos los países africanos ponía en riesgo un proceso pacífico de descolonización y podría comprometer su futuro. La conferencia, que también se la bautizó como «Conferencia de solidaridad de los países de Asia y África», y en la que se reunieron representantes de 43 países, incluida la Unión Soviética, expresó en su declaración final su apoyo incondicional a los principios defendidos en Bandung. El hecho de que los soviéticos estuvieran presentes restó credibilidad a la declaración de intenciones de no alineamiento realizada en El Cairo.
- *Conferencia de Belgrado* (1961). Fue llamada la «Primera cumbre de países no alineados». A ella asistieron los jefes de Estado y de gobierno de

veinticinco países y, en calidad de observadores, representantes de Bolivia, Ecuador y Brasil. Sus principales promotores fueron Tito, Nehru y Nasser, considerados como «los padres del no alineamiento». Las sesiones se desarrollaron en un ambiente de tensión internacional: fracaso de la Cumbre de París, encuentro de Kruschev y Kennedy en Viena, levantamiento del muro de Berlín y la amenaza soviética con la bomba de los cien megatones. A pesar de la tensión, la intención de la conferencia fue la de contribuir de forma eficaz al mantenimiento de la paz y el equilibrio internacionales, así como a la cooperación pacífica entre los pueblos. La declaración final de la conferencia contenía dos puntos importantes: una invitación formal a los Estados Unidos y a la Unión Soviética para que celebraran una reunión y llegaran a un acuerdo para evitar otra guerra mundial, y la constitución de la Carta de no Alineamiento –coexistencia pacífica–, que expresaba el derecho de los pueblos a la autodeterminación, a la independencia y a la libre disposición de sus riquezas, a no pertenecer a ninguna alianza militar y a apoyar a los movimientos de liberación. Aunque esta conferencia sirvió para dejar patente el espíritu neutralista del Tercer Mundo, no consiguió modificar significativamente el comportamiento de los países firmantes, ni tampoco contribuyó mucho a la consolidación del equilibrio internacional.

- *Conferencia de Argel* (1965). Pretendía aprovechar el primer aniversario de Bandung para revisar y mejorar la situación del Tercer Mundo y así empezar a superar verdaderamente sus dificultades y a cumplir sus aspiraciones. China fue uno de los países que más impulsó una nueva reunión afroasiática, ya que pensaban que esta conferencia podría convertirse en una especie de tribunal internacional donde se condenase explícitamente la política norteamericana de Vietnam. Además, el hecho de que hubiese tenido lugar en Argel era igualmente significativo, puesto que era la capital de un país que había llegado a ser considerado el símbolo de la emancipación anticolonialista.

Nasser tenía un plan para Argel. Su intención era concluir que las relaciones políticas, económicas y sociales de los países afroasiáticos debían basarse en el apoyo mutuo. Sobre todo formando bloque dentro de la ONU. Pero el golpe de Estado del 18 de junio, con la brusca caída, eliminación y desaparición de Ahmed Ben Bella, quien había puesto todo su empeño en elegir a Argel para la simbólica representación de Bandung, alteró los planes establecidos. Las conversaciones se trasladaron a El Cairo, fruto de las mismas fue un comunicado, entre cuyos firmantes aparecía Nasser, confirmando su deseo de que la Conferencia de Argel no se suspendiese. Sin embargo, y en gran medida gracias a la oposición de China, no llegó a celebrarse. Esto puso de manifiesto que el Tercer Mundo como proyecto homogéneo no existía. Con Moscú y Washington dirigiendo el mundo era muy difícil que el Tercer Mundo fuera neutral. Si nos ceñimos estrictamente al espacio geopolítico que nos ocupa, el espíritu de colaboración entre los Estados del Tercer Mundo quedó cristalizado en lo que L. Mariñas Otero define como «el movimiento integrador asiático», cuya finalidad principal no era otra que configurar una línea de actuación lo más homogénea posible frente a Europa y, por supuesto, frente a las dos superpotencias. Misión esta bastante complicada, teniendo en cuenta que se trata de países de una gran diversidad en todos los sentidos, con intereses ideológicos, políticos y económicos muy diferentes, incluso a veces contrapuestos, con conflictos territoriales entre ellos, de una gran inestabilidad interna y que cuentan con constantes focos de tensión latentes como son las minorías étnicas no asimiladas. En estos países existe por lo tanto, y en opinión de este autor, un doble fenómeno sociocultural caracterizado por protagonizar al mismo tiempo un proceso de occidentalización y otro de nacionalización, de exaltación de los valores específicamente asiáticos, que genera un frontal rechazo contra todo lo que provenga de las grandes potencias o las antiguas metrópolis.

A pesar de ello, lo cierto es que en Asia se produjo ese movimiento integrador que acabamos de mencionar con el fin de mantener su identidad y desarrollar una política exterior con una determinada homogeneidad dentro de su amplia heterogeneidad a través de los organismos plurinacionales; aunque son entidades numerosas, con muy diferentes orígenes y funciones, cuyo funcionamiento en muchas ocasiones deja mucho que desear restándoles efectividad y con intereses contrapuestos demasiadas veces, la actividad de estos organismos intentó cumplir con esta función integradora. Son organismos cuyo ámbito geográfico es variable, ya que, junto con pueblos del Oriente asiático, nos encontramos con países del Próximo Oriente, otros que ni siquiera son asiáticos como Australia, Nueva Zelanda, Canadá o Estados Unidos e, incluso, algunos europeos. En un principio persiguen objetivos casi estrictamente de cooperación con la idea de acabar con el subdesarrollo. Sin embargo, el carácter político se esconde detrás de prácticamente todos ellos. Entre las organizaciones de esta índole podrían destacarse las siguientes:

- Tratado de Asia Sudorienteal (SEATO) (1954). Fue firmado en Manila por ocho países: Francia, Gran Bretaña, Australia, Nueva Zelanda, Estados Unidos, Pakistán y Tailandia. Su principal objetivo era defender a los Estados de Asia sudoriental, incluso los no pertenecientes a la SEATO como Vietnam del Sur, de las agresiones comunistas. La SEATO se disolvió en 1977 ante la incapacidad de la organización de contener el avance comunista en el Sudeste Asiático.

- Unión de Parlamentarios Asiáticos (APU por sus siglas en inglés). Este organismo fue creado en 1965. Los países que lo constituyeron fueron Corea del Sur, la China nacionalista, Filipinas, Japón y Tailandia, a los que después se añadirían otros tantos países entre los que cabe destacar Vietnam del Sur. Los fines que perseguía se resumían en una sola frase: conseguir vivir en paz y libertad para lograr un progreso estable y duradero.

- Southeast Asia Iron and Steel Institute (SEASI), nacido al amparo de la Economic Commission for Asia and the Far East (ECAFE), Organización subregional de las Naciones Unidas para el Extremo Oriente), agrupaba a ocho países de la zona. Podría considerársele el equivalente asiático de la Comunidad Europea del Carbón y del Acero.

- Banco Asiático de Desarrollo (ASEAN) (1966). Organización de carácter económico creada con el fin de lograr el desarrollo económico de Asia y el Pacífico. Integrado por 61 países –actualmente tiene 67 miembros, siendo Estados Unidos y Japón sus principales accionistas–, tiene como objetivo prioritario erradicar la pobreza y contribuir a mejorar el nivel de vida de la región concediendo préstamos e invirtiendo en investigación y tecnología. Actualmente, en concreto para el período 2008-2020, ha aprobado una «Nueva Estrategia a Largo Plazo» con el fin de lograr el crecimiento económico, un medioambiente sostenible y la integración regional.

- Private Investment Company for Asia (PICA), creado en 1969. Su ámbito de creación se circunscribe a la empresa privada. Paralela en sus funciones al Banco Asiático de Desarrollo, se consideraba un claro ejemplo de funcionamiento del neocapitalismo plurinacional. En este organismo participaban empresas privadas, especialmente bancos, y corporaciones industriales de trece países desarrollados, repartiéndose el capital en tres partes iguales entre Estados Unidos y Europa, Canadá y Australia; tenía como objetivo prioritario fomentar el desarrollo económico de los países asiáticos menos industrializados a través del sector privado.

- Economic Cooperation Centre for the Asian and Pacific Region (ECOCEN) que comenzó sus actividades en 1970. Es un centro de cooperación económica para la región de Asia y el Pacífico muy conectado con la PICA, aunque la principal diferencia entre ambos es el origen, estatal el primero y privado el segundo. La idea de crear un organismo de estas características partió de Tailandia en 1966. Su principal intención es, basándose en el interés de la región por fomentar sus lazos de solidaridad y cooperación, crear un centro de cooperación económica que posibilite y favorezca a los países que lo integran. Es el nuevo instrumento para las actividades de cooperación económica del que se servirá el Plan para el Desarrollo de la Cooperación Económica (ASPAC).

2

La construcción del conflicto de Vietnam

Los territorios de la Indochina francesa –Cochinchina, Camboya, Annam, Tonkín y Laos– formaron la Unión Indochina creada por Francia en 1887 con la intención de organizar la administración colonial en esta zona. Hasta la Segunda Guerra Mundial podría decirse que el funcionamiento de Indochina respondía al de un sistema colonial al uso sin que se produjeran grandes cambios: exportación de materias primas, importación de productos elaborados y, como resultado de este planteamiento –o más bien a pesar del mismo–, insatisfacción de las necesidades de una población fundamentalmente agrícola que vivía, sobre todo en el sur, bajo un sistema de explotación casi feudal, procedente del sistema del mandarinato, que Francia se encargó de fomentar para cumplir sus objetivos de ocupación. Además, Indochina, desde el principio del colonialismo, había despertado el interés de otras potencias aparte de Francia que por diversos motivos tenían puestos sus ojos en la región. Razones geoestratégicas, como es el caso de China, intereses políticos, como era el caso de Rusia, o más estrictamente económicos, como era el caso de Gran Bretaña y de Holanda, la convirtieron en un punto de fricción continuo y constante. De este modo, cuando tras 1945 acontece el proceso de descolonización, la historia del Sudeste Asiático evolucionaría de una forma tremendamente significativa. Aunque presentaba una situación casi idéntica a la del resto de los países descolonizados, lo cierto es que desde sus orígenes las nuevas naciones surgidas en la región jugaron un papel protagonista en la evolución del contexto internacional. Y de todas ellas fue Vietnam la más significativa, construyéndose con una intensidad difícil de medir.

La historiografía coincide en considerar el caso vietnamita como la máxima expresión de un nacionalismo popular e histórico, llevado a cabo por una doble vía. De un lado, como conflicto por la independencia contra el poder colonial (Francia) y neocolonial (Estados Unidos). Y, por otro, como proceso revolucionario para crear un Estado comunista. No obstante, esta dualidad no solamente se dio en el carácter histórico de la formación del país, sino también en las vías seguidas para hacerlo efectivo. Así, el enfrentamiento por Vietnam no solamente se libró con las armas, sino también a través de la diplomacia que de igual modo se convirtió en el escenario por la pugna en la consecución de un objetivo común: el predominio en el Sudeste Asiático. Las relaciones internacionales desplegaron todos los recursos a su alcance para decidir su destino y la negociación fue la estrategia empleada por los gobiernos para intentar garantizar el equilibro en esta parte del mundo en aras de conseguir la formación de una nación estructurada. Sin embargo, dicha estructura tendría más en cuenta las exigencias de las potencias internacionales que las aspiraciones de los nuevos ciudadanos vietnamitas, quienes tenían derecho a hacerse oír por tal condición.

Desde el punto de vista de las relaciones internacionales la guerra de Vietnam constituyó un punto de máxima tensión entre Oriente y Occidente. La cuestión no era exactamente probar una vez más el equilibrio de fuerzas entre las dos superpotencias, sino decidir la configuración de un territorio clave del continente asiático. La rivalidad internacional vivida en la zona no se redujo a un mero enfrentamiento EE. UU.-URSS a través de un tercero, en este caso Vietnam, sino que supuso que la dimensión política del conflicto fuera mucho más compleja. Francia, como resulta obvio, China, Gran Bretaña, Holanda e incluso Japón presentaban intereses encontrados en esta parte del mundo que determinó la evolución de sus respectivas políticas internacionales, cuyos objetivos fundamentalmente geoestratégicos fueron el germen de la fragmentación de Vietnam, porque Vietnam nació dividido por los intereses extranjeros, en función de los cuales desplegaron todo un operativo diplomático, simultaneado con el despliegue de fuerzas armadas, con el único fin de cumplir sus respectivos objetivos.

CONFLICTO DE INTERESES

A la hora de hablar del proceso descolonizador conviene distinguir entre aquellos países que accedieron a su independencia de forma pacífica por medio del entendimiento y el diálogo, y aquellos otros cuya nacionalización discurrió por cauces más violentos y revolucionarios empleando los movimientos de lucha por la liberación y la independencia como forma de alcanzarlo. La resistencia a la dominación colonial, resultado entre otros del creciente debilitamiento del poder europeo, impulsará los nacionalismos de manera contundente. Además, las disposiciones internacionales llevadas a cabo por los vencedores a favor de la autodeterminación y de la descolonización

–los catorce puntos de Wilson y el establecimiento de los mandatos– allanaron mucho el camino. Y si buscamos las causas más concretas, estas se hallan en la aplicación de la doctrina de la Declaración Universal de los Derechos del Hombre (1948) en África y Asia y en el debilitamiento de las potencias europeas tras dos guerras mundiales. Por otra parte, hemos de tener en cuenta que, en la Carta del Atlántico (14-08-1941) promulgada por Roosevelt y Churchill, se establecía la renuncia a toda adquisición territorial, reconociendo el derecho de autodeterminación de los pueblos, la participación de todos los Estados en el comercio internacional, la liberación del miedo y del hambre y la libertad de los mares, entre otros. Truman, en su discurso inaugural de su mandato como presidente ante el Congreso, en el cuarto punto, preparó definitivamente el camino para el lanzamiento del Tercer Mundo. Expresó la conveniencia de acudir en ayuda, no sólo económica y financiera, sino también técnica, de los países subdesarrollados, formalizando esta idea en los programas aparecidos en el Act for International Development (1950), en Economic Cooperation Administration (ECA) y Mutual Security Agency (MSA).

Después de la segunda conflagración la resistencia a la dominación colonial era ya un hecho: la fuerza con la que emerge la identificación como pueblo en las antiguas colonias, con ideología y cultura propias, las transformaciones económicas y sociales provocadas por la misma explotación colonial, los movimientos de solidaridad y cooperación entre los pueblos afroasiáticos en contra del imperialismo europeo, los *pan* –panafricanismo, OUA; panasiatismo (Bandung) y panarabismo (Liga de Estados Árabes)–, así como el desarrollo de un nacionalismo concretado en movimientos de carácter conservador, liberal o revolucionario propiciarían el desenlace de lo inevitable; esto es, el surgimiento de un área geopolítica integrada por todos aquellos países que tratarían de mantener una línea política independiente del llamado «Mundo libre» u Occidente y del llamado «Mundo socialista» u Oriente.

Cuando se habla de línea política independiente, se alude al término «neutralidad». En el contexto de Guerra Fría hablamos de países no alineados o no comprometidos, es decir, aquellas naciones que no querían o no podían adscribirse a ninguno de los dos bloques existentes. Los nuevos países recién llegados a su independencia eran reticentes a seguir manteniendo un sentimiento de dependencia parecido al que experimentaron durante tanto tiempo hacia su antigua metrópoli. Como nos dice J. Marías, querían permanecer neutrales, al margen de un sistema bipolar que seguramente nada tenía que ver con ellos y del que, en todo caso, aspiraban a conseguir ayuda económica y técnica, siendo, quizás, esa necesidad la que poco a poco hizo que este Tercer Mundo fuera asociándose a subdesarrollo, pobreza y hambre.

Sin embargo, los planes de las dos superpotencias para este escenario geopolítico eran bien distintos. Todas y cada una de las etapas que configuraron la Guerra Fría tuvieron bien presente la existencia de una serie de conflictos, de crisis puntuales, que marcarían definitivamente el rumbo de la misma.

Durante la fase de Contención y beligerancia (1947-1953), época de máxima tensión e incertidumbre, ambas potencias delimitarían sus territorios a partir de las demostraciones de poder militar, consolidándose así los dos grandes bloques políticos. Aparte del problema de Alemania, dividida en cuatro zonas de influencia, las principales crisis acaecidas en este momento tuvieron su escenario en este recién creado Tercer Mundo: primer conflicto árabe-israelí, revolución comunista en China (1949) y la guerra de Corea (1950-1953).

Posteriormente, vino la fase de Coexistencia pacífica (1954-1963). En ella se inició un diálogo diplomático entre los dos grandes que produjo cierta distensión. Sin embargo, las acciones de los dos bloques por reafirmar su predominio en sus respectivas áreas de influencia ante el otro agravaron hasta tal punto la situación que se hizo necesario buscar acercamientos que devolvieran cierto clima de calma, aunque fuese tensa, al ambiente. La invasión soviética de Hungría (1956), la construcción del muro de Berlín (1961), la crisis de los misiles en Cuba (1962) y, sobre todo, la guerra de Vietnam (1954-1975) constituyeron la muestra más evidente de esa necesidad mutua de afirmación de predominio.

La siguiente fase fue la Distensión (1964-1979). En estos años disminuye la tensión entre ambas superpotencias. Es importante destacar cómo a pesar del intento por frenar la carrera armamentística que representaron la firma de los tratados SALT I (1972) y SALT II (1979) y de unas relaciones internacionales en armonía (Conferencia de Helsinki, 1973-1975), la inquietud y el miedo seguían siendo una constante en el dibujo de la política exterior. Así lo demuestran la existencia de movimientos sociales tales como la Primavera de Praga (1968) o el Mayo de París del 68 y aquellas otras maniobras estrictamente políticas como la desempeñada por la Unión Soviética al ampliar su zona de influencia en Vietnam, Etiopía y Somalia.

Entre 1979 y 1989 se produce el Recrudecimiento de la Guerra Fría. Era inevitable, pues, el aumento de la tensión entre ambos. Es por eso que se impulsa la carrera armamentística (La guerra de las galaxias, 1983) y se producen intervenciones directas o indirectas en diversas partes del mundo. Valga como ejemplo la invasión soviética de Afganistán.

Y, por último, el Final de la Guerra Fría (1989-1991). Las dos superpotencias ya no podían mantenerse al mismo nivel. La Unión Soviética ya no era igual de competitiva que los Estados Unidos, así que la distensión final llegará cuando los rusos inicien un complejo proceso de reformas políticas que culminarán con la conclusión de la Guerra Fría; hecho que quedó confirmado, como ya hemos comentado, tras la caída del muro de Berlín y la reunificación de Alemania.

Así pues, ¿qué elementos clave caracterizarían la actuación de estos nuevos Estados en la escena mundial de este período histórico? Siguiendo a L. Rubio García, podrían reducirse a los siguientes:

1. Como consecuencia de su decisión de no alinearse a ninguno de los dos bloques, la diplomacia vendrá definida por la actuación de líderes carismáticos como Nehru, Sukarno o Nasser y conducida a través de conferencias y acuerdos internacionales.
2. Disminución progresiva de la cohesión afroasiática.
3. Una clara heterogeneidad entre sus componentes hacía difícil el entendimiento.
4. Aparición frente al afroasiático de un segundo bloque en la escena internacional tercermundista: Latinoamérica.

Sin embargo, dentro de este entorno sería el área geográfica del Sudeste Asiático el que jugaría un papel especialmente destacable. El concepto «Sudeste Asiático» nació durante la Segunda Guerra Mundial para diferenciar esta parte del mundo de gran valor estratégico. Según G. Burgueño el objetivo de esta definición no era otro que el de otorgar por primera vez en la historia un contenido unitario a una región del mundo donde todo es diversidad. La región se compone de los países periféricos de Asia continental, Indonesia, Filipinas y los países continentales de Birmania, Tailandia, Laos, Camboya y el entonces dividido Vietnam. La situación de esta región no es muy diferente de la de gran parte del mundo en estos momentos de Guerra Fría: servir de escenario en el que medir sus fuerzas de forma casi permanente.

El conflicto de intereses que es a lo que en esencia se reducía la Guerra Fría, encontró uno de sus máximos exponentes en esta zona del planeta. Norteamérica quería hacerse con el control para asegurarse el monopolio marítimo. En este punto utilizará a Asia, y más concretamente el Sudeste Asiático, como elemento decisivo para mantener controlada a la Unión Soviética. Sin olvidarse de China, cuya sombra planeaba alargada en este espacio. Con el Sudeste Asiático y la India en sus manos, China sería más poderosa. Así podría plantarle cara a los dos colosos. Sin embargo, el retraso tecnológico y científico que aún presentaba se lo pondría muy difícil.

Para Estados Unidos presentaba un triple interés: estratégico, político e ideológico; sobre todo este último. El primero responde a la idea de que esta región del planeta forma una gran zona intermedia entre el subcontinente indio y China. Y además sirve de conexión entre el mundo occidental y el océano Índico y Pacífico. Es una importante línea comercial. Político porque le servirá para sus intereses expansionistas, o imperialistas en palabras de los soviéticos, e ideológico en tanto en cuanto, y como consecuencia de las dos anteriores, jamás deberá caer en manos del enemigo comunista. Respecto de la Unión Soviética, J. C. Pereira nos apunta que en Asia perseguía un doble objetivo: de un lado, deseaba controlar este continente especialmente desde que los estadounidenses se fijaron en él, y, de otro, desde que la Guerra Fría había encontrado en Asia un importante escenario, se había establecido una dura lucha a través de la acción-reacción entre el socialismo soviético y el imperialismo estadounidense.

Y si hablamos de conflicto de intereses no cabe duda que en este sentido Vietnam era absolutamente decisivo. Estados Unidos necesita a Vietnam, la Unión Soviética necesitaba que Estados Unidos no lo tuviera y ninguno de los dos consentiría que China se inmiscuyera. Parafraseando a J. Frade, había que impedir por todos los medios la «chinización» de Indochina, aunque los chinos, por su parte, lucharían por evitar la americanización de la misma. Todo ello, sin olvidar lo que Francia tenía que decir en este asunto: la región debía ser neutral, haciendo un llamamiento a Estados Unidos para que favoreciese dicha neutralización. Esta toma de posiciones del gobierno galo desencadenó el rechazo del presidente Johnson, quien le acusó de no tener interés en defender la libertad. Todos necesitaban un Vietnam neutral e independiente. Pero, eso sí, a ser posible debería ejercer esa neutralidad sirviendo adecuadamente sus respectivos intereses.

¿Cuáles eran exactamente esos objetivos y quiénes los protagonizaban? Si hablamos de protagonistas, uno de los más decisivos sería sin duda alguna China. Según Salgado Alba, los objetivos que perseguía China en el Sudeste Asiático eran de tres tipos: geopolíticos, económicos y psicológicos. Solo en esta zona podía cumplir China los tres objetivos a la vez, ya que si intentaba proyectarlos en otras direcciones, correría el riesgo de chocar frontalmente con los de las naciones vecinas, en el norte con la Unión Soviética y en el sur con India. Convertir a Vietnam en un país satélite supondría convertir el sureste asiático en una zona de influencia fundamental. Si Vietnam era comunista, las posibilidades de que lo fueran todos los demás países de alrededor aumentaban exponencialmente.

De este modo el objetivo geopolítico se vería cumplido. Además, Pekín se aseguraría con ello una franca salida a mar abierto y su asentamiento en posiciones estratégicas de dominio sobre la zona del estrecho de Malaca. Un triunfo de esta magnitud tendría una gran repercusión psicológica (objetivo psicológico) en todos los países del Tercer Mundo y en especial en los del Sudeste Asiático, ya que China se convertiría en el gran árbitro, extendiendo su influencia por todo el continente. Sin olvidar que obtendría cuantiosos beneficios económicos (objetivo económico), puesto que controlaría las producciones agrícolas y mineras de la zona arrocera y cauchífera de lo que fue Indochina, reforzando de esta forma vigorosamente su economía.

Junto a China caminaba la Unión Soviética, al menos en lo que a sus metas respecto de Indochina se refiere, ya que ambas potencias consideraban necesario introducir la región dentro de su área de influencia. Sin embargo, aunque caminaban juntas, no iban de la mano. Es decir, compartían un ideal, la extensión del comunismo, pero chocaban frontalmente en cuanto a sus aspiraciones geoestratégicas. Vietnam comparte frontera con China y está aislado geográficamente de la Unión Soviética, lo cual explica el miedo vietnamita a ser anulados por su gigante vecino y, al mismo tiempo, por verse rodeados por los soviéticos. Vietnam se vio sometida a una fuerte presión tanto por parte de Pekín como por parte de Moscú. Incluso después de 1975 ambos no cejaron en su empeño de conseguir atraerse a la nación socialista, empujándola a definir las líneas maestras de su política exterior en función de la obligada preferencia que debía manifestar por uno de los dos, es decir, con cuál de los dos modelos de comunismo se sentía más identificado. China se sentía en la obligación de llenar el vacío que los estadounidenses dejarían cuando se marchasen de Vietnam. Y así fue como hizo de esta idea la piedra angular de su política exterior en la región y puso todos los medios a su alcance para interpretar su papel de gran potencia, aunque esa interpretación implicara una serie de acciones no del todo populares, tales como presiones económicas, fomento de las rivalidades e incremento de la tensión.

Con independencia de sus intenciones y actuaciones, China siempre había sido vista por Vietnam como la gran potencia con intenciones hegemónicas sobre ellos. Por eso, tras acabar la guerra y confirmar su hipótesis de fracaso estadounidense y ante la exigencia por parte de China de lealtad absoluta en agradecimiento por el apoyo que les habían prestado en su lucha antiimperialista, Hanói se acercó considerablemente a Moscú, lo cual, como resulta obvio, desagradó a los vecinos chinos. Las relaciones chino-vietnamitas se vieron seriamente afectadas hasta el punto que se rompieron y Hanói se vio obligado a reasumir sus problemas de seguridad y rehacer su política exterior, haciendo prevalecer su unidad como nación, a fin de protegerse frente a futuras amenazas. Así, en 1978, y tras la suspensión de la ayuda china, Vietnam se unió al COMECON y firmó un Tratado de Amistad y Cooperación con los soviéticos en el que estos expresaban su firme intención de ayudarle en sus conflictos regionales. Gracias a Vietnam, la Unión Soviética consiguió aumentar su presencia en Asia y el Pacífico donde antes apenas la tenía, viendo así cumplido su sueño expansionista con el objetivo último de aplastar el capitalismo.

Los soviéticos habían entendido que su lugar en el concierto internacional no era otro que el de hacer triunfar el comunismo y desaparecer al capitalismo. Sentían una vocación universalista. Por eso era necesario, y de obligado cumplimiento, sobrepasar el marco estrictamente europeo y llegar hasta África y Asia. Tras la Segunda Guerra Mundial, con la victoria de la revolución socialista en un determinado número de países, la expansión del movimiento de liberación nacional y la intensificación de la lucha del proletariado, el socialismo se había convertido en un sistema mundial. La descolonización, interpretada desde las filas marxistas como el gran fracaso del capitalismo, tenía que ser considerado como el principio del fin de la amenaza que suponía para el mundo. Había que ir eliminándolo, aunque fuese paulatinamente. Era la política de la oportunidad, de aprovechar cualquier ocasión para poder poner en práctica su teoría revolucionaria.

La implantación de un sistema mundial socialista era considerada por tanto el mayor triunfo del marximo-leninismo. El socialismo estaba destinado a convertirse, en palabras del propio Lenin, en «aquella fuerza capaz de ejercer una política decisiva sobre toda la política mundial». La Unión Soviética tiene una misión, un deber a nivel internacional en virtud del cual ha de consolidarse el poder que les otorga el triunfo de la revolución socialista, construyendo un nuevo mundo sobre sus sólidas bases, para lo cual era necesario ayudar a sus hermanos de clase en la lucha contra los opresores, convirtiéndose así en el mayor obstáculo para lo que ellos denominan la agresión imperialista manifiesta en aquellos países que se han liberado del yugo colonial. La gran empresa que desarrollarán juntos es la de la liberación nacional de los pueblos coloniales, ya que, sin el triunfo del socialismo en una parte del mundo, no habría tenido lugar la caída progresiva del colonialismo.

En su convencimiento de la necesidad del socialismo para la salvación del mundo, los soviéticos difundirán una política exterior generada desde la paz y la coexistencia pacífica, aunque fuese utilizada en su competición con el capitalismo, lo cual implicaba el aprovechamiento de cualquier oportunidad que el contexto internacional ofreciera para vencerle. A pesar de que los comunistas chinos defendían otra perspectiva y apelaban a su derecho a la individualidad en dicha lucha, dado que la variedad fraccionista –o, dicho de otro modo, su interpretación particular de la unidad internacional del movimiento obrero–, lejos de producir fricciones, contribuiría enormemente a su fortalecimiento. Con esta actitud China se apartaría de las tesis marxistas-leninistas ajustando su política exterior a esta idea. Moscú por su parte, temeroso ante el hecho de que la división pudiera suponer el triunfo del enemigo, y con independencia de su grado de concordancia con la política de Pekín, abogó por acabar con las divergencias existentes por medio del diálogo y el contraste de opiniones en un ambiente de camaradería y consulta, fortaleciendo de este modo las relaciones amistosas entre países de un mismo bando. Sin embargo, los chinos se reservaban el privilegio de tener su propia opinión. El hecho de que Mao le volviera la espalda al socialismo ortodoxo suponía correr el riesgo de ruptura en la obligada unidad socialista frente al triunfo sobre el enemigo, sobre todo en aquellos pueblos que han sido víctimas de un colonialismo brutal que durante décadas ha anulado su identidad nacional. A pesar de todo, China siguió defendiendo la construcción del Vietnam bajo el socialismo más sólido, estando convencida de que este vencería.

Así pues, la política exterior de los soviéticos, sobre todo con aquellos pueblos que luchan por emerger con identidad propia después de años de opresión colonial capitalista, afianzaría la lucha activa contra el imperialismo, entendida como la lucha por la liberación nacional a escala mundial, lo cual es inseparable de la lucha de clases. Han nacido nuevos Estados políticamente independientes, aunque no han desaparecido todos los problemas heredados del colonialismo. La prioridad casi absoluta es conseguir su independencia económica y para conseguirlo es necesaria la presencia de fuerzas socialistas en aquellos países capaces de seguir ofreciendo resistencia al capitalismo. El pueblo soviético está del lado del proletariado de Asia, África y América Latina y les desea paz, democracia, liberación nacional y socialismo. Hay que contrarrestar los efectos de la política y de la ideología del imperialismo: la confusión, las aventuras bélicas y las provocaciones.

La ofensiva comunista exige minar todas las posiciones ideológicas del capitalismo. Lo más importante para solucionar los problemas que existen en el mundo es fomentar una comunidad unida, combatiente e integrada por todos los países del mundo hermanados por el socialismo. Solo actuando como un bloque homogéneo se pueden alcanzar las metas internacionales, entre las que habría que destacar la neutralización de las acciones agresivas del imperialismo, la defensa de la paz mundial y la seguridad de los pueblos, así como la elaboración de una nueva estrategia de lucha revolucionaria contra el capitalismo. El Sudeste Asiático, víctima del afán imperialista de los estadounidenses, es un punto de vital importancia para la implantación de estos propósitos y la realización del papel de potencia rectora del comunismo, lo cual debe efectuarse cumpliendo con tres funciones clave: la colaboración entre los pueblos, principalmente económica, a base de convenios bilaterales y multilaterales, así como por medio de la colaboración militar como instrumento necesario para llevar el comunismo a otros países; la lucha del Estado soviético por los derechos democráticos de los pueblos como la liquidación definitiva de toda clase de agresión colonial y nacional (es por eso que una de las prioridades de la política exterior soviética será la de acabar con las consecuencias del colonialismo e implicarse muy especialmente en aquellas naciones que lo han padecido); y, por último, el mantenimiento de la amistad con los Estados nacionales, aunque ello dependerá, según la política soviética, del comportamiento de estos últimos. Si este se considera adecuado, según los criterios de Moscú, la Unión Soviética se compromete a prestar ayuda económica, técnica y táctica.

Y si soviéticos y chinos estaban en un lado, los estadounidenses, que se resistían con todas sus fuerzas a compartir protagonismo en estos territorios, lógicamente se encontraban al otro. Ya hemos mencionado cómo, una vez acabada la guerra, el mayor objetivo diplomático de los Estados Unidos fue restablecer un nuevo orden mundial democrático basado en la paz y la concordia, utilizando Potsdam para conseguirlo. A partir de Potsdam las relaciones internacionales, interpretadas desde la óptica estadounidense, habrían de ser el medio desde el que conseguir el fin último de la «liberación del mundo» y basarse en tres elementos clave: poder-interés-influencia. Ahora bien, lo difícil sería poder conjugarlos en escenarios diferentes con condiciones dispares.

Para los Estados Unidos el Sudeste Asiático no ofrecía un interés geopolítico excesivo. Tampoco era una zona vital para ellos en sus demandas económicas. Estas cuestiones ya las tenían resueltas en otras partes del mundo. Sin embargo, era el territorio perfecto para poner en práctica su máxima anticomunista. Los estadounidenses se sintieron obligados a defender estos territorios llevando a cabo una política exterior sustentada en las posiciones de fuerza que abrieran la posibilidad de autogobierno a estas nuevas naciones, sin buscar expansionarse territorialmente ni desarrollar sus intereses económicos a costa de ellas. Es así como justificaron su irrupción en Indochina, máxime cuando la victoria del comunismo en China les había puesto en máxima alerta. No les quedaba más remedio que hacer efectiva su política de contención –del comunismo–, ya que no estaban dispuestos a tolerar su avance en la región. Por otro lado, el miedo a que la tan temida *teoría del dominó* (según la cual si caía Indochina después lo harían Birmania y Tailandia) fuese una realidad, hizo que la primera se convirtiese en una virtual fuente de problemas para Occidente y, más concretamente, para Europa; dicha opinión, además, no era compartida en la misma medida por los europeos.

Los acontecimientos en Indochina hacían suponer a los Estados Unidos que peligraba el equilibrio en Asia, y es por eso que empleó todas las oportunidades que la diplomacia le ofrecía para salvaguardar ese frágil equilibrio internacional. En este sentido, los Acuerdos de Ginebra le proporcionaron la clave para, a través de su política de contención, generar un marco donde poder llevar a cabo sus actuaciones. Y este no fue otro que Vietnam del Sur al que utilizaron para oponerse de forma contundente al avance comunista del norte. La gran contradicción de la política norteamericana se produjo cuando utilizaron un régimen poco o nada democrático para defender la democracia, a pesar de lo cual los estadounidenses no cejaron en su empeño de defenderla y crear una nación sustentada en el concepto de libertad. La idea de formación de nacionales sin arriesgar vidas norteamericanas, generada en la era Kennedy, no impidió que el artificio continuara. La implicación americana en el devenir histórico de esta parte del mundo se vio impulsada por tres hechos decisivos, esto es, la inevitable materialización del efecto dominó en Indochina, la invasión de Laos y Camboya y el malentendido diplomático con la Unión Soviética –cuando Kruschev habló en un discurso sobre las guerras de liberación nacional–, que hicieron que Estados Unidos se implicara aún más en la cuestión vietnamita.

En cualquier caso, las negociaciones en torno a Vietnam no avanzaban si Washington no sentía que la balanza se inclinaba de su lado. La diplomacia norteamericana siempre estuvo condicionada por este hecho. No podían avanzar si sentía que su compromiso con el ideal de libertad y democracia encontraba dificultades para llevarse a cabo. Es por eso que se sentían obligados moralmente a no cejar en su empeño y continuar adelante en su estrategia defensiva, siendo esta y no otra la razón principal por la cual siempre combinaban la guerra militar con el enfrentamiento diplomático y para lo cual quería contar con sus aliados.

La estrategia americana en Vietnam pretendió desde un primer momento encontrar la continuada colaboración de Inglaterra. Desde finales del siglo XVIII Inglaterra tenía intereses comerciales en Asia y más concretamente en China, que se había convertido en la gran exportadora de té. El comercio de té produjo un déficit en Gran Bretaña que esta trató de corregir exportando opio de la India a China, a pesar de la oposición de las autoridades chinas. El conflicto dio lugar a las famosas guerras del opio en las que los británicos derrotaron por dos veces a los chinos. A partir de ahí las relaciones chino-británicas fueron complejas. Y a partir de entonces Gran Bretaña receló de una China fuerte. Pero llegado el siglo xx, cuando la conquista del Sudeste Asiático por parte de las potencias occidentales era ya un hecho consumado, los ingleses tuvieron que diversificar su atención y no solamente centrarse en China. Podrían surgir conflictos con otras potencias, como por ejemplo Japón, nación que, a su vez, podría tener problemas con Francia por sus pretensiones hegemónicas en el Sudeste Asiático. Japón quería incrementar su presencia en la zona y utilizó a Indochina para ello, movilizándose hacia el norte y hacia el sur del territorio para conseguirlo. La reacción de las demás potencias no se hizo esperar, sobre todo los británicos y los holandeses, quienes sintieron sus intereses en la zona seriamente amenazados, así como los estadounidenses, con los que los nipones agotaron la vía diplomática y llegaron irremediablemente al enfrentamiento armado. El comportamiento estadounidense y japonés generaba una gran preocupación entre los británicos, sobre todo porque tenían miedo de perder su parcela de poder en estos territorios. Es por eso que decidió mandar una fuerza naval, la denominada Fuerza Z, para actuar en diversos puntos estratégicos y disuadir a Japón de sus pretensiones expansionistas en el área de Indochina.

Todos querían su parcela de poder. Pero ¿cuál era la posición en esta historia del verdadero protagonista? ¿Cuál fue la respuesta que dio o, más bien, que le permitieron dar? Para A. Novelo, la política exterior vietnamita se polarizaba en torno a tres factores principales estrechamente ligados entre sí: el nacionalismo, la ideología y la estructura de toma de decisiones. Desde el surgimiento de la República Democrática de Vietnam (RDV) en 1945 y hasta 1975 probablemente el reto más importante al que tuvo que enfrentarse esta nación no fue otro que el de dar coherencia a su independencia completando su unidad nacional, culminada en 1976; lo cual, y en opinión de esta autora, relegaba a un segundo plano la consecución del objetivo socialista. Es, por tanto, el espíritu unitario lo que definía a Vietnam en sí mismo y frente a las potencias occidentales, incluso ante los dos grandes del comunismo, China y la Unión Soviética.

Las relaciones internacionales de Vietnam siempre han estado condicionadas por este hecho. El nacionalismo vietnamita, que ligó siempre su guerra de liberación al comunismo, quiso desde el primer momento trazar un camino claro hacia la consecución de su objetivo en virtud del cual configuró toda la política exterior de Hanói y centró toda su capacidad negociadora.

La RDV intensificó sus relaciones exteriores con los países afines desde el punto de vista ideológico, sobre todo con China a quien agradecía su apoyo material y moral, llegando incluso a firmar en 1955 un Tratado de Amistad entre ambos países. Sin embargo, en las relaciones internacionales de Vietnam, según indica R. de Mesa, había que distinguir entre aquellas naciones que *tratan* con la RDV y aquellas otras que *se entienden* con Vietnam del Sur, destacando en esta toma de posiciones que Estados Unidos mantiene un bloqueo total al norte del país y la SEATO se declara enemiga del régimen de Hanói, que, como compensación, recibe el apoyo de India, Indonesia, Ceilán, Cuba, Argelia y de muchos otros países del denominado bloque afroasiático. Con respecto a Francia, Vietnam del Norte siempre intentó la normalización de las relaciones diplomáticas; aunque estas siempre fueron extrañas, difíciles y en ocasiones inexistentes. Con respecto al sur del país, dominado desde un principio por Estados Unidos, toda vez que Francia dejó de ser el protagonista principal, desarrolló unas relaciones internacionales bastante condicionadas por su situación. No mantuvo relaciones diplomáticas con los países del bloque comunista ni con los pertenecientes al bloque afroasiático, ni fue reconocido por otros tantos países como Argelia o India, a pesar de lo cual sí mantiene relaciones continuadas con los miembros de la SEATO. El comportamiento de Francia con la parte sur, muy al contrario de lo que hizo con Ho Chi Minh, fue bastante solidario; reconoció su embajada en Saigón e, incluso, contraviniendo los Acuerdos de Ginebra, respaldó la petición de admisión de Vietnam del Sur en las Naciones Unidas, solicitud que denegó Rusia con su derecho de veto. Incluso llegó a firmarse un acuerdo a finales de la década de los cincuenta por el que los colonos franceses indemnizaban a los survietnamitas. En cualquier caso, y en opinión de este autor, la evolución de las relaciones internacionales de Vietnam del Sur fue tan confusa que resulta muy complicado definir las líneas que la trazaron y, si cabe, diferenciarla de su política interior.

Tras su reunificación en 1976, el principal objetivo de Vietnam fue crear un país pacífico, independiente y unido bajo las bases del socialismo. Quería encontrar su sitio en la escena internacional sin recorrer el camino en función de intereses de terceros. Sin embargo, podría decirse que todo quedaba en una mera declaración de intenciones, ya que sigue siendo uno de los países más pobres del mundo, por lo que su gran reto ya no consiste solamente en ser identificado como nación, sino en minimizar el desequilibrio existente entre los logros del nacionalismo y la pobreza económica que sufre. Por eso, las relaciones internacionales de Vietnam entre 1975 y 1977 se centraron en asegurarse una relación equilibrada tanto con la Unión Soviética, como con China; desarrollar una relación fraternal con Laos y Camboya; fortalecer en la medida de lo posible su posición en el contexto internacional, y obtener ayuda para el reconocimiento diplomático de Estados Unidos. Aunque esta diversificación les hizo alcanzar algunas metas –ingreso en la ONU, en el Movimiento de Países No Alineados, en el Banco Mundial

Nguyen Sinh Cung. Símbolo del pueblo vietnamita en su lucha por la independencia, Ho Chi Minh ('el que ilumina'), nombre con el que pasará a la historia, guió a su país desde las filas del partido comunista hacia la liberación del dominio de las potencias extranjeras. Fuente: Time.com

y en el FMI–, no consiguieron despegar económicamente, de tal forma que el aumento de su aislamiento era directamente proporcional a la disminución de su protagonismo en el concierto internacional.

LA DIPLOMACIA COMO ESCENARIO BÉLICO

Antes de desembocar en una guerra abierta, la diplomacia internacional luchó por Vietnam. Simultáneos a los enfrentamientos en el terreno de combate, las potencias internacionales interesadas en el conflicto desplegaron toda una serie de efectivos para procurar alcanzar la paz y restablecer el orden en la zona. Esta guerra diplomática aconteció a lo largo de una serie de etapas bien diferenciadas. La primera de ellas, la que podríamos denominar «la ruta de la independencia», destacó por la celebración de varios congresos y conferencias que intentaron desembocar en un entendimiento capaz de dar coherencia al proceso.

Ya en el período de entreguerras habían empezado a surgir movimientos políticos en contra de la colonización francesa, entre los que podría destacarse el Partido Comunista Indochino de Ho Chi Minh creado en 1925. Años más tarde, en plena conflagración mundial, se efectuaron los primeros pasos que intentaban dibujar la nueva nación. Así, en 1941 tuvo lugar la Conferencia de Chgingshi, donde se reunieron comunistas y no comunistas con la pretensión de formar una liga por la independencia de Vietnam con el nombre de Viet-Nam Doc Lap Dong Minh Hoi, o Viet-Minh (movimiento de liberación). Un año más tarde, tras la Conferencia de Lieu-Tcheu, se formó la Liga Revolucionaria Vietnamita o Dong Minh Hoi. Y, en 1944, el Congreso de Lieu-Tcheu elaboró el programa para un gobierno provisional en Vietnam. Por eso fue de vital importancia para todo el proceso. Al mismo tiempo, Japón –que, como ya hemos apuntado, y a pesar de estar inmerso en pleno conflicto mundial, no renunciaba a sus intenciones expansionistas en Asia, evidenciando la pugna existente por el predominio de sus intereses geopolíticos en estos territorios–, ocupó Indochina, contribuyendo con ello a alterar el curso de los acontecimientos, aunque tras su derrota en la guerra mundial tuvo que renunciar a sus planes. El golpe de efecto que esto produjo en la política exterior francesa hizo que el gobierno galo reforzase aún más sus intenciones hegemónicas, regresando a esta parte del mundo en octubre de 1945 con el firme convencimiento de restablecer un sistema colonial, a pesar de que el punto de partida era muy diferente, ya que en el mismo año en que finalizó la guerra Camboya y Vietnam accedieron a su independencia. El 2 de septiembre de 1945 Ho Chi Minh hizo oficial el nacimiento de la República Democrática de Vietnam estableciendo la sede de su gobierno en Hanói.

Empezó así *de facto* el proceso de construcción nacional en Vietnam, el cual se tornaría bastante complejo y tremendamente doloroso.

La Conferencia de Potsdam, en la que se había decidido la nueva ordenación territorial y económica del mundo tras el conflicto, y en la que aparecieron claramente expresadas las divergencias entre Estados Unidos, Unión Soviética y Gran Bretaña, marcará el primer paso realmente trascendental, poniendo de manifiesto, una vez más, que la diplomacia se mueve en función de los intereses de las principales potencias. En Potsdam se decidió la creación de dos zonas de ocupación. En el norte Ho Chi Minh con la recién creada República Democrática de Vietnam y, en el sur, con la ocupación británica y de Saigón. Desde sus orígenes Vietnam está dividido.

La segunda etapa, *la toma de posiciones*, se iniciará en 1946, año clave en la evolución de esta historia. La IV República francesa, continuación de la política de la tercera, seguirá sometida a los patrones del dominio colonial y la ineficacia diplomática se reflejará en la celebración de una serie de pactos y tratados frágiles de difícil aplicación e insatisfactorios para prácticamente todas las partes. A pesar de los encuentros y reuniones que tuvieron lugar, es un momento de desacuerdo entre Francia y Ho Chi Minh. Por el Acuerdo Sainteny (llamado así, por un alto comisario francés), *Ho Chi Minh*, Francia reconocía la independencia de Vietnam y el emperador Bao Dai desaparece de escena marchándose a Hong Kong. Parecía que las conversaciones iban a desarrollarse por el camino de la comprensión, pero solo lo parecía. El 17 de abril comienza la Conferencia de Balat, cuya máxima pretensión fue preparar el Estatuto de Vietnam. Ho Chi Minh se prepara para marchar a Francia, en donde sería tratado más como un guerrillero que como un jefe de Estado. Allí, el 6 de julio, comienzan las sesiones de la Conferencia de Fontainebleau, que supuso un sonoro fracaso. Seguían sin

El emperador Bao Dai. Último emperador de Vietnam. Su mandato transcurrió bajo la ocupación francesa, que lo utilizó para oponerse al comunismo de Ho Chi Minh. No supo defender los intereses de su país, por lo que se vio obligado a abdicar y exiliarse. Continuó como jefe de Estado de Vietnam del Sur hasta que fue depuesto por Ngô Dinh Diêm. Fuente: dinastia.forodelarealeza.es

acercar posturas. Entre otras razones, porque no solamente se hablaba en los foros internacionales, sino que, simultáneamente, las armas no habían dejado de emplearse. Y es en este mismo año de 1946 cuando comenzará la primera guerra de Indochina.

Bidault, al frente del gobierno francés, recibió una protesta por parte del gobierno vietnamita por el control aduanero establecido en Haifong, decretado por el general Morlière, comisario interino. Los franceses bombardearán Haifong en noviembre, lo que produjo el trágico resultado de seis mil muertos. Un mes más tarde tiene lugar el levantamiento popular de Hanói con otro cruel resultado, la matanza de miles de ciudadanos franceses. El fracaso de Fointeneblau sirvió para delimitar claramente la inflexibilidad de las posturas de ambos países. Francia no quería dialogar, ya que eso supondría arriesgarse a empezar a ceder en su capacidad de predominio. Vietnam, por su parte, quería caminar como nación independiente de pleno derecho, para lo que necesitaba una nación en paz. Por ello, a lo largo de 1947, Ho Chi Minh solicita en repetidas ocasiones un acuerdo para frenar los enfrentamientos e incluso exige a Francia que aclare públicamente su posición política en torno a Vietnam. Pero va mucho más allá en sus intenciones y muestra su voluntad de colaboración con el gobierno galo. Sin embargo, no hay entendimiento posible y Francia aplica la táctica del divide y vencerás, ya utilizado por Europa durante toda la época colonial. Así, se fomentarán las rivalidades internas, se abrirán diversos frentes políticos y se fomentará la división nacional con la intención de debilitarles. Con este fin se iniciarán conversaciones con el exemperador Bao Dai que culminará con la firma del Acuerdo de la Bahía de Along, el 5 de junio de 1948, entre este y Francia, en el que se reconocía, por la parte gala, la independencia de Vietnam –que estaría formado por los territorios de Tonkín, Anam y Cochinchina– y su derecho a realizar su unidad. Y, por parte vietnamita, su deseo de llevar esa independencia siempre dentro de los límites establecidos por su pertenencia a la Unión Francesa. No obstante, el acuerdo sigue sembrando la discordia y la desunión, puesto que en el mismo el Viet Minh es considerado fuera de la ley (la Unión Soviética ya lo había reconocido y China lo apoyaba) y tratado de organización clandestina, y su líder, Ho Chi Minh, inaceptable en el seno de la Unión Francesa. Pero en 1953 el Viet Minh penetra en Laos y divide en dos Indochina.

A finales de ese año Francia ocupa Dien Bien Phu y a principios del siguiente capitulará. Los hechos van conduciendo a cada una de las partes por senderos cada vez más separados y así, en este contexto, y con la intención de devolver la calma a esta parte del mundo, tendrá lugar la Conferencia de Ministros de Exteriores en Ginebra, a la que asistirán, además de los dos grandes protagonistas de esta historia, el directorio de grandes potencias, así como representantes de otras naciones a las que en un principio y en otras circunstancias se les habría negado su presencia.

La conferencia empezó mal para el entendimiento diplomático. Recordemos que los franceses habían capitulado en Dien Bien Phu y esta había caído en manos del Viet Minh el 7 de mayo, con la conferencia ya iniciada. Partiendo de este punto tendrá lugar la primera sesión plenaria a la que asistieron Estados Unidos, Unión Soviética, Inglaterra, Francia, China, Vietnam del Sur, Laos, Camboya y el Viet Minh. Lo primero que hará Francia es solicitar el cese de los enfrentamientos con carácter inmediato, porque, entre otras cosas, y no solo esta nación, necesitaba solucionar sus problemas pendientes, la mayoría de los cuales fueron resueltos por medio de entrevistas personales y celebración de sesiones restringidas. En junio se acuerda el alto el fuego en Vietnam y Laos, al igual que para Camboya, firmándose el reparto de áreas de influencia en las zonas de fricción. En este sentido, se firmaron por separado tres acuerdos concernientes a cada uno de estos tres países. Con respecto a Vietnam, lo más importante fue la delimitación de sus fronteras siguiendo el paralelo 17, aunque se matizaba el carácter provisional de esta medida y su identificación con lo militar, no pudiendo constituir nunca una delimitación política (art. 6). Por otro lado, el siguiente artículo del texto del acuerdo expresaba la necesidad de adoptar todas aquellas medidas que fuesen precisas para que la nación se condujese por la vía democrática, emplazando a sus ciudadanos a ratificar su deseo democrático votando en las elecciones generales que habrían de celebrarse en 1956, cosa que no sucedió, bajo el control y la vigilancia de una Comisión Internacional.

Pero de nuevo la diplomacia fracasó. Vietnam quedaba dividido y Ginebra no sirvió más que para confirmar la primacía de los intereses de las principales potencias en la zona frente a las necesidades de los vietnamitas, dejándose vía libre una vez más a la continuidad del conflicto armado.

La tercera etapa, *la rendición a la violencia,* supuso la confirmación de la ineficacia diplomática en la cuestión de Vietnam. Estados Unidos y Vietnam del Sur no aceptaron los Acuerdos de Ginebra y ese será precisamente el punto de partida efectivo de los estadounidenses en la intervención de estos territorios, tomando el relevo de los franceses. Estados Unidos decide ayudar militarmente al régimen de Saigón llevando a cabo actividades encubiertas contra el gobierno de Hanói. En octubre de 1954 Eisenhower ofrece ayuda económica a Vietnam del Sur y en febrero del año siguiente ya es un hecho consumado la presencia de asesores militares estadounidenses para ayudar a las tropas survietnamitas.

El 23 de octubre tendrá lugar un referéndum tras el cual se proclama la República de Vietnam con Ngô Dinh Diêm como su presidente al haber sido depuesto Bao Dai. El apoyo de Estados Unidos a Bao Dai continuaba. Diêm anunció que su gobierno se negaba a celebrar elecciones para la reunificación argumentando que la población del norte no era libre para expresarse, ante la posibilidad de un fraude electoral. Estados Unidos apoyó a Diêm y el gobierno comunista de Hanói anuncia su firme propósito de reunificar el país bajo su doctrina.

Pero en 1957 el alto el fuego comienza a resquebrajarse. La Comisión Internacional de Control, creada por los Acuerdos de Ginebra, había denunciado las reiteradas violaciones del armisticio, tanto por Vietnam del Norte, como por Vietnam del Sur. A lo largo de este año los simpatizantes comunistas que habían emigrado al norte tras la división del país comenzaron a regresar al sur. Estos activistas, que constituyeron el Viet Cong –abreviatura de Vietnam Congsan, que significa 'Vietnam Rojo'–, empezaron a protagonizar toda una serie de actos de sabotaje contra las instalaciones militares de Estados Unidos. Entre tanto, en Vietnam del Sur, se creará un ejército de doscientos mil hombres, el ARNV, equipados con las técnicas más avanzadas, en el que se integran organizaciones militares de Estados Unidos. Bajo la apariencia de instalaciones civiles, los estadounidenses construirán toda una red interna de comunicaciones, pistas militares y establecerán en Ban Me-Thout una importante base aérea. Los ataques guerrilleros contra el gobierno de Diêm serán una realidad dos años más tarde. Ya hay setecientos sesenta asesores estadounidenses en la zona.

La década de los sesenta es el momento álgido del conflicto armado. En el inicio de la misma Vietnam del Norte había hecho pública su intención de liberar a sus hermanos del sur del yugo opresor imperialista, es decir, de Estados Unidos y sus secuaces. Era el momento de demostrar su fuerza y el Viet Cong crea su propio brazo político para liberar a Vietnam del Sur, el Frente Nacional de Liberación (FNL), con cuartel general en Hanói. A pesar de todos estos acontecimientos, la diplomacia sigue su curso, o al menos lo intenta, y Estado Unidos firmará en 1961 un Tratado de Amistad y Cooperación con Vietnam del Sur por el que se comprometían a prestarles ayuda en su lucha contra «el terrorismo comunista». Esta intención se materializó con la llegada a Saigón de las primeras tropas estadounidenses y, aunque se puso de manifiesto que no eran unidades de combate, un año más tarde el contingente estadounidense en Vietnam del Sur se elevaba ya a once mil doscientos soldados. Sin duda, este constituía el primer comando militar en Vietnam.

Encuentro entre Leland Barrows y Ngô Dinh Diêm, 1958.
Elegido por los Estados Unidos para librar a Vietnam del
comunismo. Su condición de católico le granjeó la oposición de
los budistas, mayoría en su país, y su desobediencia a las órdenes
norteamericanas para dirigir el país hizo que fuese derrocado por
un golpe militar en 1963 y asesinado un año después. Fuente:
Truman Library

En 1963 se produjo un giro considerable de los
acontecimientos al producirse el golpe de Estado que
puso fin al régimen de Diêm, quien fue ejecutado junto a
su hermano y asesor político Ngô Dinh Nhu. El gobierno
que sustituyó a Diêm fue un Comité provisional dirigido
por el antiguo consejero militar presidencial Duong Van
Minh, ayudado por el general Kahn. Sin embargo, la
inestabilidad política continuaba. En los dieciocho meses
siguientes al derrocamiento de Diêm, Vietnam del Sur
tuvo diez gobiernos diferentes y ninguno de ellos fue capaz
de hacer frente a la situación militar del país. Los Estados
Unidos envían fuerzas propias e incluyen operaciones del
ejército survietnamita en los planes del Estado Mayor.
Además, tiene lugar la creación de las denominadas «aldeas
estratégicas» (fortificaciones) para la defensa del sur, hecho

que coincide con el primer viaje de McNamara, Secretario de Defensa estadounidense, a Vietnam. Y mientras todo esto sucede, Kennedy es asesinado en Dallas y el FNL, con cien mil hombres, controla ya el ochenta por ciento del territorio. Es, como lo ha definido la historiografía, «la americanización de la guerra». Tras el incidente del golfo de Tonkín, en agosto de 1964, entre destructores estadounidenses y lanchas norvietnamitas, el Congreso de los Estados Unidos aprueba la Resolución del golfo de Tonkín (7 de agosto), por la que autoriza al presidente Johnson a iniciar abiertamente y sin declaración de guerra operaciones militares en Vietnam del Sur. Es la confirmación de la escalada bélica y el comienzo oficial del conflicto Estados Unidos-Vietnam, que se prolongaría hasta 1973, aunque durará dos años más con el enfrentamiento entre el norte y el sur, ya sin los estadounidenses.

A pesar de que a partir de ahora hay que hablar de guerra abierta, la diplomacia sigue intentando resolver el conflicto, pero sus posibilidades de conseguirlo son prácticamente nulas. En cualquier caso, y ante el cariz que había tomado la cuestión de Vietnam, los altos mandos estadounidenses empiezan a cuestionarse la utilidad de la escalada bélica y buscan el acuerdo político. En octubre de 1966 tendrá lugar la llamada Reunión de Manila, con representantes de Estados Unidos, Australia, Nueva Zelanda, Tailandia, Corea del sur y Filipinas, países que habían enviado tropas a Vietnam del Sur, que buscaba adquirir el compromiso de retirada de las tropas en un plazo de seis meses si Vietnam del Norte cesaba en sus ofensivas. Pero una vez más, todo quedó en una mera esperanza, ya que la oferta fue rechazada. Ni siquiera la entrevista mantenida al año siguiente entre Johnson y Kosiguin, presidente del Consejo de Ministros de la Unión Soviética desde 1964, consiguió presentar en el horizonte una solución pacífica al conflicto. En una coyuntura como la de los sesenta, sobre todo la segunda mitad, caracterizada, según los analistas, como de «equilibrio del terror», lo importante era alcanzar el éxito diplomático, como tendría que suceder con este encuentro entre los dos políticos, a favor de la consecución de la paz, ya que este equilibrio podía romperse en cualquier momento debido a las múltiples grietas que presentaba, entre ellas la de Vietnam, que implicaba que el recurso a las armas paradójicamente acompañara al funcionamiento de las relaciones internacionales. La historiografía atribuye a la entrevista Johnson-Kosiguin el valor de haber sido la corroboración del arbitraje del mundo por el binomio EE. UU.-URSS, pero a condición de que no se limitaran sus actuaciones a los intereses de sus respectivas políticas interiores y evitaran un diálogo amplio y abierto, sin que ambos interlocutores pudieran sentirse presionados por sus respectivos países y por las condiciones que, según cada uno de ellos, hubieran de llevar a cabo. Pero eso no sucedió en este caso, porque, dos meses después del encuentro, el presidente Johnson aumentó el traslado de tropas estadounidenses y la Fuerza Aérea extendió sus bombardeos sobre Vietnam del Norte hasta zonas situadas a dieciséis kilómetros de la frontera con China. Y el conflicto continuó generando cada vez más rechazo entre la opinión pública estadounidense.

Mientras tanto, Francia seguía defendiendo lo imprescindible de alcanzar un acuerdo sólido y definitivo. De Gaulle había defendido la idea de la consecución de la paz por medio de la ordenación de lo que él denominaba «nuevos factores», y que no eran otros que esas guerras que salpicaban el panorama internacional y obstaculizaban la paz general. Un claro ejemplo de ello lo constituía la guerra de Vietnam. Así, mientras que no se solucionen las partes, no podrá estabilizarse el todo. La solución pacífica de Vietnam, como de tantos otros enfrentamientos, es el catalizador que servirá para cristalizar el equilibrio internacional. Y este pasa por la desaparición de la intervención extrajera en el conflicto. La crisis mundial, en palabras del Ministro de Asuntos Exteriores galo, C. de Mourville, ante la Asamblea General de la ONU, es una sola, compuesta por estallidos esporádicos, que no son más que el reflejo de esa crisis general. Por eso, lo lógico es que se ataquen primero esos pequeños reflejos para eliminar el problema general.

A pesar de todos los acontecimientos la diplomacia seguía adelante. El 3 de mayo de 1968 Estados Unidos y la República Democrática de Vietnam acuerdan celebrar conversaciones preliminares de paz en París en ese mismo mes. Johnson anuncia la suspensión total de los bombardeos en el norte, aunque continúan los vuelos armados de reconocimiento. Así pues, el 25 de enero de 1969, y con Nixon ya como presidente, tiene lugar la primera sesión plenaria de la Conferencia sobre Vietnam en París, a la que también acudieron representantes de Vietnam del Norte, Vietnam del Sur y el FNL para el sur de Vietnam. Nixon anunció la retirada de veinticinco mil soldados en Vietnam para el mes de agosto y la evacuación de unos sesenta y cinco mil hombres para finales de año. Sin embargo, ni el anuncio de esta retirada progresiva de tropas, ni la muerte de Ho Chi Minh en el mes de septiembre sirvió para superar el estancamiento de las negociaciones de París. Los delegados de Vietnam del Norte siguieron insistiendo en que la paz no se produciría hasta que no se produjera la retirada completa de Estados Unidos. El FNL, por su parte, y a través del discurso de su representante en la conferencia bajo el título «Los 10 puntos del FNL por la liberación de Vietnam del Sur», puso de manifiesto su programa político.

Para el FNL los Estados Unidos eran los únicos responsables del estancamiento de las negociaciones de París. Los acusaban de pisotear los derechos del pueblo vietnamita y los Acuerdos de Ginebra de 1954 sobre Vietnam y el Derecho Internacional, habiendo cometido crímenes inadmisibles contra el pueblo vietnamita. La posición que defendían, según sus declaraciones, estaba fundamentada en un programa político, que habían hecho público el 3 de noviembre de 1968, denominado Los Cinco Puntos, cuyo contenido era el siguiente:

1. El saboteador de los Acuerdos de Ginebra, el agresor, el enemigo del pueblo vietnamita es el imperialismo yanqui.

2. El pueblo de Vietnam del Sur está resuelto a echar a los imperialistas estadounidenses para liberar su territorio y realizar la independencia, la democracia y la neutralidad y a encaminarse hacia la reunificación de la patria vietnamita.

3. El pueblo y las tropas de liberación del heroico Vietnam del Sur están resueltos a cumplir de la manera más completa posible la misión que les ha tocado en suerte de echar a los imperialistas estadounidenses para liberar el sur y proteger el norte.

4. El pueblo de Vietnam del Sur expresa su agradecimiento a los pueblos del mundo entero amantes de la paz y la justicia por su apoyo caluroso y se declara dispuesto a aceptar toda ayuda, incluso en armas u otros medios de guerra de sus amigos de los cinco continentes.

5. Unido como un solo hombre, todo nuestro pueblo en armas continúa su marcha heroica hacia delante resuelto a combatir y a vencer a los piratas estadounidenses y a sus servidores y traidores.

Estos postulados, teniendo en cuenta que la guerra continuaba, confirmando así según el FNL la actitud belicista de los estadounidenses, que se traducía, según sus propias palabras, en «poner en práctica la política de utilizar a los vietnamitas para hacer la guerra contra los vietnamitas», fueron el argumento que esgrimieron para evidenciar que los Estados Unidos estaban ejecutando una guerra de agresión contra el pueblo vietnamita, un pueblo víctima del opresor que no ha hecho otra cosa más que eludir constantemente los problemas básicos que han sido presentados ante el seno de la conferencia por la delegación del FNL para la liberación del Vietnam del Sur y del gobierno de Vietnam del Norte.

Es la política de intensificación de la guerra lo que está haciendo fracasar las conversaciones, y para acabar con ello hay que poner en práctica una solución global al problema de Vietnam del Sur que contribuya al restablecimiento definitivo de la paz en Vietnam, la cual habría de fundamentarse en los siguientes puntos:

- Respeto de los derechos nacionales fundamentales del pueblo de Vietnam consagrados por los Acuerdos de Ginebra: independencia, soberanía, unidad e integridad territoriales.
- Retirada total de Estados Unidos y demás países extranjeros sin condiciones.
- Respeto para el pueblo de Vietnam auspiciado por el sagrado derecho de los pueblos a su legítima defensa.
- Y, por último, derecho del pueblo vietnamita a solucionar por sí mismo sus problemas, sin injerencia extranjera, decidiendo él solo el régimen político de Vietnam del Sur a través de unas elecciones generales libres y democráticas para formalizar una Constitución y configurar un gobierno de coalición en el sur, reflejando la Concordia Nacional y una amplia unión de todas las capas populares.

El nuevo gobierno ha de asentarse en la igualdad, la democracia y el respeto mutuo. Durante el tiempo que transcurra la formación del gobierno ninguna parte puede imponerse a la otra; el gobierno de coalición provisional tendrá una serie de funciones entre las que habría que destacar la de realizar la Concordia Nacional y restablecer la normalidad, así como organizar elecciones generales libres y democráticas; el sur desarrollará una política exterior de paz y neutralidad, centrándose en una política de buena vecindad con Laos y Camboya (a los que ya había afectado el conflicto); reunificación de Vietnam por medios pacíficos, ya que la división por el paralelo 17 establecido en Ginebra tiene un carácter meramente provisional; Vietnam del Norte y Vietnam del Sur han de comprometerse, mientras se produce su reunificación definitiva, a no participar en ninguna alianza militar extranjera, ni permitir a otros países tener bases militares en suelo nacional; solucionar las secuelas de la guerra, asumiendo Estados Unidos toda la responsabilidad en la destrucción del país; y, finalmente, acuerdo entre las partes sobre la vigilancia internacional para la retirada de Vietnam del Sur de los estadounidenses y el resto de países extranjeros.

La ofensiva política continúa y el 10 de junio de 1969 se forma el gobierno revolucionario provisional de Vietnam del Sur, iniciándose por parte del gobierno de liberación una ofensiva militar a gran escala. Nixon visitará Saigón el mes siguiente. Y el 4 de agosto tendrá lugar la primera entrevista secreta entre Kissinger, Secretario de Estado del gobierno estadounidense, y Xuan Thuy, jefe de la delegación norvietnamita en la Conferencia de París. Pero en abril de 1970 unidades de combate estadounidenses penetraron en Camboya tras un golpe de Estado en este país protagonizado por Lon Nol, aunque la actividad militar en este territorio solo se prolongó tres meses, y se reanudaron los ataques aéreos sobre Vietnam del Norte. A la altura de 1971 el ejército survietnamita, además de en su territorio, también combatía en Laos y Camboya. Las negociaciones de París se vieron dificultadas por ello

El presidente Thieu pronunciando el discurso de clausura de la conferencia sobre Vietnam celebrada en Hawái (Estados Unidos) el 20 de julio de 1968. Thieu fue el presidente que más tiempo ejerció el cargo en Vietnam del Sur. Desde 1965 a 1975 dirigió el país pesando sobre él la sombra de la corrupción y rodeándose de una serie de aliados que le fueran fieles en el gobierno. Tras la caída de Saigón se exilió y fijó su residencia definitiva en Estados Unidos. Fuente: BETTMAN/CORBIS

y por la reelección de Thieu como presidente. Mientras tanto, en el campo de batalla las acciones continuaban, y, a pesar de la progresiva retirada de Estados Unidos, las tropas norvietnamitas iban concentrándose para lo que iba a ser la gran incursión en Laos y Camboya a través de la ruta Ho Chi Minh, a lo que los estadounidenses respondieron con bombardeos masivos en toda la zona, incitando a los norvietnamitas a desencadenar importantes ofensivas terrestres contra las tropas gubernamentales de Vietnam del Sur, Camboya y Laos. Se temió además que Hanói pudiera iniciar otra gran ofensiva hacia el centro de Vietnam del Sur. Las conversaciones de París se suspenden y el 26 de diciembre tuvo lugar la campaña de bombardeos de la RDV, una de las más brutales realizadas hasta la fecha, que duró cinco días.

A pesar de lo difícil de la situación, el 19 de enero de 1972 Nixon y su aliado Thieu anuncian un nuevo plan de paz que sin embargo será rechazado por el FNL, cuyas ideas básicas, trazadas ya años antes por la Casa Blanca, se reducían a considerar los Acuerdos de Ginebra como la base en la que fundamentar el regreso de la paz para el Sudeste Asiático, y plantear siempre desde el inicio de las conversaciones, como primer punto del orden del día, el cese de las hostilidades. Los cuatro puntos de Hanói –que fueron presentados por el primer ministro Pham Van Dong el 8 de abril de 1965, consistentes en la necesidad de acabar con la política de agresión de los Estados Unidos y su «alianza militar» con Saigón, la no participación en ninguna alianza militar extranjera, la obligatoriedad de solucionar los problemas políticos de Vietnam del Sur conforme al programa político del FNL, y la reunificación de Vietnam sin intervención extranjera– podrían discutirse junto con otros puntos que otros países deseasen formular: abandonar los Estados Unidos Vietnam del Sur una vez que hayan cesado las hostilidades, celebrar elecciones en Vietnam del Sur para que los vietnamitas puedan tener un gobierno de libre elección, y dar a los vietnamitas en exclusiva el poder para reunificar su país.

El 26 de marzo de 1972 Estados Unidos decide unilateralmente suspender las conversaciones de París, continuando los ataques al norte. Volverán a reanudarse el 25 de abril y a suspenderse con carácter indefinido el 4 de mayo. Nixon anuncia el bloqueo de los puertos y ríos con minas y Thieu declara la ley marcial en Saigón. En el otro bando, Vietnam del Norte denuncia la violación por parte de los Estados Unidos de la ley internacional de minado de puertos y ríos. Aviones estadounidenses bombardean a cincuenta kilómetros al sur de Hanói. Y entre tanto vaivén diplomático y bélico, Kissinger celebra la 15.ª reunión secreta con la RDV, manteniendo también conversaciones entre septiembre y octubre con Lê Duc Tho, representante plenipotenciario norvietnamita, hasta llegar a concretar un acuerdo de paz de nueve puntos, que Thieu consideró una auténtica traición. Vietnam del Norte renunciaba a un gobierno de coalición en Vietnam del Sur y también aceptaba discutir una posible solución para la situación de Laos y Camboya. Nixon aprobó en octubre este plan de paz, aunque no lo hizo públicamente, y decide interrumpir los bombardeos. Cuando Thieu anunció por radio la traición de la que había sido víctima, Nixon niega haber aceptado ningún plan. Por su parte, la RDV revela un proyecto de armisticio, aceptado por Washington, y Kissinger solicita una nueva ronda de conversaciones. Thieu amenaza con invalidar cualquier tratado que no lleve su firma. A finales de año el Secretario de Estado estadounidense anuncia que no se ha alcanzado ningún acuerdo y se reanudan los bombardeos masivos, que cesarán el 30 de diciembre.

Tras seis días de negociaciones, el 23 de enero de 1973, Nixon anunció a todo el país que por fin se había llegado a un acuerdo para el alto el fuego definitivo y la subsiguiente retirada de las tropas norteamericanas de Vietnam del Sur. Los bautizados como Tratados de Paz de París, firmados el 27 de enero de 1973, que no hablaban de paz, pero al menos suspendían las hostilidades, significaron la implantación de un alto el fuego, el intercambio de prisioneros, la retirada de las tropas de Vietnam del Sur en un plazo máximo de sesenta días, la retirada del Viet Cong del sur, la renuncia por parte de este a reivindicar territorios en el sur, extracción de las minas instaladas en los principales puertos de Vietnam del Norte por parte de Estados Unidos, posibilidad de seguir ayudando económicamente a su aliado, apertura de negociaciones entre Vietnam del Norte y los estadounidenses para la repatriación de prisioneros, salida del gobierno de Vietnam del Sur del presidente Nguyen Van Thieu, supervisión internacional de los acuerdos, Comisión Internacional de Control, compuesta por representantes de Canadá, Indonesia, Hungría y Polonia, la cual habría de supervisar, además del cumplimiento del tratado, la convocatoria de una conferencia internacional que se celebraría en treinta días. Por último, se acordó la celebración de elecciones libres en Vietnam del Sur.

No obstante lo acordado, el resultado fue, tal y como lo han definido los analistas, la firma de una paz hostil: tras la cual, y a pesar de que Estados Unidos cumplió su parte del trato y paulatinamente fue retirándose de Vietnam del Sur y restringiendo su ayuda económica, debido en gran parte al escándalo Watergate que hundió al presidente Nixon, el norte y el sur de Vietnam siguieron enfrentándose dos años más anulando cualquier efecto del alto el fuego firmado en París. El gobierno de Saigón no esperó demasiado tiempo para anunciar que no celebraría elecciones, aunque no llevaría a cabo acciones para intentar recuperar el terreno perdido. Y tanto el gobierno del norte como el Viet Cong siguieron preparándose para la victoria definitiva del comunismo, lo cual sucedería en abril de 1975 con la toma de Saigón. La unión definitiva entre el norte y sur se produciría al año siguiente, al proclamarse la República Socialista de Vietnam en abril de 1976.

3

El conflicto armado

EL GERMEN: INDOCHINA (1945-1954)

Indochina era para los franceses su posesión más preciada.
Se sentían orgullosos de ella. Construyeron grandes ciudades, obras públicas, implantaron un sistema sanitario y
educativo y desarrollaron económicamente la región. Se
dividía en cinco territorios: Cochinchina, una colonia;
Tonkín, una semicolonia; y Annam, Camboya y Laos, tres
protectorados. Sin embargo, resulta obvio afirmar que no
estaba exenta de problemas. Algunos de los más destacados
fueron las revueltas de los campesinos comunistas a principios de la década de los treinta del siglo xx o la rebelión
de Yen Bay, aunque fueron eliminadas con rapidez. A pesar
del miedo al comunismo y de intereses extranjeros en la
zona, como los de Japón, Francia estaba convencida de
que nunca abandonaría esta región, aunque su convencimiento no era absoluto. Si bien estaban tranquilos respecto

a Laos y Camboya, no sucedía lo mismo con Annam, Cochinchina y Tonkín, o lo que es lo mismo, con Vietnam. Entre otras razones porque fue aquí donde empezaron a oírse las primeras voces que se oponían con contundencia a la dominación extranjera. Las dos más importantes fueron el Partido Nacional Vietnamita, un partido de corte nacionalista inspirado en chinos y japoneses, y el Partido Comunista fundado en 1930 por Nguyen Ai Quoc –Ho Chi Minh–. La dureza con la que fueron combatidos convirtió al partido comunista en la fuerza política más importante en la clandestinidad, cuyo objetivo principal no sería otro que el de eliminar la dominación extranjera.

Entre 1941 y 1945, Ho Chi Minh y sus partidarios, entre los que se contaban Le Duan, Pham Van Dong y el general Vo Nguyen Giap, que llegaría a ser el más famoso de todos los jefes guerrilleros revolucionarios, habían ido regresando clandestinamente a su país, organizándose en pequeños grupos guerrilleros liderados por este último. Hay que recordar que fue en 1941 cuando el Viet Minh –'Frente de la Patria'– se había estructurado como la principal fuerza en torno a la cual aglutinar los intereses nacionalistas frente a la ocupación francesa. Pero Francia, a pesar de estar inmersa en la guerra mundial, no estaba dispuesta a renunciar a Indochina. Precisamente para defender su postura, tuvo que hacer frente a dos cuestiones que le impulsaron a llevar a término decisiones trascendentales. De un lado, los acontecimientos políticos que se irían sucediendo en estos territorios y cuyas consecuencias no fue capaz de prever. Y de otro, la actuación de Japón en el Sudeste Asiático durante el conflicto mundial, lo cual le obligó a reaccionar con rapidez y tomar medidas.

El afán expansionista de Japón era histórico. Cuando estalló la Segunda Guerra Mundial ya hacía tiempo que Japón había decidido hacerlo efectivo. Su gran reto era dominar todo el Extremo Oriente y convertirse en la gran potencia del Pacífico. Pero en ese sueño se cruzaron los intereses de China y el estallido del conflicto mundial. China y Japón venían protagonizando desde hacía mucho tiempo una gran rivalidad. Sin embargo, acuciadas por las necesidades derivadas de la guerra, las potencias occidentales habían decidido pasar por encima de dicha rivalidad consiguiendo mantener relaciones comerciales con ambos países, así como el suministro de armas. No olvidemos que Asia era aún una colonia de Europa. Británicos y franceses seguían teniendo el control de rutas comerciales –los británicos controlaban la ruta de Birmania y Haiphong y los franceses la ruta de Yunnán– y los intereses económicos europeos en los territorios asiáticos seguían estando muy presentes.

No obstante, la guerra obligaría a todas las potencias a reestructurar sus objetivos y la forma de conseguirlos. Japón no renunciaba a sus intenciones expansionistas y, en ellas, Indochina jugaba un papel fundamental. Su primer objetivo, y el pretexto utilizado para intervenir en el territorio en 1940, fue cortar el tráfico de armas a través de Tonkín para, a continuación, hacerse con el control del puerto de Haiphong. Francia, que se movía entre dos frentes, no podía permanecer impasible ante el avance nipón, máxime cuando este había centrado su atención en su colonia más importante. Buscó apoyos en Estados Unidos y Gran Bretaña, pero estos últimos se sintieron desbordados por los acontecimientos en Europa y, aunque sin descuidar sus posesiones, cedieron el protagonismo a los primeros. El presidente Roosevelt había decidido no participar en la guerra mundial a menos que los Estados Unidos fueran atacados. A pesar de que era plenamente consciente de que esta era una situación muy difícil de mantener, Roosevelt aguantó todo lo que pudo; tanto que incluso había manifestado a Japón su deseo de seguir proveyéndolo de petróleo con la condición de que abandonase Indochina. Pero en demasiadas ocasiones es difícil que los deseos se cumplan. El enfrentamiento directo entre ambos se convirtió en una realidad tras el ataque nipón al puerto de Pearl Harbour el 7 de diciembre de 1941, lo cual no dejó de ser una sorpresa para Estados Unidos, que nunca llegó a imaginarse que Japón fuese capaz de atacarles. Cuatro días después de Pearl Harbour hicieron lo mismo con el crucero británico *Prince of Wales*, obteniendo los nipones una victoria más. En febrero de 1942 derrotaron a los holandeses, y entre abril y mayo acabaron con la resistencia americana en Filipinas. También ocuparon Birmania, y la India, Ceilán y Australia se sintieron bastante amenazadas. Japón, al decir de los historiadores, había conseguido construir un imperio en tan solo seis meses. Era la principal potencia del Pacífico.

Mientras todo esto sucedía, en Indochina el general Catroux, gobernador general, había aceptado que Japón instalase con carácter provisional una comisión de control en la frontera. Sin embargo, los japoneses, fieles a sus objetivos, desembarcaron al sur de Haiphong y lo bombardearon, avanzando a continuación hacia el norte, aunque se habían comprometido a respetar tanto la integridad territorial como la soberanía francesa en Indochina. La situación pudo mantenerse entre encuentros y desencuentros hasta que el 9 de marzo de 1945 el embajador Matsummoto envió un ultimátum al almirante Decoux, que había sustituido al general Catroux, reclamándole el control del ejército, la marina, la Administración y los bancos que hasta la fecha habían sido respetados por los nipones. Ante la negativa de Decaux Japón atacó y ganó, dándose prisa en controlar Indochina. París interpretó este hecho como el último éxito de los nipones, ya que confiaba en que fueran destruidos por los aliados, como así sucedió. Guiados por esta premisa el gobierno de De Gaulle anunció el 24 de marzo la concesión de un estatuto para Indochina, cuando esta fuese liberada y devuelta a la tutela francesa, en virtud del cual cada uno de los países de la Federación de Indochina sería autónomo y

Francia ejercería de árbitro entre ellos. El Alto Comisario galo dirigiría el gobierno federal que estaría controlado por una Asamblea. La autoridad en materia de defensa, economía, política exterior y acuñación de moneda correspondería a las autoridades galas. Como apunta P. Devillers, todas estas concesiones estaban en la mente del gobierno francés porque estaba convencido de que Francia sería recibida como la gran libertadora toda vez que se hubiese producido la tan ansiada victoria de los aliados. Pero los deseos franceses no concordaban demasiado con las intenciones indochinas. El 11 de marzo, Bao Dai, el emperador de Annam, reclamaba la independencia. Un día después, sería secundado por el emperador de Camboya Sihanouk.

Una semana después de la explosión de la bomba atómica en Hiroshima, Ho Chi Minh ordenó la insurrección a las organizaciones del partido. El Viet Minh conquistó Hanói el 19 de agosto y una semana más tarde llegó a Saigón. El desconcierto originado derivó en un vacío de poder que fue aprovechado por el Viet Minh, el cual formó un gobierno provisional que decidió proclamar el 2 de septiembre de 1945 la independencia de Vietnam, convirtiéndose de este modo la antigua colonia en la República Democrática de Vietnam del Norte (RDVN). En Hue y Saigón los comités revolucionarios, el Viet Minh, dominaron rápidamente la situación. Sus guerrilleros habían abandonado la jungla y los arrozales y comenzaron a diseminarse por todo el territorio. Simultáneamente a lo que estaba sucediendo en Vietnam, se estaban originando levantamientos populares anticolonialistas en Birmania, Indonesia y Filipinas. Curiosamente la reacción de Francia no fue alarmante, puesto que seguía confiando en mantener su soberanía en Indochina, sobre todo cuando había recibido las garantías suficientes por parte de Estados Unidos, Gran Bretaña e, incluso, de China (aunque los chinos no se mostraban tan tolerantes y, al mismo tiempo que saqueaban el país, apoyaban a los partidos vietnamitas de derechas porque, entre otras cosas, esperaban eliminar a Ho Chi Minh al frente del Viet Minh y de la RDVN y sustituirle por elementos pro chinos). A pesar de ello el convencimiento galo de su autoridad sobre estos territorios aumentó sobre todo a partir del momento –finales de octubre– en el que pudieron enviar tropas a Indochina gracias a la ayuda norteamericana, que vio en su victoria en la guerra mundial su gran oportunidad para sustituir a las potencias coloniales en la región, motivo por el cual no tuvo ningún reparo en ofrecer su apoyo económico y diplomático, dando al mismo tiempo su ayuda a los jefes comunistas recién instalados en Saigón, Hue y Hanói.

Los franceses no cejaban en su empeño. El gobierno del general De Gaulle, en el cual figuraban varios ministros comunistas, no reconoció la República de Vietnam y ordenó al general Leclerc, jefe del cuerpo expedicionario galo, reconquistar el país e instaurar la soberanía francesa. El 23 de septiembre de 1945 varias decenas de soldados franceses, recién liberados de los campos de concentración japoneses, ocuparon por sorpresa los edificios públicos de Saigón, en los que se habían instalado desde el mes de agosto los miembros del Comité de Liberación del Sur de Vietnam. Leclerc realizó una serie de incursiones por la antigua Cochinchina y el sur de Annam, obligando a las tropas chinas de Chiang Kai-Cheng a evacuar Tonkín, ya que, según los Acuerdos de Yalta y Potsdam, se había autorizado a las tropas chinas a ocupar provisionalmente estas zonas y rendir a las guarniciones japonesas en ellas destacadas. Ho Chi Minh aceptó a la fuerza el regreso a Tonkín de las autoridades coloniales francesas a cambio del reconocimiento de la República del Norte en el marco de la Unión Francesa, porque comprendió que la única forma de librarse de China era negociando con Francia. En enero de 1946 el Alto Comisario francés concedió la autonomía a Camboya y un nuevo estatuto político para Cochinchina.

Para recuperar el norte la diplomacia francesa firmó un tratado el 28 de febrero de 1946 con la China de Chiang Kai-Cheng, según el cual, y bajo la promesa de mejoras económicas para Tonkín, las tropas francesas sustituirían a las chinas. Los chinos aceptaron con la condición de que el gobierno de París se pusiera de acuerdo con el de Hanói. El 6 de marzo Ho Chi Minh llegó al acuerdo con Francia de que si esta reconocía a la República de Vietnam como Estado libre formando parte de la Federación Indochina y de la Unión Francesa, ellos aceptarían el cambio de tropas chinas por francesas. Francia se comprometió en relación con la Cochinchina a respetar la voluntad popular expresada en un referéndum y a que cesaran las hostilidades y negociar con Hanói un estatuto definitivo para Vietnam. Con esta situación los franceses de Indochina, enemigos del comunismo y del Viet Minh, decidieron convertir a Cochinchina el 1 de junio de 1946 en una República autónoma.

Pero lo cierto es que los franceses desconocían el verdadero alcance del nacionalismo vietnamita. A pesar de ello, el 6 de noviembre Leclerc y Ho Chi Minh firmaron un acuerdo por el que se reconocía a Vietnam como un Estado libre en el seno de la Federación Indochina y de la Unión Francesa, y a Francia el derecho a mantener en la región a sus militares por un período de cinco años. Este acuerdo fue mal acogido en París donde los conservadores habían ido ganando posiciones. No resultaba tan fácil renunciar al imperio colonial. Ni políticos ni militares galos estaban dispuestos a la independencia de Indochina. Sin embargo, la gran pregunta era, según Devillers, por qué estalló el conflicto incluso antes de iniciarse la negociación si ambas partes estaban de acuerdo en lo esencial. Para este autor la razón no es otra que la desconfianza mutua, la mayoría francesa de Indochina respecto de la RDVN y el Viet Minh respecto de los dirigentes de Saigón. Debido a ello las autoridades francesas iniciaron una serie de movimientos tácticos encaminados a resquebrajar la cohesión del movimiento nacionalista y a aislar a los comunistas del resto, intentando, al mismo tiempo, atraerse a los grupos más conservadores de Annam y Cochinchina. Se produjeron bastantes incidentes y la situación comenzó a crisparse. Siguiendo el ejemplo de los holandeses en Indonesia, los franceses crearon un comisariado en las poblaciones del sur de Indochina. Los nacionalistas reaccionaron acusando a Francia de romper el acuerdo Leclerc-Ho Chi Minh, y el 19 de diciembre de 1946 unos guerrilleros tendieron una emboscada a los franceses que reaccionaron bombardeando el puerto de Haiphong al día siguiente. La guerra había comenzado.

El ejército francés sentía que era capaz de manejar la situación a favor de Francia, puesto que controlaba las grandes ciudades de Annam y Tonkín y las principales vías de acceso a China, y así hacer factible la Federación Indochina, toda vez que se había expulsado de Hanói el gobierno del Viet Minh y aislado a Ho Chi Minh. El Alto Comisario francés D'Argenlieu sabía que un Viet Minh libre de enfrentamientos constituía un enemigo difícil de vencer. Por ello intentó aprovechar la división existente en el seno del nacionalismo vietnamita y atraerse a los enemigos del comunismo para de este modo provocar una guerra civil. D'Argenlieu era consciente de que necesitaba un hombre de confianza que posibilitara el cumplimiento de los planes franceses y sugirió el nombre de Bao Dai. En torno a su figura se agruparían algo más tarde ciertas fuerzas nacionalistas que pretendieron dar credibilidad al régimen. Sin embargo, esta maniobra no obtuvo los resultados esperados para Francia ya que no solamente no evitó la derrota francesa, sino que además sirvió para dividir el nacionalismo vietnamita en dos grandes facciones. De un lado, los que algunos autores han bautizado como colaboracionistas, partidarios de seguir bajo los auspicios de Francia, y, de otro, los que podríamos denominar puristas, puesto que constituían el más puro nacionalismo vietnamita amparado por el comunismo. De este modo, según A. Abad, los comunistas consiguieron apoderarse de la consigna independentista desacreditando a todos aquellos que se opusieran a la misma o, dicho de otro modo, logrando identificar a todos aquellos que apoyasen la causa francesa con el enfrentamiento al pueblo de Vietnam. Es por eso que –siguiendo a este mismo autor– una guerra de independencia más se convirtió en un conflicto ideológico que arrastró a otras potencias además de la antigua metrópoli.

En octubre de 1947 Francia había lanzado una ofensiva sobre Tonkín con la intención de doblegar al gobierno de la RDVN, pero no lo consiguió. El gobierno de Ho Chi Minh comprendió entonces que solamente podrían alzarse con la victoria si eran capaces de resistir hasta que el enemigo se diera por vencido y decidiese acabar con la guerra. Pero París seguía empeñado en reconstruir un Estado vietnamita a la sombra de Francia en el que el Viet Minh y la República creada por Ho Chi Minh no tenían cabida. En Francia no se admitía el comunismo. Y Bao Dai fue interpretado como la única opción para solucionar el conflicto indochino. Así fue como en diciembre de 1947 Bollaert, que había sustituido a D'Argenlieu como Alto Comisario, se entrevistó con Bao Dai y le convenció para que firmara un acuerdo con Francia que contemplase las condiciones que esta ponía, las cuales básicamente consistían en el mantenimiento de los comités sin base política que el gobierno galo había implantado en Hue, Hanói y los territorios ocupados en el norte y el centro, además de utilizar a Bao Dai para renovar el protectorado. Esta maniobra no gustó ni a propios ni a extraños. Cuando Bao Dai volvió a Hong Kong sus partidarios le hicieron saber que las condiciones francesas eran inadmisibles. Y el Viet Minh explicó la posibilidad de que el antiguo emperador volviera a ocupar el poder en Vietnam como el principio del fin de las reivindicaciones nacionalistas, ya que la independencia supone desligarse de Francia, pero también convertirse en una nación gobernada por dirigentes propios y no por aquellos que hubieran sido designados en función de los condicionantes de potencias extranjeras. Bao Dai se sintió engañado y prometió estar más alerta a partir de ahora. Sentía que su misión de «pacificador de Vietnam», en palabras de Devillers, implicaba arrebatar a los franceses su protagonismo en la independencia y unificación del país. En aras de conseguirlo decidió confiar la realización de dicha unidad al sur de Vietnam, por lo que a finales de mayo de 1948 constituyó un gobierno central en Saigón, con carácter provisional, dirigido por el presidente del gobierno cochinchino, el general Xuan. Al mes siguiente se firmó una nueva declaración entre Bao Dai, Xuan y Bollaert por la que se reconocía la independencia de Vietnam, siendo el pueblo vietnamita el único responsable de la misma, y su adhesión a la Unión Francesa. La desconfianza gala hacia la figura de Xuan hizo que no se le transfirieran responsabilidades políticas, con lo que, una vez más, no se consiguió ningún avance. La verdadera intención de Francia seguía siendo reconstruir un Estado vietnamita bajo su tutela y eliminar definitivamente de la escena política a Ho Chi Minh. La Unión Francesa no admitía el comunismo y por ese motivo hizo hincapié en apoyar a Bao Dai, puesto que consideraban era el único que podría contribuir de forma contundente a la desaparición política del rebelde Ho Chi Minh. Además tenía prisa por lograrlo, porque miraba a China con mucho temor ante los progresos que allí estaba logrando el comunismo. Francia confiaba en convertir el Vietnam de Bao Dai en el baluarte del mundo libre contra el comunismo chino en el Sudeste Asiático, para lo que creía contar sin duda alguna con el apoyo estadounidense; pero la confrontación continuaba y ni franceses ni vietnamitas controlaban totalmente la situación.

Las maniobras políticas seguían su curso y en octubre de 1948 se iniciaron una serie de negociaciones cuyo resultado inmediato para Bao Dai fue la obtención de una serie de concesiones por parte de Francia encaminadas a salir del estancamiento en que se había sumergido la situación. Dichas negociaciones culminaron con la firma de otro acuerdo el 8 de marzo de 1949, aunque Bao Dai no volvió a Vietnam hasta el mes siguiente dado que había puesto como condición para facilitar la estrategia de Francia que esta devolviera Cochinchina, la cual jurídicamente aún seguía teniendo el estatus de colonia. En agosto ya era oficialmente presidente de Vietnam. Y lo primero que habría de hacer era eliminar al Viet Minh antes de que este se viese apoyado por la China comunista. Francia había logrado crear un Vietnam integrado en la esfera del llamado «mundo libre», puesto que en él no había lugar para el comunismo y había nacido con la esperanza de erradicarlo. Así fue como se aseguró el apoyo de los estadounidenses al inscribir al nuevo Estado en la órbita occidental. Vietnam era el baluarte de la libertad en el Sudeste Asiático. Quiso convertirlo en el principal peligro del comunismo chino, y es por ello que esperaba el agradecimiento de Estados Unidos, sin dejar de recelar de ellos, ya que entre sus temores se incluía el de que los estadounidenses apoyaran a los nacionalistas de derechas, que querían librarse de la tutela francesa y volcar todas sus esperanzas en el apoyo estadounidense.

Ante este panorama, dos semanas después de que Francia decidiera transferir poderes a Bao Dai, Ho Chi Minh y su gobierno se dirigieron al mundo con la intención de comunicar que el suyo era el único gobierno legítimo en Vietnam invitándoles a reconocerlo. Así lo hizo China, que a primeros de enero del año siguiente había tomado posiciones a lo largo de la frontera con Vietnam, hecho que no produjo incidentes, el día 16, y la Unión Soviética y los socialistas europeos el día 30. El 7 de febrero Estados Unidos y Gran Bretaña reconocían a los tres Estados asociados de Indochina amparados por Francia y Bao Dai. El enfrentamiento del bloque socialista y capitalista a través de Vietnam no había hecho más que empezar. Así, a los dos meses de iniciarse la guerra de Corea en 1950, la RDVN, ayudada por China, comenzó la ofensiva en el norte. Los franceses, que habían efectuado un cambio de mandos al designar como nuevo Alto Comisario a De Lattre de Rasigny, tremendamente sorprendidos y a pesar de abandonar la frontera, fueron capaces de neutralizar la acometida de Giap sobre Hanói en 1951 logrando una tregua. En septiembre De Lattre había visitado Washington para instar a los Estados Unidos a una mayor implicación en el conflicto y con el firme propósito de que la de Indochina dejase de ser una guerra exclusivamente francesa. Aprovechó la victoria comunista de Mao en China para que la responsabilidad de la liberación indochina también recayese en los estadounidenses. Francia sentía que ya no podía librar esta lucha ella sola. Y a Estados Unidos no le había quedado más remedio que cambiar la perspectiva de su política exterior en Asia, recordemos que en realidad quería sustituir a las antiguas metrópolis europeas en el centro de poder del continente, desde que la guerra de Corea había estallado. El viaje de De Lattre a Norteamérica confirmó la idea de que Vietnam debía encarnar la lucha del mundo libre contra el comunismo. El neocolonialismo estaba empezando a funcionar, aunque, en opinión de algunos historiadores, sobre todo los pertenecientes a la escuela marxista, la República francesa fracasó estrepitosamente debido a que en realidad, vendió Vietnam a los Estados Unidos y se sometió casi incondicionalmente a sus planes en el Sudeste Asiático. La prensa parisina defendía a su gobierno justificando su actitud como «la gran defensa del Sudeste Asiático y del mundo libre frente a la marea roja que lo invadía todo». Por tanto, la guerra de Vietnam era «una guerra justa»

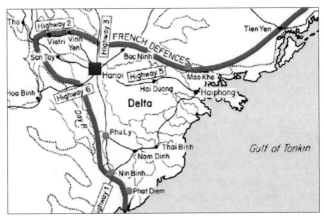

Línea De Lattre. La Línea De Lattre, o pequeña Línea Maginott, fue la línea defensiva trazada por las fuerzas francesas en la guerra de Indochina para detener los ataques de la guerrilla del Viet Minh que, no obstante, aprendió a traspasar esta barrera militar.
Fuente: www.globalsecurity.org

que quedaba legitimada por la exigencia de un mundo libre que también debía, precisamente por ello, ejercer de dique de contención ante la amenaza china y su revolución permanente.

Así pues, se pensaba que la ayuda de Estados Unidos serviría para crear un Vietnam independiente y alejado del comunismo; pero a partir del momento en que los franceses comenzaron a sentir que su protagonismo disminuía, sobre todo desde que los estadounidenses habían decidido equipar al nuevo ejército nacional vietnamita en 1951, el esfuerzo por seguir luchando por la causa Indochina empezó a diluirse progresivamente. Con una gran parte de la opinión pública en contra, con un cambio en sus prioridades político-militares y con las arcas del Estado seriamente afectadas, no le compensaba seguir apoyando al régimen vietnamita, aunque este se opusiese

al comunismo. El afianzamiento en el poder de Bao Dai
no podía basarse principalmente en el miedo a China,
máxime teniendo en cuenta que su característica más destacable era la corrupción y la división en familias y clanes, lo
cual favorecía al Viet Minh de una manera bastante más
que considerable. Francia sabía que cada vez iba a costarle
más ganar la guerra con un régimen en estas condiciones.
De este modo, a finales de 1953, sospechando que en
caso de victoria los vietnamitas anticomunistas pedirían
ayuda a los estadounidenses para que Francia abandonase
Indochina, decidió acabar con la lucha armada; pero no
quería negociar el fin de las hostilidades directamente con
el Viet Minh y por eso se decidió a hacerlo efectivo en el
marco de una conferencia internacional.

En enero de 1954 Francia, Estados Unidos y Gran
Bretaña llegaron a un acuerdo con la Unión Soviética para
celebrar en Ginebra a finales de abril, y con la participación China, una conferencia que restableciese la paz en
Corea e Indochina. Francia, que se había presentado como
aliada de Estados Unidos en su «lucha por la contención
del comunismo», perseguía, a cambio de una serie de
concesiones económicas, el abandono de China y la Unión
Soviética de la RDVN y la rendición de Ho Chi Minh y
del Viet Minh ante el legítimo gobierno de Bao Dai. Y para
lograrlo estaba dispuesta a amenazar con una intervención
norteamericana si los comunistas no se avenían a razones.
La RDVN, por su parte, quería un arreglo político directo
con Francia y no un simple armisticio que fuera aceptado
por ambas partes. Bao Dai intuyó que esta iniciativa de los
comunistas ponía en peligro su gobierno y por eso decidió nombrar Primer Ministro a Ngô Dinh Diêm, líder de
los nacionalistas de derechas y aceptado por Washington.
Quedaba claro que quería sustituir a Francia por Estados
Unidos. Pero mientras se estaba desarrollando el debate en
Ginebra sobre Indochina, Francia sufrió su mayor desastre
militar a manos del general Giap: la derrota de Dien Bien

Phu en mayo de 1954. La batalla de Dien Bien Phu, transcurrida entre el 13 de marzo y el 7 de mayo de 1954 y en la que lucharon alrededor de cincuenta mil vietnamitas, fue una de las más trascendentales de toda la guerra, si no la que más, ya que, no solamente supuso el principio del fin del imperio colonial francés, sino que, además, tras pedir Francia el armisticio en Ginebra, se oficializó la división del país por el paralelo 17.

Después de lo acontecido en Dien Bien Phu, el 20 de julio de 1954, se firmó el cese de las hostilidades y se proclamaba por primera vez a nivel internacional la unidad e independencia de Vietnam. Ninguna de las tres naciones –Laos, Camboya y Vietnam– podría tener bases ni tropas extranjeras ni concluir alianzas militares. Y aunque el paralelo 17 no se constituía en frontera, temporalmente se confió el norte a la RDVN y el sur a la Unión Francesa con la promesa hecha de celebrar unas elecciones libres en 1956 de las que necesariamente tendría que salir un gobierno para todo Vietnam, cosa que nunca sucedió tras la negativa de Ngô Dinh Diêm, sucesor de Bao Dai, y apoyado por los Estados Unidos, a hacerlo, desembocando en el inicio de nuevo del enfrentamiento armado en 1958 que culminaría con una segunda fase de la guerra conocida ya como guerra de Vietnam.

De cualquier forma, y a pesar del recelo manifestado por Estados Unidos y Bao Dai, que incidían en el peligro comunista y sus impredecibles consecuencias, el acuerdo militar se cumplió, cesando las hostilidades en la fecha prevista y agrupándose paulatinamente las fuerzas beligerantes a ambos lados del paralelo 17. El gobierno de Ho Chi Minh, tras siete años y medio en la selva, volvía a Hanói, a pesar de que para Francia el único gobierno legítimo seguía siendo el de Saigón. El 29 de septiembre franceses y estadounidenses firmaban un acuerdo por el que se comprometían a apoyar «un régimen fuerte y anticomunista» en Vietnam del Sur. Pero Francia ya no se sentía con fuerzas para seguir desempeñando un papel protagonista en esta parte de Asia y decidió pasar el relevo a Estados Unidos para así centrarse en África. Vietnam había accedido a su independencia en medio de una guerra abierta contra los franceses, rodeado de los intereses internacionales sobre su territorio y como un país dividido. Sin embargo, la retirada de los franceses no supuso el fin de la pesadilla bélica vietnamita. Todo lo contrario.

La lucha contra el «imperialismo yanqui»: Vietnam (1954-1975)

Los acontecimientos tras Ginebra fueron desarrollándose en una línea muy determinada. Según lo previsto, cesaron los enfrentamientos, el ejército popular vietnamita se retiró de Camboya y Laos reestructuró su territorio. El 10 de octubre de 1954 el gobierno de Ho Chi Minh volvió a Hanói. Las denominadas «zonas de reagrupación», divididas por el paralelo 17, no se convirtieron en territorios autónomos hasta mayo de 1955, fecha en que los franceses se retiraron de Haiphong y el ejército popular vietnamita de Quangnam-Quangngai. Durante casi un año muchos vietnamitas del norte, en su mayoría campesinos católicos, burguesía urbana, intelectuales de derecha y funcionarios leales al régimen de Bao Dai, se pasaron al sur huyendo del comunismo, pasando a formar el grueso de población en el que se apoyaría Saigón. Pero el curso de los acontecimientos se alteraría hasta un punto insospechado con la llegada al poder de Ngô Dinh Diêm, quien fue presidente de Vietnam entre 1954 y 1963, año en que fue asesinado. Su vida estuvo muy marcada por el hecho de ser católico en un país de mayoría budista. Durante la etapa Bao Dai, en la cual fue ministro de interior, colaboró muy estrechamente con las autoridades coloniales francesas hasta que se dio cuenta de que estas solo pretendían seguir ejerciendo su posición de dominio sobre estos territorios. Aunque mantuvo contacto con los movimientos nacionalistas durante la Segunda Guerra Mundial con el único objetivo de conseguir la independencia de su país, se separó radicalmente del pensamiento comunista cuando estos asesinaron a uno de sus hermanos. Cuando a principios de 1946 fue trasladado a Hanói, había sido hecho prisionero por los comunistas meses antes, Ho Chi Minh le ofreció unirse a su gobierno independiente del norte, viendo en ello una gran oportunidad para atraerse al sector católico a la causa comunista, pero Diêm se negó y consiguió huir hacia el sur, constituyendo esta circunstancia el principio del protagonismo estadounidense en Vietnam.

En 1947 cuando los franceses estaban inmersos en la recuperación del dominio sobre Indochina, Diêm fundó el Partido Nacional Unido, anticomunista y antifrancés, con la firme intención de consolidar un gobierno vietnamita. Sin embargo, en 1950 su vida comenzó a correr peligro y tuvo que huir del país a otros destinos entre los cuales se encontraba Estados Unidos. A partir de ese momento consolidó la relación de Saigón con los estadounidenses. Las autoridades estadounidenses le convencieron para volver a su país tras los Acuerdos de Ginebra y comenzar la verdadera lucha anticomunista. Tras la derrota francesa en Dien Bien Phu y con el emperador Bao Dai retirado en Cannes, Diêm fue nombrado Primer Ministro del nuevo gobierno, sustituyendo al príncipe heredero Buu-Loc. Su poder se vio consolidado en 1955 cuando las tropas leales a su causa se enfrentaron con las tropas leales al emperador. Y en octubre de ese mismo año convocó un referéndum con el fin de proclamar la República, cosa que consiguió hacer derrocando así al emperador Bao Dai. Al año siguiente ya se había asentado en el poder, convirtiéndose a partir de entonces en un auténtico dictador que gobernaría según los dictados de Estados Unidos.

Diêm tuvo dos gestos realmente significativos que sirvieron para confirmar su acercamiento a los estadounidenses: en primer lugar, se negó a firmar los acuerdos de Ginebra argumentando que entregaban la mitad del país a los comunistas; y, después, anunció la no convocatoria de elecciones –ignorando lo que había quedado dicho en Ginebra–, aunque sus decisiones no se quedaron ahí. El 23 de octubre de 1955 había proclamado la República del Vietnam como único Estado legítimo de norte a sur –Estados Unidos, Francia, Inglaterra y cuarenta países más lo reconocieron–; la Asamblea Nacional que sería elegida un año más tarde solamente legitimaba los partidos considerados anticomunistas; y, tras la aprobación de una nueva Constitución (1956), comenzó una férrea dictadura, sustentada por las fuerzas católicas del país, que, a pesar de caracterizarse por la corrupción, la crisis y las revueltas sociales –debidas básicamente a la terrible persecución de la que fueron objeto los budistas, quienes eran acusados de defender el comunismo–, creó un clima suficientemente favorable para la introducción y asentamiento de los estadounidenses en el sur del nuevo país. Aunque si hubiese previsto las consecuencias, quizás su actuación habría sido diferente, ya que a medida que pasaba el tiempo la oposición a su régimen crecía entre la población y los estadounidenses comenzaron a recelar del papel desempeñado en el cumplimento de sus intereses políticos hasta tal punto que permitieron el golpe de Estado que acabó con su vida en 1963.

A través de estas maniobras políticas y una serie de gestos definitivos, Diêm, quizá sin saberlo, dio un paso trascendental para la introducción de Estados Unidos en el conflicto de Vietnam. Dentro de los segundos, sin duda alguna, resultaron decisivos dos: confiar a los estadounidenses el entrenamiento de su policía en 1955; y declarar, dos años más tarde, y tras su visita a Washington, que la frontera se fijaba en el paralelo 17. Con estas palabras

Diêm quiso constatar la condición del Sudeste Asiático de bastión del mundo libre para todo el continente. Desde su gobierno se emprendieron claras acciones anticomunistas como, por ejemplo, el control policial de las ciudades o «las campañas de denuncia de las actividades anticomunistas». Miles de sospechosos de comunismo fueron detenidos y muchos más desaparecieron. La vida en las áreas rurales parecía esconderse tras las represalias que sufrían desde el gobierno instalado en las ciudades. Por otro lado, los comunistas infiltrados en el sur no dejaban de comunicar a Hanói que cada vez resultaba más complicado mantener la lucha política por la causa aun a pesar de contar con el apoyo de Moscú. Había que pasar de nuevo a la lucha armada, aunque Ho Chi Minh seguía recomendando paciencia.

Estados Unidos ya estaba *de facto* presente en Vietnam. Y no solamente a través de la política o la diplomacia. El aumento de su preocupación por el devenir de los acontecimientos impulsó al gobierno de Washington a incrementar su ayuda económica y el suministro de material de guerra a Saigón. La intervención militar no podía hacerse de forma abierta, al menos no en esos momentos, y por eso tenía que saber de qué forma irrumpir en territorio vietnamita sin provocar demasiadas suspicacias. Desde 1955, como acabamos de señalar, los estadounidenses entrenaban a la policía de Diêm; pero llegaría un momento en que eso no sería suficiente. Al margen de las reticencias de Diêm, quien veía en la introducción en su país de personal militar estadounidense, fuese este de la categoría que fuese, una amenaza latente para su protagonismo en esta historia, se tomó la decisión de dar un paso más allá y aceptar la llegada de los denominados asesores militares estadounidenses –los MAAG–, los cuales no eran nuevos en el país, puesto que ya el presidente Truman en 1950 los había mandado a Indochina para apoyar a los franceses. Washington hacía tiempo que se había encargado de aclarar que este tipo de militares no eran tropas de combate, sino simplemente supervisores, argumento que no acabó de convencer del todo a Diêm, quien, receloso de su alcance, como hemos mencionado, se encargó de que estos no ocupasen posiciones de alto rango, ni estuvieran presentes en las unidades tácticas vietnamitas. Tenía miedo de que los Estados Unidos pudiesen influir en exceso sobre Vietnam. Pero sea como fuera, lo cierto es que la figura de los asesores despejó el camino para que años más tarde las tropas regulares estadounidenses fuesen una realidad en Vietnam del Sur, teniendo que enfrentarse en la década de los sesenta al comunismo vietnamita renovado tras la desaparición del Viet Minh y su sustitución por el FNL, esto es, el Viet Cong, con la firme intención de hacer desaparecer el régimen de Diêm, y consecuentemente la presencia americana en Vietnam, por un régimen que llevara la independencia plena y la no alineación y que perseguiría como objetivo último, pero no menos prioritario, la unificación pacífica de la patria.

La firmeza de la guerrilla en sus intenciones políticas y su forma de llevarlas a término puso en un serio aprieto a la administración norteamericana, que, ya con Kennedy a la cabeza, se enfrentó al dilema de solucionar la cuestión vietnamita por métodos exclusivamente políticos o seguir adelante hasta las últimas consecuencias, puesto que no era posible retroceder ante la invasión comunista en ningún punto del planeta, principalmente después de lo ocurrido en Bahía de Cochinos y tras conocer que en París cada vez era más unánime el argumento de una solución política y no militar al conflicto vietnamita. Pero Estados Unidos no escuchó a nadie y se lanzó hasta las últimas consecuencias a emprender lo que en la historiografía se define como «la guerra especial», con la que los estadounidenses pensaban erradicar el comunismo del Sudeste Asiático.

Pese a la creación de un mando militar estadounidense-vietnamita a principios de 1962, el FNL intensificó sus acciones, algo que pudo llevar a cabo entre otras razones porque siguió recibiendo armamento a través de la ruta Ho Chi Minh, un conjunto de senderos y caminos de más de cuatro mil kilómetros que se extendía a través de Laos y Camboya, convirtiéndose en una vía de comunicación vital para la evolución de la guerra. En el verano de ese mismo año aprovechó la firma del Convenio de Ginebra sobre Laos para proponer una solución semejante en Vietnam: un gobierno de unión nacional que desarrollaría una política de neutralidad con la garantía del respeto de las demás potencias. Sin embargo, al año siguiente, los budistas, contrariados por la preponderancia de los católicos en el gobierno de Diêm, desencadenaron una campaña de protestas que contribuyó a caldear aún más la situación. Washington estaba cada vez más nervioso y dudaba de Diêm. Ya no bastaba con enviar consejeros, sino que había llegado el momento de plantearse lo ineludible de mandar tropas a combatir como única solución efectiva. Es por eso que el gobierno estadounidense decidió enviar fuerzas propias e incluir las operaciones del ejército survietnamita en los planes de su Estado Mayor. Por otra parte, se puso en marcha el proyecto de las «aldeas estratégicas» (fortificaciones) para la defensa del sur, coincidiendo con el primer viaje del Secretario de Defensa McNamara a Vietnam. Además de esto, Washington tenía claro que la intransigencia de Diêm ante los budistas contribuía considerablemente a complicar las cosas para Estados Unidos, y más teniendo en cuenta que corrían serios rumores de que podría llegarse a un acuerdo con Hanói, aparte del hecho de la disposición de Francia y China de intervenir de algún modo si no se producían resultados. Pero el 1 de noviembre de 1963 el ejército tomó Saigón y asesinó a Diêm y a su hermano Nhu. Una junta presidida por el general Duong Van Minh se hizo cargo del poder. La calma volvía por unos instantes al país y con ella la esperanza en la desaparición de un régimen autoritario. Sin embargo, el 22 de

noviembre Kennedy es asesinado en Dallas y sustituido
en la presidencia por Johnson, quien se había comprometido personalmente con Vietnam y no estaba dispuesto a
renunciar a su conquista bajo ningún concepto.

El 30 de enero de 1964 subió al poder Nguyen Khan,
un general que constituía un valor seguro para los estadounidenses. El general afirmó su voluntad de continuar con
la guerra y 1964 se convirtió en el año del comienzo
de la verdadera escalada bélica en Vietnam, de «la americanización de la guerra», que alcanzó su punto culminante
en agosto cuando se produjo el incidente del golfo de
Tonkín, en el que se bombardean las bases de aprovisionamiento de Vietnam del Norte, interviniendo ya más de
trescientos mil soldados estadounidenses en la guerra, y
tras el cual Estados Unidos rechaza cualquier intento de
neutralización de Vietnam del Sur. Nada más conocer los
hechos el presidente Johnson convocó al Congreso con
carácter de urgencia y este le dio carta blanca para rechazar
futuras agresiones. Sin declararlo oficialmente, se estaba
aprobando la intervención en Vietnam, que a partir de
ahora constituiría un frente perfecto por medio del cual
enfrentarse a la Unión Soviética y a China. A finales de año
Estados Unidos había llegado a la conclusión de que no
era posible salvar el sur sin luchar contra el norte. Con el
objeto de «frenar la infiltración comunista del sur y asegurar el derecho de los pueblos a la libertad y a la paz», la aviación estadounidense comenzó a bombardear Vietnam en
1965 y, simultáneamente, Washington publicaba su Libro
Blanco, en el que denunciaba la agresión de Vietnam del
Norte contra Vietnam del Sur. Mientras tanto, se produce
el primer intento fallido por parte del presidente Johnson
de negociar para poner fin al conflicto, habida cuenta de
las dimensiones que este estaba alcanzando y las consecuencias políticas, económicas y sociales que acarreaba. En
el mes de marzo tenía lugar la Operación Rolling Thunder,
consistente en bombardeos masivos al norte y ataques a

McNamara explicando el incidente del golfo de Tonkín. El incidente del golfo de Tonkín significó la entrada de los Estados Unidos en el conflicto vietnamita. Tras la desclasificación de documentos secretos se ha descubierto que el gobierno americano mintió sobre el ataque y, en realidad, fue la excusa con la que legitimar su entrada en el país para combatir el comunismo. Fuente: altair2012.wordpress.com

objetivos industriales. En abril se pone en marcha la estrategia Búsqueda y Destrucción de Westmoreland en las zonas enemigas y se introducen batallones y divisiones aeromóviles. Saigón pierde el control sobre el Delta del Mekong. El objetivo era presionar a Hanói hasta llevarle al límite de sus posibilidades y que dejase de ayudar al FNL o se decidiera a negociar. Creyendo que conseguiría su objetivo la administración Johnson envió un contingente de seis mil quinientos marines para proteger la base aérea de Da Nang y este fue el momento preciso en el que comenzó el conflicto de Vietnam.

Hanói anunció que no daría ningún paso mientras no cesaran los bombardeos, a lo que Johnson respondió ofreciendo un plan de ayuda económica si cejaban en su empeño de avanzar hacia el sur. La respuesta comunista consistió en un Plan de Cuatro Puntos planteados por Phan Van Dong para un «arreglo correcto del problema vietnamita», de entre los que cabe destacar la suspensión inmediata de los bombardeos y el respeto a los acuerdos de Ginebra, dejando a los vietnamitas solucionar por ellos mismos sus problemas. Esta solución era difícil de aplicar considerando que a finales de año ya había 185.000 soldados estadounidenses junto con el ejército de Vietnam del Sur combatiendo contra 200.000 guerrilleros del Viet Cong, apoyados por más de 150.000 soldados regulares de Vietnam del Norte. Hanói sentía que tenía que defenderse de la brutal agresión imperialista. Para ello reestructuró la ciudad reorganizando su vida social, camuflando sus fábricas y talleres, evacuando a la población al campo y desarrollando una potente red antiaérea. Los suministros del sur continuaron a través de la ruta Ho Chi Minh, constantemente bombardeada y reconstruida. Así, dándose cuenta de que los comunistas no serían tan fáciles de doblegar, los aviones estadounidenses comenzaron a bombardear a partir de 1966 grandes instalaciones militares en las proximidades de Hanói y el puerto de Haiphong que hasta entonces habían sido respetados.

Ante el cariz que estaban tomando los acontecimientos, la presión se ciñó en torno a los Estados Unidos. No solamente dentro de sus fronteras comenzaron a denunciarse las atrocidades que allí se estaban cometiendo –bombardeos a civiles, guerra química–, sino que también los foros internacionales expresaban su indignación y su rechazo. Hasta tal punto fue así que el propio general De Gaulle condenó públicamente los bombardeos de Vietnam del Norte, llegó a intercambiar mensajes con Ho Chi Minh y retiró a Francia de la OTAN. Reclamó la vuelta a la cordura del gobierno Johnson, instándole a reconsiderar los Acuerdos de Ginebra y poner fin a la crueldad en Vietnam. Lejos de recapacitar ante estas presiones, o precisamente a causa de ellas, Washington dobló sus esfuerzos

El presidente Johnson visitando a las tropas estadounidenses en 1966. En su obsesión por acabar con el comunismo, Johnson intensificó la guerra de Vietnam enviando cada vez más tropas a ayudar al sur para combatir el comunismo del norte. Necesitaba convencer «a sus muchachos» de lo necesario de su intervención en estos territorios. Fuente: carlesvinyas.wordpress.com

militares y se obsesionó con alcanzar la victoria reforzando el régimen de Saigón, donde había estallado en este mismo año la revuelta budista de Hue y Danang. En este contexto, y con una Constitución ya promulgada, se celebraron elecciones presidenciales el 3 de septiembre de 1967, de las que resultó elegido un presidente católico, Nguyen Van Thieu, de quien los estadounidenses pensaban que podría defender un régimen democrático y aplastar la subversión ayudado por sus aliados asiáticos Corea del Sur, Tailandia y Filipinas a los que se añadiría Australia. Pero como las presiones no cesaban, el presidente Johnson comprendió que había que variar en algún punto la estrategia y por ello, el 29 de septiembre de 1967, dio a entender en San Antonio (Texas) que se podrían detener los bombardeos si tuvieran la seguridad de que iban a mantener unas conversaciones fructíferas con Hanói. Sin embargo, tal cosa no sucedió porque China se oponía a cualquier tipo de negociación.

La guerra continuaba sin más remedio. El 31 de enero de 1968, durante la fiesta del Tet, año nuevo lunar vietnamita, el general Giap ordenó la ofensiva generalizada durante casi cien ciudades y llegó al centro de Saigón, aunque tuvo que retirarse tras duras batallas, especialmente en Hue. A pesar de suponer una gran victoria psicológica, la ofensiva del Tet terminó en una gran derrota para el Viet Cong, cuyas tropas tuvieron que retirarse de la mayor parte de las posiciones que habían ocupado. Johnson reflexionó y anunció el cese de los bombardeos sobre la mitad sur del territorio de la RDVN. El 3 de abril Ho Chi Minh dio a conocer su intención de negociar. En pocas semanas ambos gobiernos aceptaron participar en una conferencia que se celebraría en París, aunque la violencia siguió presente: las fuerzas norteamericanas fueron sitiadas en Khe Sanh y Saigón sufría el fuego del FNL. A pesar de todo, la conferencia de París se inauguró el 13 de mayo de 1968 con un propósito claro: analizar cuáles habrían de ser las condiciones para que cesaran los bombardeos en Vietnam del Norte.

Sin embargo, una vez más, los intentos diplomáticos de aplacar los ánimos no sirvieron de mucho. Estados Unidos no suspendería los bombardeos hasta que el norte no retirara sus tropas del sur. Hanói respondió que la cuestión no era seguir enfrentando al norte con el sur, sino tratar a Vietnam como una sola nación con el objetivo común de acabar con la presencia ilegal de extranjeros, es decir, los estadounidenses, dentro de sus fronteras. Por otro lado, Saigón se pronunció advirtiendo de su negativa a tratar este tema, a lo que Hanói de nuevo replicó argumentando que no aceptaría la presencia de Saigón en la conferencia mientras no fuese admitido el FNL. Ante semejante complicación, y sobre todo por la presión de Washington, Saigón acabó aceptando las condiciones, y de este modo Johnson el 1 de noviembre anunció la obtención de un complejo convenio y su firme determinación de acabar con los bombardeos en el norte. Pero el curso político estadounidense había seguido avanzando y terminó la oportunidad de Johnson, ya que el 5 de noviembre, por un estrechísimo margen, era elegido Richard Nixon presidente de los Estados Unidos. Del transcurso de los acontecimientos políticos Thieu dedujo que Washington estaba preparando su retirada de Vietnam. Y por eso accedió a que el FNL estuviera presente en la negociación a cambio de que Estados Unidos no negociase por separado con ellos ni con Hanói, ni presionara a Saigón para imponer un gobierno de coalición. Una vez aclaradas las cosas se inició en París el 18 de enero de 1969 una conferencia en la que participaron Estados Unidos, Vietnam del Sur (Saigón), la RDVN y el FNL.

En París se libró lo que la historiografía ha bautizado como «la guerra dialéctica», entre otras razones porque fue interrumpida varias veces por la continuación del conflicto bélico y porque no acabó por completo con los bombardeos de Vietnam del Norte. Estados Unidos retiraría sus tropas de Vietnam del Norte si Hanói hacía lo propio en Vietnam del Sur. Insistió en reconocer a Saigón como único gobierno legítimo en el sur y que sólo sería este el que tendría que decidir si insertaba al FNL en el espectro político vietnamita. Los comunistas contestaron tachando a Saigón de régimen títere de Estados Unidos y de lo absolutamente perentorio de la retirada de sus tropas del país, «Vietnam es de los vietnamitas», era la consigna más repetida, y de la obligatoria sustitución de Thieu. Nadie escuchaba a nadie. Y enseguida se evidenció la ineficacia de la política. Motivo por el cual Nixon propuso a Hanói el inicio de una negociación secreta, la cual sería una realidad en el verano de 1969. El 4 de agosto en París empezó el diálogo entre Kissinger y Le Duc Tho. Tras la muerte de Ho Chi Minh el 3 de septiembre la delegación estadounidense confió en que su sucesor, Le Duan, fuese más dócil; pero inmediatamente se dio cuenta de su error al comprobar que Le Duan era un continuista. Cansados de soportar tanta presión, y sobre todo ante la falta de resultados satisfactorios, el gobierno estadounidense tomó la decisión de retirarse de Vietnam. Nixon consideró llevarlo a cabo de manera progresiva –25.000 soldados al principio y 65.000 más a finales de año– y en función del comportamiento del enemigo. Comenzaba así el proceso de «vietnamización» del conflicto, o lo que es lo mismo, la carga del esfuerzo militar sobre Vietnam del Sur, que tendría como responsabilidades inmediatas liquidar a los jefes del Viet Cong y neutralizar al recientemente creado Gobierno Revolucionario Provisional (GRP).

La realidad vietnamita iba a configurarse definitivamente a principios de la década de los setenta. Es en estos momentos cuando, al mismo tiempo que siguen reduciéndose las tropas norteamericanas, se produce el ataque del Viet Cong a bases estadounidenses y se teme una ofensiva comunista sobre Saigón desde Camboya oriental. Nixon estaba convencido de que antes de seguir retirando a las tropas había que neutralizar a la vecina Camboya. Tras un golpe de Estado protagonizado por el general Lon Nol en marzo de 1970, el jefe del Estado camboyano, príncipe Sihanouk, es derrocado y el nuevo régimen prohíbe toda incursión vietnamita en su territorio. Pero los vietnamitas del norte habían decidido transformar Camboya en su «santuario rojo». Inmediatamente estadounidenses y survietnamitas hicieron acto de presencia extendiendo el conflicto a territorio camboyano. La extensión de la guerra había empeorado la situación. Vietnam del Sur y Estados Unidos intentaron cortar la ruta Ho Chi Minh a su paso por el centro de Laos; pero fue inútil. El fracaso de las operaciones militares seguía produciéndose y el de las maniobras políticas era cada vez mayor. Aunque desalentado por el avance del conflicto, pero animado por su confianza en solucionarlo, Kissinger fue a Pekín en julio de 1971 con la esperanza de lograr un golpe de efecto: una alianza con China. El propósito de Norteamérica era conseguir sembrar la discordia en el seno del comunismo. China, movida por su recelo hacia Moscú a quien consideraba el mayor peligro para la estabilidad, aceptó negociar con Estados Unidos y se ofreció a ser reconocido como el único interlocutor válido para conseguir la paz en los países que en su día fueron Indochina. Pero Hanói se sintió traicionado y aproximó posturas a Moscú, de quien obtuvo una mayor ayuda en su lucha contra el capitalismo aumentando el suministro de material. Tras la visita de Nixon a China en 1972 Giap fija su ofensiva en el norte de Saigón. Y cuando después de China Nixon visita la Unión Soviética, se reanudan los bombardeos en el norte y se mina el puerto de Haiphong. Mientras tanto tenía lugar la ofensiva de Quang Tri, que, tras estar ocupada durante casi cinco meses por los comunistas, fue reconquistada por tropas survietnamitas el 15 de septiembre.

Cerca de cincuenta mil estadounidenses habían muerto ya en Vietnam, y aunque las tropas seguían retirándose, ya no se podía dilatar más el final del conflicto. En el mes de julio parecía que el acuerdo había llegado. Y en octubre Kissinger y Le Duc Tho firmaron los documentos sin tener constancia de la aprobación de Saigón. Thieu se negó a firmarlos por considerar que se ratificaba la división de la soberanía en el sur y por reconocer al GRP en igualdad de condiciones. Fracasados los intentos de solución, Nixon aumentó el armamento de Saigón y ordenó los bombardeos sobre Hanói y Haiphong en la Navidad de este mismo año, respondiendo el Viet Cong con una contraofensiva sobre Saigón y Hué. Pero sólo quedaban cuarenta mil estadounidenses en Vietnam. Ya no se podría resistir mucho más, por lo que se firmó el acuerdo en París el 27 de enero de 1973. Con su firma los Estados Unidos ponen fin a su intervención en Vietnam y reconocen la existencia de dos gobiernos en el sur. El 29 de marzo salió de Vietnam el último marine de Estados Unidos. El último soldado del ejército estadounidense había abandonado precipitadamente el país tras haber sufrido la primera gran derrota de su historia. Durante diez años ocuparon militarmente Vietnam cobrándose la vida de unos 57.000 soldados estadounidenses y más de dos millones de vietnamitas, tanto civiles como militares. Más de trescientos mil soldados resultaron heridos y centenares de miles de ellos se convirtieron en drogadictos con serios problemas de adaptación a la vida civil. Por otro lado, el denominado «plan de despliegue del territorio», puesto en marcha por el presidente Thieu, había fracasado. A pesar del alto el fuego y de la negociación de Saigón con el GRP para organizar un Consejo de Concordia y Reconciliación, las operaciones survietnamitas contra las zonas que estos ocupaban continuaron, ya que pretendía recuperar el territorio perdido antes de la firma del alto el fuego definitivo. En febrero se alcanzó el alto el fuego en Laos, que había sido invadida por los estadounidenses, al contrario que en Camboya, donde los Khmers rojos se negaron a abandonar la lucha.

La historia del conflicto vietnamita estaba llegando a su fin; pero aún tendrían que sucederse diversos acontecimientos para que esto fuese un hecho consumado. Tras el escándalo del Watergate y la caída de Nixon la Casa Blanca se siente debilitada. Acusa a Vietnam del Norte de continuar la actividad militar y el nuevo presidente, Gerald Ford, aumenta la ayuda económica al sur. Toma forma la denominada política de repliegue y se crea un perímetro defensivo en torno a Saigón. Aun a pesar de que los estadounidenses estaban fuera del escenario bélico, el país seguía siendo destruido. El alto el fuego había llegado de repente y los survietnamitas no eran capaces de calcular su capacidad de resistencia sin su presidente Thieu, que había sido obligado a dimitir el 21 de abril de 1975. En el mes de marzo el ejército survietnamita ya había abandonado las provincias del norte y se había retirado lentamente hacia el sur. Hué y Da Nang habían caído y el Viet Cong había formado un gobierno provisional en la ciudad de Dartlac. Los comunistas tenían suficiente capacidad como para seguir batallando un año más y por eso pudieron prepararse para la última y mayor batalla de la guerra: la toma de Saigón.

El ejército de Vietnam del Sur había perdido el control sobre todo el país excepto en la capital, Saigón. Una vez que los estadounidenses se habían retirado, habían conseguido aguantar las ofensivas del norte con tremendos esfuerzos y el armamento dejado en tierra por los Estados Unidos. Pero el desánimo y el agotamiento comenzaron a mermar sus fuerzas. Un día antes de la toma de la ciudad la radio de las Fuerzas Armadas estadounidenses emitió la canción White Christmas como señal para comenzar la evacuación de civiles. La capital estaba cercada y las tropas survietnamitas solo podían alejarse por carretera unos quince kilómetros, límite en el que les estaban esperando los comunistas. Los más privilegiados, aquellos cuya posición económica les permitía tener contactos, aguardaban con desesperación ante la embajada americana suplicando que se les extendiera un visado y un billete para cualquiera de los aviones estadounidenses dispuestos a abandonar Vietnam. Mientras tanto, en las calles de Saigón los restos de los uniformes de los soldados se desperdigaban confundiéndose con la basura. El terrible espectáculo se completaba con el lanzamiento de los helicópteros por la borda de los portaaviones aún anclados cerca de la costa de Vietnam. Los últimos que quedaban iban cargados con refugiados que huían del Viet Cong que ya había tomado las calles de Saigón. No había suficiente espacio para todos. Los portaaviones estaban concebidos para que los helicópteros aterrizaran y despegaran. Por eso,

Fuerzas estadounidenses lanzando un helicóptero por la borda de un portaaviones tras la caída de Saigón en 1975. Una de las imágenes más significativas de la guerra de Vietnam, interpretada como una clara representación de la derrota norteamericana, fue la de los helicópteros, emblema de este conflicto, siendo lanzados por la borda de los portaaviones tras la caída de Saigón.

cuando uno llegaba, se tiraba por la borda el que estaba para dar cabida al siguiente. Además, aunque hubiese suficiente espacio para todos, no se disponía de suficiente tiempo para ir y volver a por más refugiados de guerra; aunque, en cualquier caso, sus primeros ocupantes no serían los survietnamitas, sino el personal de la embajada y los familiares y amigos de los soldados estadounidenses que todavía quedarán allí.

El 29 de abril un proyectil de artillería destruyó el puente Newport que era el único que quedaba disponible para huir de la ciudad. A mediodía el Viet Cong izaba la bandera en el palacio de la independencia después de haberlo atravesado con tanques rusos. El día 30, fecha que quedará en la memoria de los vietnamitas como el día de la liberación o reunificación, la ciudad estaba ya en manos comunistas y el embajador estadounidense en Vietnam del Sur, Graham Martin, el cual había ocupado este cargo desde el 21 de junio de 1973, con la bandera de su país doblada debajo del brazo, se marchaba del país en helicóptero. Fue el último evacuado. Fue el último ciudadano estadounidense en abandonar Vietnam. Veinticuatro horas después de la toma de Saigón la ciudad fue rebautizada con el nombre «ciudad de Ho Chi Minh» en honor al libertador que había fallecido en 1964 sin ver visto cumplido su sueño de un Vietnam reunificado. Tras la victoria comunista en Vietnam, Laos y Camboya siguieron sus pasos. Décadas después de la Segunda Guerra Mundial, todos los territorios que en otros tiempos habían conformado la Indochina francesa estaban ahora bajo el dominio del comunismo. Y, aunque la influencia norteamericana había disminuido considerablemente, todavía seguían comprometidos con los surcoreanos y con los chinos nacionalistas en la frontera con Taiwán. El 2 de julio de 1976 se proclamó la República Democrática de Vietnam: un solo país unido bajo la bandera comunista.

La guerra de Vietnam había terminado, pero ambos bandos habían pagado un precio desorbitado por conseguirlo. Según datos de organismos oficiales se calcula que murieron más de dos millones de vietnamitas, tres millones fueron heridos y cientos de miles de niños quedaron huérfanos. Ello sin tener en cuenta las cantidades ingentes de refugiados. En el lado estadounidense murieron casi 58.000 soldados, más de 150.000 fueron heridos y aproximadamente unos 2.500 desaparecieron. Además hay que tener en cuenta los irreparables daños medioambientales causados y los montones de bombas que quedaron enterradas. Muchos de los vencidos fueron enviados a los que se conocían como «campos de reeducación», otra forma diferente de denominar a los campos de concentración, y aún hoy el sur se queja de no ser tratado en igualdad de condiciones que el norte.

Estas son las terribles cifras de un conflicto que supuso el mayor de los fracasos en toda la historia de Estados Unidos. Para muchos la causa primera de dicho fracaso no fue otra que la elección de una estrategia inadecuada por parte del gobierno estadounidense. Destacan las opiniones de aquellos autores que consideran que dicha estrategia no estaba enfocada a la consecución de los objetivos políticos planteados, afirmando que Estados Unidos nunca dispuso de una estrategia en el sentido estricto del término, sino de una «gran táctica». Otros opinan que el fracaso fue debido al uso por parte de Estados Unidos de métodos de combate tradicionales en un conflicto absolutamente distinto de todos en cuantos había participado en los cincuenta años anteriores. Además, insistió en buscar soluciones a los aspectos técnico-militares, dejando en segundo lugar y sin profundizar los problemas políticos. En sentido contrario, y de la misma manera que se explica el fracaso estadounidense, la historiografía explica el éxito vietnamita entendiendo que la clave de su triunfo habría que buscarla, en opinión de A. Romero, en que siguieron unas pautas muy concretas en la lucha: preponderancia de los factores políticos definiendo de forma precisa los objetivos de la lucha; relación coherente entre ofensiva y defensiva; adecuación de la lucha a las exigencias del momento, y prudencia en sus actuaciones para no equivocarse en la consecución de sus objetivos. En cualquier caso, se mantuvieron firmes en la materialización de los objetivos planteados y en la defensa de sus tesis que los legitimaban para obtener la victoria y ocupar el lugar que les correspondía en la historia de su país.

4

El arte de la guerra

¿Qué ha significado realmente la guerra de Vietnam? La interpretación resultará muy diferente en función de cual de los contendientes dé una respuesta. De lo que no cabe ninguna duda es de que el conflicto vietnamita marcó un punto de inflexión indiscutible en la historia del siglo XX, y no solamente por cómo fue gestionado, sino también por las características propias del conflicto. Podría decirse que en Vietnam se dieron dos formas diferentes de luchar contra el enemigo. Frente a la guerra convencional por parte de franceses, primero, y estadounidenses después, reapareció en un conflicto armado la lucha directa del pueblo frente al opresor, la guerrilla, al más puro estilo tradicional, en la que la liberación consistió en la lucha de un pueblo por su independencia, primero, y contra el aplastamiento de su identidad después, aunque la interpretación de su identidad fue diametralmente opuesta del norte al sur: mientras el norte fraguó su liberación en torno a la eliminación de cualquier clase de presencia opresora proveniente de fuera de sus fronteras, el sur identificaba al opresor con sus hermanos comunistas del norte. El enemigo estaba en casa. Por eso, la verdadera liberación sólo podría alcanzarse con la intervención de aquellas naciones en donde residen los auténticos valores de libertad y, consecuentemente, progreso. Estados Unidos, abanderado del anticomunismo en su lucha por la libertad, eran los únicos que podrían traer la verdadera liberación a Vietnam. Sin embargo, la mayor cruzada que estos desempeñaron en aras de aniquilar el comunismo del planeta se convirtió en su mayor fracaso y en su experiencia político-militar más frustrante. Para los estadounidenses supuso, además de protagonizar uno de los conflictos bélicos más crueles y sangrientos del siglo xx, perder una guerra que nunca fue oficialmente declarada. Por eso, la pregunta es inevitable, ¿qué ha significado realmente la guerra de Vietnam?

Caracterización de un conflicto

La seguridad nacional de cualquier Estado implica conservar la integridad del espacio geográfico considerado como propio y el mantenimiento del control político y estratégico sobre el mismo. Sin embargo, hay teóricos que consideran que este concepto también debe referirse a la conservación del orden moral, del orden público y político, además de las instituciones; es decir, a la preservación del statu quo establecido. La complicación se produce cuando esa nación es de reciente creación y el área geográfica en la que se encuentra localizada es de interés internacional, ya que ello implica que ese nuevo Estado no camina solo en su construcción y, sobre todo, que ha de definir su seguridad nacional contando con la posibilidad bastante real de la intromisión de otras potencias en la gestación de su futuro. El quid de la cuestión reside en identificar a aquellos que están legitimados para hacerlo, puesto que aquellas naciones que se arrogan este derecho sobre otras transforman una cuestión de seguridad nacional en seguridad colectiva, convirtiendo una realidad nacional en un escenario de confrontación internacional casi de manera inevitable. Así es como el Sudeste Asiático, así es como Vietnam, se había convertido en una zona en donde entró en juego la seguridad colectiva.

Una nación poderosa y militarmente fuerte como era Estados Unidos pudo desarrollar la suficiente capacidad como para transformar el concepto de seguridad nacional en el instrumento principal de reacción permanente en cualquier circunstancia y ante cualquier ataque. Y Vietnam fue interpretado por los estadounidenses como el prototipo de amenaza contra su seguridad nacional y, por ende, contra la del resto del mundo libre, que ponía en riesgo la seguridad colectiva. Es por ello que los estadounidenses emprenden acciones militares directas tanto por tierra, como por mar y aire, que obtendrán la pertinente respuesta en Vietnam del Norte, apoyado por China, generalizando sus ataques en el sur llegando hasta Saigón. Y el sur, por su parte, empieza a plantear su objetivo, destruir a los comunistas, planeando diversos ataques a puntos estratégicos como el puerto principal de Vietnam del Norte, Haiphon, y el bombardeo aéreo de la capital, Hanói.

Los estadounidenses lucharon en Vietnam de forma convencional, adaptando hombres y armamento al escenario geográfico en el que se desarrolló el conflicto. Sin embargo, podría decirse que, de forma simultánea a la guerra convencional, tuvieron que emprender otros tipos de lucha: una «guerra diplomática», consistente en numerosas maniobras políticas, —negociaciones— conducentes a provocar las pausas necesarias que ralentizaran el enfrentamiento armado, cesando temporalmente los combates abiertos, aunque este tipo de lucha no produjese nunca el efecto deseado; la «guerra desacelerada», la cual desarrollaba la idea de *pausa* del general estadounidense L. Norstrad, para quien no puede haber una «respuesta adaptada» si no se provoca previamente un tempo apropiado para reflexionar. Según sus propias palabras, a todo ataque, aunque sea nuclear, es necesario reaccionar con una pausa con la que ganar tiempo y poder conocer al agresor y sus intenciones de ataque. La «tregua» tiene siempre que estar presente como método que permita al agresor tomar una decisión coherente y al agredido elegir la forma en que debe responder a esa agresión. Esta forma de batallar la pusieron en práctica los estadounidenses en Vietnam por medio de lo que se denominó «el sistema de respuestas adaptadas» y «los períodos de pausa». Y en último término la «guerra ideológica»: el objetivo principal era demostrar que el comunismo no podía ganar nunca bajo ninguna circunstancia –«Moscú y Pekín no nos pueden vencer», se oía casi constantemente–; de ahí el convencimiento pleno de que sería lícito hacer cualquier cosa para conseguirlo: desde enviar el número de hombres que hiciese falta, hasta gastar todo el dinero que fuese necesario. El general retirado M. Clark, una de las grandes figuras de la Segunda Guerra Mundial y de la guerra de Corea, defendió siempre la idea de lo necesario de estar permanentemente en guardia contra el peligro que podría suponer una guerra en el Sudeste Asiático. Lo importante para vencer al comunismo no era basar la lucha solamente en el potencial humano, sino «atacar de verdad», emplear todos los recursos disponibles para eliminar al enemigo. Así, empleando la ideología como arma principal, Estados Unidos llevó a cabo otro tipo de lucha, otro tipo de estrategia, la «guerra del miedo», que se convertiría en uno de los argumentos más sólidos para convencer, a quien hiciese falta, de que solo hay un enemigo, solo hay un destructor, que no es otro que la ideología comunista. Y, para ello, los estadounidenses recurrieron al argumento que impidió el enfrentamiento directo entre los dos bloques durante toda la Guerra Fría, esto es, el miedo a una guerra nuclear y el alcance de sus consecuencias. Por eso las dos superpotencias decidieron dirimir sus diferencias a través de terceros. El propio Kissinger, definido por muchos como el verdadero estratega del Pentágono, estableció que el punto de inflexión en las relaciones entre los dos bloques se produciría en el momento en que uno de los dos contendientes recurriera al explosivo atómico. Para evitar lo que se definió como «el punto de no retorno», era necesario renunciar a las armas nucleares, incluso las de corto alcance y bajo nivel de destrucción, aunque el miedo nuclear era la excusa perfecta tras la que esconder lo que verdaderamente temían los Estados Unidos: si Vietnam del Sur, y por tanto los estadounidenses, perdían la guerra, entonces podrían ser derrotados en cualquier parte del mundo.

No obstante, en la parte del mundo que ocupaba Vietnam, la vivencia de un conflicto armado prolongado en el tiempo obligaba a definir su seguridad nacional desde el prisma de la supervivencia. En palabras de A. Marquina, sería esta necesidad de defender su territorio lo que condujo a naciones débiles como esta, es decir, sin capacidad nuclear, a correr un triple riesgo: la amenaza, la posibilidad de agresión y la sorpresa, entendiendo esta última como el obligado estudio del adversario para adelantarse a sus movimientos. Todo ello impele a definir una política de defensa condicionada por una serie de variables, en opinión de este autor, que habrán de ajustarse a los objetivos de cada una de las partes implicadas, las cuales, si las aplicamos al caso vietnamita, se reducirían a analizar las condiciones del país (dado que los invasores europeos y estadounidenses necesitaban saber la capacidad de reacción del vietnamita ante un conflicto), la alerta permanente frente al posible adversario(ya que, hasta bien entrado el siglo xx, los países se preparaban para luchar contra sus vecinos y no contra naciones que se encontraban alejadas geográficamente, situación que cambió radicalmente con la llegada de la Guerra Fría, entre otras cosas, porque tanto la tecnología desarrollada como el alcance de las armas empleadas lo permitieron); la necesaria definición de la estrategia geopolítica que seguir para alcanzar los objetivos planteados (los cuales, como resulta obvio, diferían considerablemente según cual fuera el bando que los plantease); y, por último, analizar el grado de inestabilidad del país escenario del conflicto, porque las necesidades defensivas tendrán que variar sin más remedio.

Pero, ¿cuál fue la verdadera naturaleza de la guerra de Vietnam? Mao Tse Tung dijo: «Solo hay dos tipos de guerra en el mundo: la guerra revolucionaria y la guerra contrarrevolucionaria». La revolución tiene como finalidad el derrocamiento del poder político establecido cuando este se considera que va en contra de los intereses del pueblo. Quiere provocar un cambio. Entre otras razones, porque ese gobierno, ese poder político, no ofrece seguridad. No puede definir la seguridad nacional, así que necesita liberarse de aquellos elementos que lo impiden. Y eso es lo que decidió el norte de Vietnam, llevando a cabo su propia guerra de liberación: materializar una guerra revolucionaria, una guerra subversiva, en la que su principal ejército sería el pueblo levantado en armas, el pueblo revolucionado.

El fenómeno que constituye la guerra popular, subversiva, revolucionaria o cualquier otro calificativo que quiera añadirse, comenzó siendo interpretada como una forma más de bandidaje y rebeldía. Sin embargo, la guerrilla ha terminado siendo considerada como una forma diferente de estrategia militar. En opinión de F. de Salas, este tipo de lucha presenta unos elementos que la definen por sí mismos: la existencia de una doctrina única, normalmente marxista, en la que ha de basarse toda la actuación guerrillera; la consecución de un objetivo principal que no es otro que la implantación de una ideología que no le haga perder de vista su verdadera esencia; la ayuda de un país extranjero de ideología afín al movimiento; el activismo dirigido contra la autoridad establecida; el empleo de casi cualquier tipo de instrumento bélico y el uso de una propaganda que difunda sus intenciones.

La guerra subversiva en Vietnam se planteó en tres fases claramente diferenciadas. Una primera etapa preparatoria que, según este autor, quedaría definida por cuatro elementos clave: la organización, la difusión, la estructuración política y el activismo. La organización de la guerrilla, cuyo objetivo principal es el derrocamiento del gobierno establecido, tuvo lugar desde que terminó la Conferencia de Ginebra en 1954 y quedaron claras las discrepancias entre el norte y el sur. La difusión de las ideas guerrilleras se plasmaron en unos eslóganes cuya finalidad principal sería imbuir al pueblo vietnamita del verdadero sentido de la lucha. La estructuración política se produciría a base de cuadros de mando capaces de ir organizando a la población que pasara a integrar las filas de la subversión. Y el activismo se daría llevando la revolución a la calle. La segunda fase, la etapa de acciones guerrilleras, supone una «tensión contenida» que se manifiesta con atentados contra la población civil, sabotajes en instalaciones estatales y especialmente en los transportes. El armamento empleado es bastante más rudimentario. La guerrilla suele organizarse en grupos y en bandas más numerosas. Sus zonas de acción se limitan a aquellas regiones en las que conocen más el terreno y dominen más la lucha armada, ya que ello les permite sobrevivir, dispersarse rápidamente, disponer de bases y ocultarse rápidamente del enemigo. Y la tercera y

Avión B-26. El Douglas B-26 Invader fue un bombardero ligero y avión de ataque. Voló por primera vez en la Segunda Guerra Mundial y llegó a Indochina cuando las fuerzas de ocupación francesa solicitaron bombarderos que les otorgaran ventaja frente a la guerrilla. El programa de ayuda estadounidense lo hizo posible. Fuente: www.zona-militar.com

última fase, la de las operaciones militares: desde 1961 la guerrilla vietnamita comenzó a utilizar un armamento más pesado, ametralladoras, morteros..., teniendo en cuenta que hasta entonces habían empleado armas más rudimentarias como pistolas, fusiles, subfusiles y metralletas. Estados Unidos y Vietnam del Sur habían utilizado desde un principio armamento pesado y aviación. Pero desde 1964 tienen que enfrentarse a la guerra química. Y desde 1965 la lucha es total. A partir de estos momentos la clave para conseguir la victoria será la información sobre el enemigo. En este punto, Estados Unidos y Vietnam del Sur lo tendrán más complicado y por ello recurrirán casi constantemente a la aviación para poder obtenerla (reconocimientos con aviones T-28 y B-26, sustituidos por helicópteros), resultando mucho más sencillo para la guerrilla que se infiltraba entre la población.

La guerra de liberación de Vietnam siguió el esquema que, en líneas generales puede aplicarse a cualquier guerra del pueblo, a cualquier guerra revolucionaria. En primer lugar, *la causa*. Para el comunismo vietnamita la causa se originaba por la dominación colonial francesa y lo imprescindible de su eliminación, constituyendo en sí mismo el objetivo principal del pueblo vietnamita en un principio. Cuando los franceses se marcharon y tomaron el relevo los estadounidenses la causa principal para los jefes comunistas no era otra que la reunificación nacional, para lo que consideraban necesario eliminar el régimen político dominante en el sur y representado por Ngô Dinh Diêm. Pero ambas causas no fueron lo suficientemente convincentes para la población del sur, la cual, a pesar de su descontento con el régimen de Diêm, no mostraba el más mínimo entusiasmo porque este fuese reemplazado por un régimen comunista. Ante esta situación la guerrilla del norte, el Viet Cong, no tuvo más remedio que buscar otra causa probable y esta la encontró en los «agresores imperialistas estadounidenses», o, más exactamente, en su expulsión; pero, por desgracia para los argumentos del norte, el sur no calificaba a los estadounidenses ni de agresores, ni de imperialistas; más bien los consideraban la oportunidad de progresar económica y militarmente.

Toda vez que existe una causa que justifique la actuación, se torna necesario la estructuración de la revolución, que normalmente viene constituida por los dos mismos elementos, es decir, la clandestinidad y los comités, tanto de carácter político como militar; aunque podría decirse que la primera en realidad no deja nunca de existir mientras exista la revolución. Es en la clandestinidad donde comienza la revolución, preparándose para entrar en acción en cuanto llegue el momento adecuado. Los comunistas del norte se sentían lo suficientemente preparados como para controlar la situación, puesto que contaban con lo principal: armas suficientes y convenientemente almacenadas. Por su parte los comités o unidades trabajan colaborando entre sí y planificando las operaciones. La parte política operaría primero en las aldeas, bajo la denominación de «células comunistas», para ir aumentando progresivamente su área de actuación al distrito, la provincia y la interprovincial y por último la región, realizado todo ello bajo la supervisión de la Oficina Central para el Vietnam del Sur. Las funciones de las unidades militares se reducirían básicamente a dos. De un lado, la subversión, y de otro lo que muchos autores denominan la implantación del terror, cuya máxima finalidad es la de imponerse y mantener el control de la población civil.

Junto a estos dos elementos de la guerra subversiva aparece un tercero que se identifica con *la estrategia* que seguirá la revolución en sus acciones bélicas: el orden, entendido como la táctica consistente en caminar con la firme intención de aglutinar a todas las capas sociales por la causa, incluso las que a priori más contrarias puedan parecer a la misma. Es lo que C. Mele identifica con la necesaria presencia de un común denominador que haga deseable para todos por igual la causa revolucionaria, convenciendo a todos los sectores de lo necesario de abandonar las diferencias y unir fuerzas frente a un enemigo común. El Frente de Liberación Nacional surgió con esa intención; sin embargo, no podemos afirmar que los comunistas consiguiesen inculcar estos sentimientos de unidad en sus hermanos del sur, la «organización de masa», como define este mismo autor a la forma de controlar a la población para que se identifique sin dudarlo con la causa de la revolución y sepa cuál es el sentido de la lucha. Es la manera más directa con la que hacer sentir al ciudadano, al pueblo, que es una parte integrante en primera línea de la revolución. La contrapartida de esta situación viene dada porque las actuaciones que hubiese que desarrollarse para ello han de pasar casi irremediablemente por el sabotaje al gobierno que se pretende cambiar y sus instituciones. La propaganda, o el modo más eficaz de influir en la opinión pública, la unanimidad en la identificación del enemigo común, el imperialismo estadounidense, es imprescindible. Es la «táctica de la infiltración», en palabras de Mele, que ha de convertir a los comunistas en una ideología convincente, transformando al enemigo en alguien absolutamente impopular. Y en último término, el control del espacio, del territorio. En un país pequeño tiene que existir una red de comunicaciones que elimine los espacios inaccesibles, ya que, de lo contrario, no sería posible planificar y llevar a efecto una guerra popular. Según considera este autor, si quiere tener éxito en su misión, cualquier guerra de liberación ha de contar inevitablemente con espacios inaccesibles sin los cuales no podría actuar, áreas casi desconocidas y prácticamente inhabitables desde donde puedan establecer bases, fabricar armas, desarrollar las infraestructuras de campaña necesarias –hospitales, estaciones de radio, campos de instrucción, etc.– y atacar al enemigo. Normalmente este espacio geográfico es el que se corresponde con la montaña y la jungla. Así, y desde este punto de vista, Vietnam constituiría el escenario ideal para la guerra subversiva. De hecho, este fue el elemento decisivo que explicaría su victoria frente a la guerra convencional del enemigo imperialista.

La estrategia

Clausewitz decía que la guerra era la continuación de la política por otros medios y que, a la hora de considerarlos, era sumamente importante valorar la progresiva importancia que el componente social de un ejército y el papel de masas tendrían en esa otra forma de hacer política: «El pueblo debe ser el gran océano en el que se ahogará el enemigo», sentenció Mao Tse Tung. Y, en palabras de L. Rubio García, la guerra clásica empezó a diferenciarse de la guerra revolucionaria el día que el soldado de oficio fue sustituido por «el soldado ciudadano», aquel que lucha por implantar en su país los ideales que este defiende. Por eso, Vietnam fue mucho más allá de una simple guerra política o territorial; constituyó, como definió Rostow, una guerra moral, cuyos combatientes luchan fundamentalmente por implantar la ideología que, por oposición a la del enemigo, es la única válida.

La estrategia francesa en Indochina no se preparó suficientemente. En opinión de los expertos fueron varios los factores que contribuyeron a que esto fuese así. Entre estos elementos, quizás el que antes deba explicarse es el propio ejército. El ejército colonial francés no estaba suficientemente preparado ni instruido para hacer frente a las fuerzas revolucionarias del Viet Minh, a pesar de que las autoridades de París opinasen lo contrario. Uno de los hombres que más hincapié hizo en esta idea fue el estratega Beaufre, gran estudioso de las Fuerzas Armadas de su país, quien destacó el hecho de que estas presentaban tres grandes defectos que tener muy en cuenta: su estancamiento en el pasado, ya que se habían quedado en la Primera Guerra Mundial; su ignorancia respecto de los avances tecnológicos y medios de transporte; y, sobre todo, las enormes divergencias existentes entre la política del gobierno de París y la organización de su ejército. Según J. A. Ibáñez García, fue precisamente este gran estratega francés quien se dio cuenta de cuál era verdaderamente la situación: las tensiones políticas debilitan el correcto funcionamiento de las Fuerzas Armadas en beneficio del país. Y eso implica no saber afrontar los problemas de la manera más adecuada. En su obra *Estrategia y acción,* citada por este autor, expone cuál ha de ser el concepto de estrategia que defina de forma real al ejército de Francia. Básicamente, estudiar los caracteres de la acción, analizar la relación entre los elementos que la integran; establecer las líneas de maniobra y estudiar la historia, la psicología y la mecánica de la acción. A través de este planteamiento llegó a la conclusión de que para establecer los objetivos políticos –en este caso, que Indochina siguiera siendo una colonia francesa– es necesario ajustar la táctica militar a la estrategia política. Sólo así será posible que los acontecimientos evolucionen a nuestro favor. Y para Beaufre, para que la estrategia funcione, es necesario llevar a buen término una correcta elección de los medios. Así, comparar nuestras posibilidades frente al adversario, estudiar sus debilidades, saber de qué queremos convencerle, actuar sobre sus dirigentes e influir en su pueblo serían las directrices a tener en cuenta.

Francia partía de la base de que un ejército popular, una guerrilla, no podría enfrentarse, ni siquiera sabría, al ejército de la República. Por tanto, no se haría necesario estudiar sus debilidades puesto que en sí mismo, y considerándolo desde este punto de vista, el ejército de la guerrilla era mucho más débil que el francés. Pero a la vista de los resultados, se equivocaron en gran medida. Por otra parte, cuando el adversario está conformado por pueblos que luchan por un ideal y no por expandir el territorio, más bien conservarlo, o lo que es lo mismo, que se lo devuelvan a los que por derecho se consideran sus auténticos dueños, no hay argumentos lo suficientemente poderosos ni coherentes para convencerles de que su causa no está legitimada. Indochina no podía seguir siendo una colonia. Debía ser Vietnam. Una nación independiente. A todo lo cual hay que añadir que los franceses, que basaron su estrategia en el clásico pensamiento militar europeo de posiciones fortificadas y sistemas de torres de vigilancia, no llegaron a ver con la suficiente perspectiva el modelo de lucha empleado en Indochina, la guerra de desgaste, técnica usada principalmente por Mao Tse-Tung en su guerra de liberación y que, según Beaufre, es el único modelo de estrategia que puede ser empleado en todo proceso de descolonización, tal y como destaca Ibáñez García en su artículo. Cuando la libertad de acción es grande pero los medios de los que se disponen no son empleados eficientemente, se recurrirá a conseguir el desgaste y subsiguiente debilitamiento moral del enemigo a través de una guerra de larga duración. Se trata de obligarle a esforzarse de forma continuada hasta que no pueda más y se retire.

Así pues, en su lucha contra la guerrilla, Francia, como acabamos de apuntar unas líneas más arriba, desarrolló esencialmente una guerra de posiciones fijas basada en las fortificaciones y las torres elevadas como elementos claves en la estrategia frente al enemigo. Los fuertes franceses eran construcciones pequeñas a las que, en general, les costaba mucho resistir los ataques enemigos, realizadas sobre terrenos llanos que seguían el mismo patrón geométrico, un triángulo, puesto que era considerada la mejor disposición defensiva. Las paredes exteriores del fuerte tenían la misión de defender la posición de las armas pequeñas y en una parte importante de los explosivos. Estaban hechas de una pared de tierra y troncos y en cada saliente había un blocao que se extendía

Soldados cavando trincheras en las tierras altas de Vietnam.
La guerra de trincheras o de posiciones adquirió un gran
protagonismo como forma de combatir en la Primera Guerra
Mundial. Durante la guerra de Vietnam volvió a tener una gran
importancia como forma de combatir a la guerrilla. Realmente
significativo resultó en la batalla de Dien Bien Phu.
Fuente: www.aquellasarmasdeguerra.wordpress.com

hacia el exterior. El patio interior era muy vulnerable a
los morteros y tuvo que protegerse de la metralla. Los
fuertes también contaban con túneles y trincheras para
poder moverse con relativa facilidad y permitir tomar
posiciones defensivas a los soldados para poder disparar.
Por otro lado, el reducto protegía los puntos vitales de la
fortificación, esto es, el puesto de mando, estación de radio

y depósito de municiones. También debía servir como refugio. Por último, la fortificación contaba con zonas de residencia y depósitos o armerías, que debían estar bajo tierra.

El elemento básico en este tipo de construcciones fortificadas lo constituyó el fortín, que debía tener una gran capacidad de fuego sobre todo a corta distancia. Algunos fueron modificados como puestos de observación o para proporcionar fuego a largo alcance. Para evitar problemas eran pequeños y de fácil construcción, a pesar de que ello les restaba efectividad. Por eso, a partir de 1951, sufrieron algunas modificaciones y del diseño circular se pasó al hexagonal y finalmente a la forma cuadrada. Para evitar interferencias en el campo de tiro los fortines se dividieron en secciones, una a cada lado del terraplén. Al agrupamiento de varios fortines en la periferia se le denominó «puntos fuertes de concreto».

No obstante, el Viet Minh aprendió a salvar los obstáculos que le oponían los fortines. Los guerrilleros se movían con un sigilo extremo, lo cual les permitía acercarse mucho y prepararse para sortear la alambrada que los rodeaba. Llegaron incluso a organizar unidades especializadas en este cometido que también se encargaban de la limpieza de las minas. Para descubrirlos a tiempo los franceses tuvieron que desarrollar un sistema de seguridad que incluía patrullas y puestos avanzados que operaban a una distancia suficiente como para interceptar los movimientos de asalto, perros para patrullar por las alambradas, y centinelas para mantener una vigilancia constante. Se necesitaban vallas de unos seis u ocho metros de alambre para contener los ataques, que también intentaban reducirse con las fosas, cubiertas de agua o con estacas de bambú, que se dispusieron a lo largo de la estructura, aunque el Viet Minh empleaba escaleras a modo de puente para cruzarlas, motivo por el cual debían ser de gran tamaño.

Guerrilleros Viet Minh preparándose para atacar una posición francesa. La guerrilla comunista, para poder ganar la guerra, tenía que aprender a combatir contra el sistema occidental de guerra de posiciones que los franceses impusieron en Indochina. Las fortificaciones y las torres de vigilancia se convirtieron en sus objetivos y dejaron de ser impenetrables para la guerrilla.
Fuente: www.elgrancapitan.org

El otro gran elemento de la estrategia francesa en su guerra de posiciones fijas fue el de las torres de vigilancia. Inicialmente estaban rodeadas de paredes bajas y tenían un espesor considerable. La entrada se localizaba a unos dos metros de tierra y desde ahí se accedía con una escalera. El puesto de observación estaba a unos cinco o seis metros de altura y se cubría por un techo, lo cual permitía lanzar granadas. Esta construcción se perfeccionó a partir de 1950. Se añadió una empalizada doble que podía ser de bambú. Esta pared permitió mantener al enemigo lejos de la base de la torre donde podía colocarse una carga explosiva. Otra mejora consistió en excavar el terreno y cubrirlo después con tierra, lo cual facilitaba una mayor resistencia frente al enemigo. La entrada se protegió más elevándose y añadiéndole una trinchera empotrada. La parte principal de esta fortificación se protegió contra proyectiles explosivos con un terraplén de al menos dos metros de espesor. Las paredes laterales internas se construyeron de ladrillos y el puesto de observación estaba separado del resto.

Pero la guerra de posiciones fijas de Francia no fue suficiente frente a la guerra de liberación protagonizada por la guerrilla. Ho Chi Minh definió la guerra que se libraba en su país como «la lucha entre el tigre y el elefante. Si el tigre se asienta en su terreno, el elefante lo aplastará con su peso. Pero si conserva su movilidad, finalmente vencerá al elefante, que sangra por una multitud de cortes de garra». El general Giap supo desarrollar todo un plan estratégico que fuese capaz de vencer al elefante. Giap parte de unas consideraciones previas sobre las que fundamenta su estrategia: solamente existen dos tipos de guerra: la guerra popular, revolucionaria y justa, y la guerra contrarrevolucionaria, antipopular e injusta. La primera defiende una causa justa y la segunda pretende anularla; la guerra popular vietnamita es una aplicación del marxismo-leninismo a las condiciones específicas que su país presenta; todo el pueblo participa en la liberación luchando como un solo hombre; la guerra de liberación es una guerra santa que comenzó en 1945 frente al invasor japonés, y las debilidades del enemigo han de ser aprovechadas para la liberación.

Para el general, la invasión imperialista francesa cometió varios errores que a priori se convirtieron en ventajas para la guerrilla. En primer lugar, tras marcharse los japoneses y reivindicar de nuevo su dominio sobre Indochina, Francia pensó que la reocupación sería un paseo militar. Además, los altos mandos franceses consideraban que la resistencia guerrillera era débil y temporal, lo cual les llevó a concluir que sería una guerra corta en

Soldados Viet Minh ondean su bandera tras la caída de Dien Bien Phu. La batalla de Dien Bien Phu, saldada con una gran derrota para Francia, significó el primer gran paso de la guerrilla en su avance hacia la victoria definitiva, aunque esta tardaría varias décadas en llegar. Fuente: www.cascoscoleccion.com

la que les bastaría tan solo unas cuantas semanas para derrotar al enemigo. ¿Por qué pensaron esto?, se pregunta Giap. En su opinión, porque su superioridad numérica y tecnológica les llevó a sobreestimar su capacidad en la lucha y subestimar la del adversario que, comparativamente, era un ejército más débil, inexperto y estaba peor organizado. A pesar de ello, el Viet Minh también cometió una serie de errores a lo largo de la lucha que han de ser tenidos en cuenta igualmente y que consistieron en preocuparse únicamente de la organización y del aumento de las Fuerzas Armadas, descuidando la organización y movilización de las amplias capas populares; movilizar al pueblo sin preocuparse por sus intereses diarios y satisfacer los intereses inmediatos de la población en general sin conceder una atención suficiente a los campesinos

La consigna dada para lograr la victoria final fue «Resistencia y Unidad», base en la que se sustenta la táctica de la guerra popular Vietnam. La resistencia es la obra de todo el pueblo. Y es este y no otro el gran secreto para alcanzar la victoria, la cual hay que conseguir teniendo en cuenta el gran objetivo que se persigue que es la independencia de la patria, aunque, para lograrlo, habría que resolver lo que el general definió como «la doble contradicción»: por un lado, la contradicción entre nación e imperialismo; y, por otro, la que se produce entre el pueblo –esencialmente el campesinado– y los señores feudales propietarios de la tierra. Ese es el camino para abrir el socialismo a la revolución vietnamita. Y esa es la razón por la que se mantendrá la estrategia y la táctica de la revolución nacional democrática que ha de tener en cuenta las características del enemigo, las condiciones concretas del campo de batalla y la correlación de fuerzas.

En la estrategia de una guerra prolongada –de resistencia–, explica el general, no hay por qué seguir un procedimiento único; si desde un principio las condiciones son favorables al pueblo y la correlación de fuerzas se pone del lado de la revolución, la guerra puede ser breve y se gana en poco tiempo. Pero para Giap esto no era posible en Vietnam porque contaban con un enemigo demasiado fuerte, aunque eso no habría de ser impedimento para librar batallas decisivas, que abocaría a una guerra larga imposible de vencer rápidamente. Por eso el único camino es una larga y dura resistencia para desgastar poco a poco las fuerzas del adversario mientras se refuerzan las propias. Hay que inclinar la balanza de manera progresiva del lado de la justa causa de la guerra de liberación y alcanzar finalmente la merecida victoria. Y para que esto

El general Giap visitando a Ho Chi Minh en la jungla. Giap fue el gran cerebro militar de las fuerzas vietnamitas, un gran estratega que consiguió vencer al ejército más poderoso del mundo. Fuente: www.voltairenet.org

sea así es necesario que la guerra prolongada se dé en tres fases fundamentales: la defensiva, de equilibrio de fuerzas y la contraofensiva. A la contraofensiva se pasa primero con una serie de operaciones locales y luego con otras de mayor envergadura.

Sin embargo, la resistencia solo podía triunfar si la guerrilla permanecía unida. La enorme ventaja con la que contaba Vietnam era, en palabras de Giap, un ejército cuyo heroísmo en el combate le hará el responsable último del éxito de la resistencia. La consigna de Ho Chi Minh fue «la unidad, la gran unidad; la victoria, la gran victoria. En la resistencia nacional, el pueblo entero debe ser movilizado y armado; en lo que respecta en ser secreta, rápida, activa, ahora en el este e inmediatamente en el oeste, llegando inesperadamente saliendo inadvertidamente». La unión es el arma principal de la que se dispone para hacer frente a la dominación imperialista. Y en este sentido, el que más unido ha de estar es el campesinado, verdadera alma de la revolución y fuerza esencial de la resistencia.

Pero la guerra popular prolongada requiere de unos métodos de combate apropiados que tengan en cuenta no solo la superioridad del enemigo, sino también, en comparación, las débiles tácticas del ejército vietnamita. Se debe, por lo tanto, desarrollar un método de lucha, la guerrilla, que tendría que seguir unas directrices muy determinadas que el estratega de la revolución popular vietnamita se encargó de evidenciar:

> Si el enemigo es fuerte, se le evita. Si es débil, se le ataca.
> Al poder armamentístico se le opone el heroísmo sin límites del pueblo.
> Hay que hostigar o aniquilar de acuerdo con las circunstancias.
> Se deben combinar las operaciones militares con la acción política y económica.
> No hay línea de demarcación fija: el frente está donde esté el enemigo.
> Destruir las fuerzas vitales del enemigo concentrando las tropas donde este quede al descubierto.
> Iniciativa, rapidez, agilidad, sorpresa, velocidad en el ataque y en el repliegue.
> Mientras la relación estratégica de las fuerzas sea desfavorable, reagrupar audazmente las tropas para obtener una superioridad absoluta en el combate en un punto dado durante un tiempo dado.
> Con pequeñas victorias se puede desgastar poco a poco las fuerzas del enemigo y al mismo tiempo mantener y acrecentar las nuestras. El objetivo principal de los combates es la destrucción de las fuerzas vitales del enemigo y, por tanto, hay que evitar las pérdidas a toda costa y tratar de conservar el terreno con el objetivo último de recuperar después los territorios ocupados y liberar totalmente el país.

La guerrilla puso en práctica esta estrategia, en primer lugar, estableciendo bases de operaciones sólidas, *chien khu,* que no puedan ser fácilmente detectadas ni atacadas por el enemigo, con la finalidad de que sirvan de escuela de formación para los soldados y de punto de referencia político para los pueblos de los alrededores. Al mismo tiempo habían de cubrir ciertas necesidades del ejército, tales como abastecerle y refugiarle en los momentos difíciles. Una vez establecida la infraestructura habrían de realizar las acciones propiamente dichas. Empezarían por las denominadas «campañas de educación», consistentes en programas de alfabetización –de adoctrinamiento político– y en ayudas para las tareas agrícolas, que se complementaban con otras como difusión de prensa nacionalista y comunista, campañas itinerantes de teatro o campañas propagandísticas a través de la radio y posteriormente el cine. A continuación, y como medio de que el pueblo les manifestase su apoyo, se desarrollarían las «milicias de autodefensa», formadas en las aldeas, que constituirían el núcleo de sus bases militares.

Todo este proceso culmina con la difusión entre sus filas del *dau thran,* o concepto de lucha, con un doble carácter político y militar. En el primer sentido, el dau thran conlleva el desarrollo de un programa de movilización y motivación al mismo tiempo, encaminado a mentalizar a la población de que todos son agentes activos de la lucha, incluidos los niños, y que la consigna «todos somos armas de guerra en potencia diseñadas, forjadas y lanzadas a la batalla» tenía que ser defendida por el conjunto de la sociedad –guerra popular– y no solo por el ejército. Por otro lado, la vertiente militar queda definida desde la *van* (acción). Dentro de la *van* el programa más importante de todos es el que se denomina *dich van* (acción entre el enemigo), que incluye actividades directas contra enemigos externos en suelo vietnamita. Este programa fue planteado desde la inteligencia del Viet

Minh con el fin de desarrollar la guerra psicológica que debía conseguir adeptos para la causa a través de la propaganda. Resultó ser una metodología muy efectiva debido, según la historiografía, a la actitud sensible de la población hacia el Viet Minh, bien porque ya la tenían, bien porque estuvieran expectantes. También hay que destacar el *dan van* ('acción entre las personas'), que incluye actividades conducidas en zonas liberadas, y el *binh van* ('acción entre los militares'), que incluye acciones no militares contra fuerzas militares enemigas. De todos ellos, el más importante es el primero, al ser considerado el más disuasorio para el enemigo. Desde el punto de vista estratégico se trata de menoscabar el espíritu belicista del invasor extranjero frente al mundo entero y debilitar la importancia de su lucha, y por ende de su presencia, en estos territorios. Con ello se persigue al mismo tiempo disminuir su potencial militar, obligándole a replantearse su estrategia, cometer errores, así como debilitar su capacidad de respuesta y, en definitiva, abocarle a luchar en condiciones absolutamente desfavorables.

Pero ¿cuáles fueron las tácticas que se emplearon para conseguir el objetivo final? Algunas de las más destacadas fueron «la infiltración». Agentes infiltrados en las aldeas para enseñar y adoctrinar al pueblo, es decir, para asentar las bases de su pensamiento. Esta fue un arma muy poderosa durante la guerra de Indochina, puesto que prácticamente nunca fueron controlados por el ejército francés, el cual actuaba desde la incertidumbre de no saber con exactitud si una aldea o una región estaba aletargada, adoctrinada, alejada de la actividad política o preparándose para la lucha. También pusieron en práctica la táctica denominada de «golpe y retirada» que atacaba la retaguardia del enemigo, lo que le obligaría a dispersar sus fuerzas y disminuirle la moral. Así, cuando el enemigo quisiera tomar represalias, el ejército popular lo aprovechará para ganar fuerza política. Cuanto más debilite el Viet Minh al enemigo, más prestigio ganará ante el pueblo. Por eso, y en aras de conseguir este objetivo, sólo se luchará directamente contra el adversario cuando se tenga la plena garantía de que se tiene ventaja sobre él. Directamente relacionada con esta nos encontramos con la táctica de «la hebilla del cinturón», que puso en práctica la actitud clave de la estrategia vietnamita: la espera. Una vez colocados en el lugar exacto y preciso para el ataque, esperarán a que llegue la noche para tener controlada la situación. También habría que esperar a que la distancia con el enemigo fuese tremendamente corta para asegurarse el objetivo. En el desarrollo de esta táctica, esto es, la lucha cuerpo a cuerpo, la técnica de la hebilla del cinturón siempre se efectuaría de forma idéntica, siguiendo tres pasos elementales: elegir el momento y el lugar de cada enfrentamiento, esperar hasta el último segundo y, finalmente, atacar, tras lo cual había que proceder a la retirada inmediata para no dejar huella y disponerse a esperar otra vez, empezando de nuevo todo el proceso. Por último, hay que mencionar la que podríamos denominar «la táctica de la intervención», consistente en aguardar a que las fuerzas del enemigo hayan disminuido hasta un punto tal que ya no puedan ser considerados rivales peligrosos, siendo este el momento preciso para efectuar un enfrentamiento abierto, una guerra declarada, puesto que un enemigo débil podrá ser más fácilmente vencido y expulsado.

Además de estas el ejército popular aplicó otra serie de técnicas más específicas, que son tales porque fueron desempeñadas por unidades especializadas del Viet Minh para realizar tareas especiales. La más famosa de todas fue la bautizada como «táctica del sigilo». En 1948 tres soldados del Viet Minh semidesnudos y totalmente embadurnados en barro penetraron en el perímetro de la torre de vigilancia francesa del puesto de Ba Kien, en Bie Hoa (Vietnam del Sur). Subieron por la escalera y lanzaron granadas dentro. Se llevaron todas las armas que pudieron, aunque no pudieron destruir el muro. Hasta que no comenzaron a entrenarse en el manejo de explosivos las torres no fueron totalmente vulnerables. Después de esto, el ejército popular decidió especializarse y paulatinamente fueron integrando unidades específicas para trabajos concretos. Fueron las *cong don dac biet* –unidades especiales–, adiestradas para realizar tareas específicas en demoliciones y sigilos, de tres tipos: *biet dong* (*Rangers*), *dac cong* ('tareas especiales') y *dac cong nuoc* ('tareas especiales acuáticas'). Dentro de estas unidades especiales también hay que mencionar las que se integraron en los grupos de reconocimiento de Saigón con el fin de recopilar información y boicotear la retaguardia del enemigo. Habían nacido los zapadores vietnamitas de los que hablaremos más adelante.

A pesar de contar con una infraestructura tan sencilla, fueron capaces de desarrollar una estrategia con la que hacer frente a la enorme superioridad tecnológica y logística del enemigo. Los elementos clave que la componen se resumen en adaptarse, sorprender, desmoralizar y aplastar. La adaptación al terreno resultó ser de vital importancia, además de por la enorme ventaja que eso suponía, porque compensaba su inferioridad tecnológica. Podían vivir escondidos o trabajar durante el día y realizar todo tipo de ataques por la noche, empleando el terreno y la vegetación para acosar al enemigo al que hay que reducir con el factor sorpresa. Los desconcertados soldados estadounidenses no eran capaces de divisar al enemigo de manera inmediata. Luchaban contra fantasmas y los fantasmas no se ven venir. Por eso, la impaciencia y el desconcierto eran armas contundentes que minaban la moral del adversario. El derrumbe moral del enemigo era la victoria, puesto que se conseguía disminuir su capacidad de reacción, volviéndose mucho más vulnerable. Mensajes que abocaran al agotamiento eran tácticas infalibles: «Por cada diez de los nuestros que matéis, nosotros mataremos a uno. Pero al final vosotros os cansaréis antes». Un enemigo agotado, un enemigo desmoralizado, puede ser aplastado.

Pero si hay algo que resultó efectivo al Viet Cong frente a los soldados estadounidenses fue, sin duda, la presencia constante de un sinfín de trampas en el campo de batalla. Hasta tal punto esto fue así que se ha llegado a decir de Vietnam que durante la guerra cada centímetro de tierra podía mutilar o matar. Hay que tener en cuenta que el modo de luchar de la guerrilla no se ciñe a lo convencional y esto es para muchos historiadores donde radica parte del secreto de su éxito. La consecuencia inmediata de esta metodología es el miedo. Miedo a no saber dónde localizar una trampa, qué parte del cuerpo va a herir, qué alcance tendrá y, en definitiva, si logrará podrá matar. Ver sangre, miembros amputados, o cadáveres por todas partes destruía la moral de las tropas americanas y suponía, al mismo tiempo, una gran victoria para los vietnamitas que lo utilizaban como propaganda de su victoria frente a Estados Unidos.

Las trampas del Viet Cong, muy temidas por el ejército estadounidense, eran de muy diversos tipos. Normalmente fruto de la improvisación, e incluso de la desesperación, y de una ínfima tecnología. Destacaban las que se hacían con explosivos, que constituían una verdadera pesadilla para los soldados estadounidenses. Las granadas atadas a un simple alambre fueron muy utilizadas. Estaban colocadas normalmente en medio del sendero con la intención de que el enemigo se tropezase con ellas, lo que obligaba a caminar con sumo cuidado. No obstante, podían salvarse de caer en ellas simplemente porque no funcionasen correctamente y no estallara la granada. Otras modalidades de este tipo de trampa eran ponerlas en las puertas o enterrar la granada a poca profundidad. Al más mínimo movimiento explotaba a los pies del soldado. A pesar de que no era muy difícil localizarlas, se tenía especial temor a las granadas que se colocaban en los arcos de bambú sobre los senderos con el alambre fijado al suelo. La explosión causaba heridas fundamentalmente en la cabeza, desfigurando el rostro. Por el día los Viet Cong solían desmantelarlas para que tanto ellos como los campesinos pudieran desplazarse, pero por la noche volvían a fijarlas de nuevo en el alambre. Algunas de ellas eran bautizadas con espeluznantes nombres que dan una idea de la atrocidad que suponían: la «revienta cabezas» o la «revienta dedos» —las cuales, si se pisaban, una bala reventaba la cabeza o los pies— son una muestra de ello. También se usaron las granadas detonadas a distancia, colocadas a lo largo de un sendero y activadas por un soldado oculto.

Otro tipo de explosivos muy utilizados fueron las minas, que se empleaban más en los vehículos blindados. Se les tenía tanto miedo que el fondo del vehículo se cubría con sacos y sus ocupantes viajaban subidos en la parte más alta del mismo, hecho que aprovechó el Viet Cong para colgar una hilera de granadas entre dos palos a través de la carretera. Los helicópteros también fueron los objetivos de este tipo de trampas. Se calculaba el perímetro aproximado de la zona de aterrizaje y se clavaban estacas con granadas y alambres detonadores que lo recorrían todo. Cuando aterrizaban los pilotos no podían ver los alambres y se producía la explosión. Resultaron muy eficaces para el Viet Cong.

Las trampas con explosivos crearon una gran psicosis entre las tropas americanas. Se habían convertido en rutas extremadamente peligrosas y totalmente inseguras. Por eso el campo de batalla se adentró más en la jungla y con ella también se fueron las trampas del Viet Cong. Empezaron a proliferar trampas hechas con estacas de bambú que rápidamente empezaron a ser conocidas con el nombre de trampas *punji* ('estaca'). Por desgracia

Dibujo de un tipo de trampas *punji* con clavos. Una de los tipos de trampas más famosas empleadas por la guerrilla fueron las llamadas *punji*: se excavaba una fosa en la tierra y se colocaba una base falsa sobre la misma. En su interior se alineaban estacas de bambú acabadas en punta afilada y recubierta de excrementos para provocar infecciones. Fuente: spawoker.wordpress.com

se pusieron en práctica con muy diversas modalidades, aunque el objetivo de todas era el mismo: atravesar literalmente el cuerpo de un soldado y causarle heridas muy graves o la muerte. Destacaron los *punji* embadurnados con excrementos; los que se clavaban en el tobillo y la parte superior del pie ocasionando lesiones terribles; «el falso piso», en el que todo el cuerpo resultaba dañado; «el látigo», que cuando se activaba empalaba a la víctima a la altura del estómago; «el péndulo», un coco o una bola de barro envenenados colgaban del extremo de la estaca y golpeaban la cara del enemigo. La más común de todas fue el foso con estacas de bambú afiladas y embadurnadas con excrementos que atravesaban el pie y producían graves infecciones. El látigo y el péndulo eran variantes de esta. También se hizo tristemente famosa la trampa del puente sobre estacas. Una tabla que hacía las veces

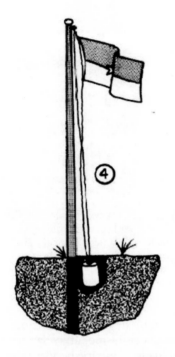

Dibujo de una trampa «bandera bomba». En esta trampa se enterraba una granada al pie del mástil de la bandera y se ataba la cuerda al seguro. Cuando un soldado americano intentara coger la bandera, sin darse cuenta, liberaba la anilla y la granada explotaba a sus pies. Fuente: spawoker. wordpress.com

de puente se cortaba por la mitad y se volvía a ensamblar pero sin sujeción. Cuando el soldado estadounidense lo atravesaba el peso de su cuerpo y de su equipo hacían caer las dos tablas y con ellas caía la víctima que quedaba empalada.

A pesar de que la mayoría de las trampas eran terrestres, los miles de arroyos y riachuelos que recorrían las junglas de Vietnam eran lugares ideales para colocar más trampas. Sin embargo, en este tipo de combate el verdadero protagonista fue el subsuelo de Vietnam, en donde tuvo lugar uno de los fenómenos más desconcertantes de toda la guerra: los túneles de Cu Chi, auténticas ciudades subterráneas, con túneles de no más de un metro de

Túneles de Cu Chi. La guerra subterránea fue decisiva
en Vietnam. La guerrilla desarrolló un sistema de túneles
interconectados entre sí que se convirtieron en su auténtica
base de operaciones. Sirvieron de rutas de comunicación, red
de suministros, hospitales, almacén, arsenal de armas e incluso
alojamiento de un gran número de guerrilleros.

altura, desde las que el Viet Cong atacaba sin dejar rastro
alguno. Durante más de un decenio sirvieron de refugio
a más de 10.000 habitantes y combatientes. Fue llamada
«la táctica del enemigo fantasma», porque resultaba
prácticamente imposible ver a los guerrilleros. Las tropas
americanas caen en una emboscada e inmediatamente
comienzan a lanzar cientos de disparos en una cantidad
muy superior al enemigo, pero cuando los disparos cesan
los soldados estadounidenses no encuentran cadáveres.
Es como si los vietnamitas se hubieran evaporado. Es
como si hubieran sido atacados por fantasmas, cuyo
escondite estaba bajo tierra. La asombrosa red de túneles
del Viet Cong abarcaba cientos de kilómetros y enlazaba
distritos enteros desde la frontera de Camboya hasta las
mismas puertas de Saigón. Se construyeron en muy poco

tiempo por voluntarios con herramientas absolutamente rudimentarias como picos, azadas y capazos. Llegaron a ser verdaderas ciudades subterráneas.

No obstante, las condiciones de vida en los túneles dejaban mucho que desear. El aire estaba completamente viciado, no era muy abundante, por otro lado, y costaba mucho respirar; la comida se pudría rápidamente y el calor resultaba insoportable. A todo esto hay que añadir las numerosas enfermedades que comenzaron a hacer acto de presencia, resultado inevitable de estas condiciones de vida, siendo una de las más frecuentes la malaria. Curiosamente también había sitio para los acontecimientos y en los túneles llegaron a celebrarse bodas, nacimientos e, incluso, se pronunciaban conferencias para alentar a los combatientes.

Aunque la entrada a las galerías solía estar muy bien camuflada, los soldados estadounidenses no tardaron demasiado tiempo en descubrirlas. Una vez descubiertas lógicamente intentaban destruirlas. Lo inmediato era destruir la entrada del túnel, por lo que lanzaban granadas de humo de color rojo desde el pozo desde el que se accedía. También usaban explosivos y lanzallamas para destrozarlas. Pero no lograban hacerlos desaparecer. Había que cambiar de táctica y especializarse. Así fue como nacieron «los ratas», una unidad especializada solamente en la lucha en los túneles. «Los ratas» de los túneles fueron entrenados para resistir duramente en la oscuridad y para moverse por las angostas galerías con una agilidad casi sobrehumana. Solían ser hombres de complexión estrecha, muy menudos, y con unos nervios de acero. Su equipo consistía en una linterna, un cuchillo, una pistola y una cuerda. A pesar de su extrema preparación muchos de ellos no podían aguantar las terribles condiciones de vida subterránea y a gritos suplicaban que les sacasen a la superficie y se les relevase de ese puesto. La red de galerías fue destruida en su mayor parte en 1969, pero no por «las ratas», sino por los efectos de las bombas de los aviones B-52 que eran de acción retardada y se hundían varios metros bajo tierra antes de explotar.

Cu Chi se convirtió en un verdadero infierno para las tropas norteamericanas que no supieron cómo luchar contra un enemigo fantasma. Los túneles les dieron la oportunidad a los guerrilleros del Viet Cong de aparecer y desaparecer casi por arte de magia. Podían disparar desde cualquier flanco dando la impresión de ser una enorme tropa cuando solo se trataba de unidades compuestas por unos cuantos hombres. Sin duda alguna fue una de las tácticas más eficaces de la guerra para el Viet Cong.

Sin embargo la eficacia de la estrategia vietnamita también se midió con la intervención de las unidades especiales en el conflicto. Estas unidades tuvieron su precedente en Indochina cuando a finales de 1957 Francia pudo comprobar que el sistema de fortificaciones estaba quedando obsoleto y el Viet Minh había mejorado considerablemente su armamento. Un año más tarde se activaba la primera unidad especial en Vietnam del Sur con unas funciones limitadas de momento a la actividad política y a sabotear las comunicaciones enemigas. Más tarde soldados vietnamitas fueron enviados a la Unión Soviética para formarse en aerotransporte y cuando volvieron formaron la primera unidad de especialistas de paracaidistas en Vietnam, que se estableció oficialmente en 1960 y cuya principal misión era proteger los puestos fronterizos; pero habría que esperar cuatro años más para que «las unidades de acciones especiales» jugaran un papel decisivo en la evolución del conflicto.

Las primeras misiones que se les encomendaron fueron de infiltración, fundamental en la estrategia del Viet Cong, ya que la infiltración les permitía obtener información y la información era la diferencia entre ganar o perder la batalla. El Viet Cong ya contaba con informadores infiltrados en las aldeas, cuya actuación les resultó tremendamente ventajosa; pero con estas unidades fueron mucho más allá y pudieron infiltrarse en las ciudades en donde los objetivos eran muy precisos, edificios públicos, instituciones oficiales e, incluso, la embajada estadounidense. En 1965 estos objetivos se concretaron aún más centrándose en las bases del ejército enemigo. Sus funciones eran de reconocimiento y vigilancia y, siempre que fuese necesario, elaboración de mapas. En 1966 actuó «el grupo de actividades especiales acuáticas» –*dac cong nuoc*– y al año siguiente el de zapadores, que suelen identificarse con ingenieros de combate o con las personas encargadas de las demoliciones, y en Vietnam fue una unidad encargada de asaltar a instalaciones fijas o posiciones militares. Lo más significativo llegaría un año después con la creación del Cuartel General de Acciones Especiales que coordinara todo el operativo. Tras la ofensiva del Tet se pudo comprobar cómo las unidades especiales habían liderado gran parte de los ataques a centros urbanos, experimentando a partir de entonces una gran expansión. Hasta tal punto creció su importancia que la evolución de la guerra para el Viet Cong llegó a depender en buena parte de ellos, a pesar de que participaban solamente en el cuarenta por ciento de los asaltos; pero teniendo en cuenta que su participación incrementaba hasta en un doce por ciento los daños reales, importantes, causados al enemigo, se entiende que llegaran a ser prácticamente imprescindibles.

A finales de 1973 el ejército de Vietnam del Norte tenía más de doce mil comandos agrupados en batallones y a veces en regimientos, asignados para la guerra en Vietnam del Sur. Los batallones de misiones especiales del Viet Cong estuvieron compuestos en su mayoría por soldados regulares del ejército popular de Vietnam norte. Las unidades especiales estuvieron operativas hasta 1975, hasta el último día en la ofensiva de Saigón, que protagonizaron desde la vanguardia.

5

El Destino Manifiesto

«Nuestro destino manifiesto es abarcar todo el continente». Así empezó todo. Con esta frase, publicada en un periódico en 1845, los Estados Unidos pusieron la primera piedra en el edificio de su política expansionista, aunque en este contexto histórico se circunscribiera solamente al oeste del continente estadounidense. Fue a partir del presidente Wilson cuando el Destino Manifiesto adquirió su verdadero carácter, ya que redefinió la teoría otorgándole una dimensión universal. Con el argumento de «debe hacerse por la democracia», y auspiciada por tres elementos clave que la definieron –a saber, Estados Unidos es una nación especial, cuyo pueblo es excepcional; su obligación moral es propagar su estilo de vida y su forma de gobierno; y es Dios quien les acompaña en esta inigualable misión–, despegó el concepto de universalismo del sistema democrático estadounidense. El título de líder del mundo libre entrañaba una serie de obligaciones que habrían de materializarse sin discusión, aunque no sería hasta 1945 cuando los deseos hegemónicos estadounidenses se reforzarían en dicha teoría. Una de las dos mitades en las que había quedado dividido el mundo tras la gran guerra necesitaba su ayuda, con independencia de que fuera o no consciente de ello, porque el Destino Manifiesto obliga a cumplir con el deber de los Estados Unidos de liberar al mundo. La ampliación de la *sphere influence* norteamericana, como había definido el presidente Roosevelt a principio de siglo refiriéndose a América Latina, tenía que traspasar las fronteras estrictamente europeas y dar el salto a Asia. ¿Por qué? Porque dos acontecimientos clave sucedidos pocos años después de acabar la guerra, la llegada de Mao Tse Tung y el comunismo a China en 1949 y la guerra de Corea en 1950 fueron considerados por los estadounidenses razones más que suficientes para concienciar al resto del mundo del peligro que lleva implícito la propagación del comunismo y, precisamente por ello, de su legitimación para salvaguardar el equilibrio internacional con su intervención.

Sin embargo, cuando años más tarde llegó Vietnam, la validez moral del Destino Manifiesto comenzó a resquebrajarse, puesto que, en aras de la defensa de la libertad, no debe emplearse cualquier estrategia y mucho menos la guerra. La democracia no se puede imponer por la fuerza y la violencia y ninguna causa ha de ser defendida con vidas humanas. Además, el expansionismo, ya sea territorial o ideológico, tropieza irremediablemente con las necesidades, ideas e ideales de aquel al que se pretende adoctrinar. La imposición, la opresión y la fuerza, parafraseando a J. Menéndez, entran en contradicción directa con el ideal democrático que pretendidamente se persigue. Ningún país puede incluir en la definición de su política exterior conceptos que choquen con los intereses de otras naciones, ya que puede convertir a esa otra nación, tal y como sucedió en Vietnam, en un caleidoscopio de imágenes del horror, en palabras de J. Allen, por una guerra violenta, moral y dañina como la que allí se libró. Ello es así, entre otras razones, porque no se puede defender excelsos ideales de libertad e igualdad como justificantes del expansionismo internacional, cuando este se apoya en regímenes dictatoriales como los de Vietnam del Sur, se ejercen bombardeos masivos y se producen matanzas indiscriminadas entre la población. Con el Destino Manifiesto, pues, como telón de fondo, las distintas administraciones norteamericanas que vivieron Vietnam delimitaron una estrategia definida desde tres directrices fundamentales –esto es: Kennedy, mediante la eficacia en la lucha contra un enemigo no convencional; Johnson, empleando el control territorial, el desgaste del adversario y la destrucción masiva del enemigo; y Nixon, mediante la continuidad en la lucha contra el comunismo, pero relevando el protagonismo estadounidense– que se llevaron al campo de batalla entre 1965 y 1973, marcándose el punto de inflexión en 1968, a través de unas tácticas específicas que las caracterizaron. Estas estrategias se irán explicando a continuación.

La estrategia de la persuasión. Durante todo su mandato Kennedy se mantuvo firme en la política de contención del comunismo. En su primer discurso como presidente del gobierno dejó bien claro que creía firmemente en la teoría del dominó y, por eso, resultaba absolutamente imprescindible evitar que Vietnam cayese en el área de influencia comunista. Decidido a continuar la política de Eisenhower en el Sudeste Asiático, estableció una serie de programas políticos, económicos y militares, que incluían el envío de miles de consejeros militares a Vietnam. En opinión de T. C. Sorensen, el objetivo primordial de la estrategia Kennedy era evitar el escalonamiento. Quería ganar tiempo y evitar que el conflicto desembocara en una guerra total. Se propuso disminuir la influencia de la guerrilla y convencer a los comunistas de que les resultaría imposible vencer a los Estados Unidos en su lucha por la libertad. El primer paso que dio para lograrlo fue la creación de una Comisión, de la que formaba parte el Departamento de Estado y de Defensa y la CIA, cuya finalidad era dar una serie de recomendaciones en relación con Vietnam, de entre las cuales la más destacada sería enviar tropas regulares a Vietnam. Sin embargo, Kennedy recelaba de que esta fuese la solución más idónea, sobre todo después de lo acontecido en Bahía de Cochinos. La solución Kennedy consistiría en aumentar el contingente de consejeros militares que habían sido enviados paulatinamente a Vietnam del Sur hasta la fecha. Del asesoramiento militar y técnico se pasaría a enviar oficiales a los batallones y regimientos que asesoraran a los survietnamitas en el combate, les instruyeran y, si llegaba a hacer falta, cooperasen en aquellas acciones de guerra convencional que así lo requiriesen.

En 1961 ya había diez mil consejeros-instructores en Vietnam; pero como el conflicto no evolucionaba favorablemente a los intereses estadounidenses, el gobierno decidió enviar al general Taylor y a Rostow, economista nombrado presidente del Consejo de Planificación Política, a analizar la situación y plantear una solución efectiva. El problema consistió básicamente en que las sugerencias se conducían más por la línea de aumentar el envío de tropas regulares y disminuir la presencia de los consejeros militares. El triunvirato de asesores de Kennedy –McGeorge Bundy, Robert McNamara y D. Rusk, quienes según la historiografía fueron los que *de facto* llevaron a Estados Unidos a la guerra en Vietnam– apoyaban este paso, al que los consultores definieron como «la piedra de toque de nuestra buena fe», aunque Kennedy se opuso y siguió dando primacía a la línea de actuación de los asesores, que para 1963 ya ascendían a más de quince mil. No obstante, la

El presidente Kennedy con McNamara y el general Taylor.
Kennedy había enviado a McNamara y a Taylor a Vietnam
para reunir información de primera mano sobre lo que allí
sucedía realmente. El resultado de esa visita fue la elaboración
del Informe McNamara-Taylor, cuya conclusión fundamental
fue que el presidente debía tomar la decisión de sacar a Estados
Unidos de Vietnam. Fuente: www.jfklibrary.org

preocupación del presidente por los acontecimientos en
Vietnam aumentaba proporcionalmente a la intensificación del conflicto en la región. Por eso, mientras se apli-
caban distintas estrategias políticas como el refuerzo del
protagonismo del embajador H. C. Lodge, o vigilar muy
de cerca el funcionamiento del gobierno de Saigón, desde
Washington se puso en marcha la contrainsurgencia.

Según las esferas oficiales estadounidenses la contrainsurgencia viene definida por «el conjunto de esfuerzos
civiles y militares integrados encaminados a contener
la insurgencia y abordar sus causas más profundas». El
argumento que justificaba la intervención en Vietnam
aludía al hecho de que la insurgencia se vale de métodos
violentos y de la guerra para desestabilizar a un país, ya
que quiere hacerse con el control de una región determinada. Y si la violencia es válida para la insurgencia,
también lo es en la contrainsurgencia. Por eso esta se
da sobre todo en situaciones de guerra, cuando hay
conflictos con presencia militar extranjera, o cuando
hay conflictos en el interior de una nación que implican
subversión armada o rebelión. Según la Guía del Estado

de contrainsurgencia de Estados Unidos, las acciones que desde la contrainsurgencia han de acometerse se reducen básicamente a integrar política y económicamente al país, reforzar la legitimidad del gobierno, proteger a la población de la violencia insurgente, fortalecer las instituciones del gobierno y legitimarlas para gobernar con responsabilidad, así como marginar a los insurgentes política, económica y socialmente.

Las tácticas que han de llevarse a cabo para el éxito contrainsurgente son la llamada «mancha de aceite», utilizada en Indochina por los franceses, por la que se procuraba concentrar fuerzas insurgentes en zonas concretas aseguradas; «el cordón y buscar», consistente en acordonar una zona y buscar armas e insurgentes. Presenta variantes como «cordón y golpean» y «cordón y patada». Forma parte de la doctrina denominada Estabilidad y operaciones de apoyo (SASO) –fuerzas militares estadounidenses que apoyan y proporcionan seguridad a la población civil no combatiente– y se emplea sobre todo en los barrios urbanos: operaciones aéreas, esto es, transporte de civiles y militares, misiones de vigilancia, campañas de propaganda, y ataques a objetivos no prioritarios. Los aviones de contrainsurgencia o aviones de ataque ligero tienen como principal misión labores de vigilancia, reconocimiento y escolta de fuerzas de tierra. Por lo general están armados con cañones y/o cohetes de poca intensidad: la diplomacia pública a través de los militares. Comprender al país donde se desarrolla el conflicto para actuar con eficacia resulta imprescindible. Implica, además, desarrollar operaciones de información con las que se recogen todos los datos del enemigo que sea posible para después poder utilizarlos en su contra. Es también muy importante tener a favor a la opinión pública. Y, por último, «el control de la población»: por medio de esta táctica se reubica a la población de una determinada zona y se le proporciona ayuda y apoyo para evitar que se acerque al enemigo. Esta fue la táctica de todas las mencionadas que más ampliamente se utilizó en Vietnam hasta 1969. Los campesinos survietnamitas fueron obligados a trasladarse a territorios cercados, fortificados, constituyendo las famosas «aldeas estratégicas», que más tarde fueron declaradas zonas de fuego libre –áreas específicas en las que podían emplearse cualquier tipo de arma que fuese capaz de eliminar al enemigo–, las cuales fueron englobadas en el llamado Programa Estratégico Hamlet, programa de pacificación establecido en 1962 con el fin de separar y proteger a la población de Vietnam del Sur del Viet Cong.

El programa de aldeas estratégicas tenía como objetivo prioritario perseguir la insurgencia comunista mediante el traslado de la población rural hasta emplazamientos seguros, entendiendo como tales aquellos que les mantuvieran alejados de la influencia del Viet Cong. El antecedente inmediato de este programa hay que buscarlo en la idea británica de reasentamiento de la población puesta en práctica en Malasia, que fue trasladada al escenario vietnamita en 1959, las *agroville* (aldeas agrarias), dentro del programa de desarrollo de la comunidad rural. En 1960 ya había veintitrés agrovilles, formada cada una de ellas por varios miles de personas. Su estructura consistía esencialmente en pueblos construidos con un perímetro definible con una reubicación mínima y a cuyos habitantes se les entrenaría en el manejo de las armas que les serían enviadas por el gobierno para su propia defensa. Además, las aldeas estratégicas no funcionarían de forma aislada, sino como elementos integrantes de una red estratégica. Las primeras aldeas se colocaron en zonas seguras, es decir, libres de ataques enemigos, a los que paulatinamente se irían añadiendo más casas hasta obtener la extensión adecuada (técnica de la mancha de aceite). Todo esto debe planificarse teniendo en cuenta que estas aldeas han de servir para mejorar la vida de los campesinos de forma que cada vez sientan una mayor identificación con el gobierno de Saigón.

A pesar de ser presentado oficialmente por Diêm en marzo de 1962 como el paradigma de la lucha contra los tres enemigos de la patria, esto es, el comunismo, la discordia y el subdesarrollo, el programa de las aldeas estratégicas contenía una serie de defectos que dificultaron enormemente la eficacia de su aplicación. Así, no se tuvo en cuenta el sentimiento de los campesinos de pertenencia a un lugar determinado cuando se decidió trasladarlos prácticamente a la fuerza; se construyeron demasiados emplazamientos, muchos de ellos mal, y a una gran velocidad. En septiembre de 1962 el Pentágono informó de que había casi cuatro millones y medio de personas alojadas en 3225 aldeas, y para el verano de 1963 las cifras ascenderían a más de ocho millones y medio de personas distribuidas en 7205 aldeas; las células infiltradas del Viet Cong se trasladaron junto con el resto de los campesinos; la milicia que conformaba estas aldeas estaban en su gran mayoría mal armados y mal entrenados. A todo lo que habría que añadir la corrupción del gobierno de Saigón, cuyos funcionarios en demasiadas ocasiones se gastaban el dinero que iba destinado a fertilizantes, regadío, semilla e, incluso, servicios médicos en las aldeas, u obligaban a los campesinos a comprarles material para la construcción de los emplazamientos a pesar de que Estados Unidos proporcionaba materiales como chapa y alambre de púas. Por si esto fuera poco el malfuncionamiento de las aldeas se agudizó debido a toda una serie de promesas incumplidas que vinieron a precipitar su fracaso. Para empezar, todos aquellos que se vieron obligados a desplazarse serían recompensados económicamente en mayor o menor medida, cosa que no siempre sucedió. Y en segundo lugar, no se respetaron las propiedades de los campesinos –que vieron cómo sus casas eran quemadas con frecuencia delante de ellos–, ni tampoco sus creencias religiosas, la práctica del culto a los antepasados, que fueron abandonados junto con el resto de la aldea. Todos aquellos que se resistieron al reasentamiento fueron ejecutados.

La consecuencia inmediata de todo esto fue la incapacidad de una defensa segura de las aldeas estratégicas, ya que no se siguió ningún criterio geográfico coherente en su ubicación, no fueron convenientemente aisladas, ni tampoco se apoyaron mutuamente a pesar de estar construidas en red, circunstancias todas ellas que fueron aprovechadas por el Viet Cong, que a principios de 1963 ya había comenzado a eliminar algunas de estas aldeas. La guerrilla comunista había sabido estudiar las debilidades de este plan y se convirtió en una auténtica experta en combatir contra helicópteros y aviones de vuelo bajo, al igual que a localizar los puntos débiles de los transportes blindados de personal. Perfeccionó la técnica de la emboscada y fue acabando con las aldeas progresivamente, demostrando así la fragilidad de esta táctica y el fracaso que había supuesto para el gobierno de Saigón y sus aliados estadounidenses que dieron por terminado oficialmente el plan en 1964, enfocando los futuros programas de contrainsurgencia en el acercamiento de los campesinos en sus respectivas comunidades en lugar de una reubicación forzosa.

La estrategia estadounidense en Vietnam cambiaría de manera muy significativa cuando, tras el asesinato del presidente Kennedy en Dallas en noviembre de 1963, el vicepresidente Johnson se pone al frente de la Casa Blanca. Radical anticomunista, desempeñará una política totalmente agresiva en este sentido impulsando la escalada de la intervención norteamericana en la guerra de Vietnam (con Kennedy, diez mil soldados; con Johnson, más de quinientos mil), llegando a alcanzar una agresividad de límites insospechados. Es *la estrategia del halcón*. El obligado cambio de estrategia de la

Administración Johnson, pasando de defender enclaves a atacar con contundencia, abocó a los estadounidenses a librar una guerra convencional en el sentido más estricto, a pesar de que en demasiadas ocasiones no pudiera llevarlo a término. Westmoreland, comandante en jefe de las Fuerzas Armadas en Vietnam, quería utilizar todo el enorme potencial bélico para atacar grandes concentraciones comunistas mientras el ejército survietnamita contenía la guerrilla. Sin embargo, en el seno del ejército existían voces discrepantes con esta doctrina y clamaban lo necesario de ajustar una estrategia que resultase eficaz a la realidad vietnamita. Tanto fue así que algunas secciones del ejército llegaron a proponer una estrategia propia para alcanzar el objetivo deseado. Este fue el caso de la infantería de marina y su «programa de acción combinada», que planteaba la protección y ayuda a las aldeas por una escuadra especialmente entrenada. Westmoreland se mostraba contrario a ello porque ya contaban con el precedente del fracaso de las aldeas estratégicas y, según su teoría, la única manera de ganar la guerra sería atacando con contundencia y, al mismo tiempo, estar preparados para el momento en que surgiera una gran ofensiva contra el enemigo. A pesar de las dudas y los inconvenientes el objetivo estaba claro, vencer al comunismo por medio de una guerra convencional. Ahora solo restaba saber cuál sería la táctica más efectiva para conseguirlo. Y en este punto Johnson no dudaba: si se quería vencer al comunismo, había que aniquilarlo. Se llegó a la conclusión de que la manera más efectiva de lograrlo sería recurriendo a la guerra de desgaste; esto es, hostigar al enemigo en su territorio hasta que no resistiera más y se viera abocado a la rendición. El mejor argumento con el que contaban para poder desarrollar con eficiencia esta táctica era su aplastante superioridad militar. Sin embargo, Washington quizás debería haber tenido más en cuenta que la manera en que la guerrilla

El general Westmoreland con el presidente Johnson. «Envíame tantos chicos como tengas», resume la estrategia del general en la guerra de Vietnam. Westy estaba convencido de que la clave para ganar la guerra era aumentar la escalada; aumentar la agresividad. Para ello necesitaba el mayor número posible de soldados.
Fuente: en.uncyclopedia.co

supo contrarrestar ese enorme poder fue, precisamente, la misma que ellos utilizaron, el hostigamiento, pero acompañado de una enorme campaña propagandística con el principal objetivo de subir la moral a los guerrilleros y ejercer la presión sobre el enemigo con mucha más fuerza. La doctrina de Mao, en la que se basaban, decía: «El enemigo avanza, retrocedemos; el enemigo se para, le atosigamos; el enemigo se cansa, le atacamos; el enemigo retrocede, le perseguimos; si se puede ganar, se lucha; si no, hay que huir».

En su libro *Las 33 estrategias de la guerra* R. Greene expone que la planificación de cualquier estrategia implica siempre hacerse una serie de preguntas, tales como: ¿qué hace moverse al ejército enemigo?, ¿qué le impulsa a resistir?, ¿quién guía sus acciones? y, sobre todo,

¿cuál es la fuente última de su fuerza? En su teoría sobre la guerra de desgaste o, lo que es lo mismo, la capacidad de resistencia de los bandos enfrentados, nos explica cómo el factor psicológico lo es todo, porque, como argumenta este autor, «los mejores cercos son psicológicos: has rodeado su mente». Trasladando estos conceptos al caso vietnamita, podremos entender mejor la dificultad de la aplicación de la estrategia Johnson-Westmoreland. Para R. Greene hay una maniobra vital en la que radica en gran medida la clave para ganar en este tipo de conflictos. Controlar y fortalecer lo que este teórico denomina centros de gravedad, de tal modo que tanto la infraestructura como las comunicaciones estén estabilizadas; mucho más cuando el oponente lo constituyen guerrilleros cuya ventaja radica en el conocimiento del terreno y su facilidad para desaparecer.

La ubicación de los puntos estratégicos estadounidenses, es decir, las bases desde las que se planifica y desarrolla el conflicto sobre el terreno, no fue del todo acertada. Las bases fueron instaladas sin tener en cuenta ni la geografía ni el conocimiento del medio por parte del adversario, ya que se situaron en mitad de la jungla y este hecho otorgaba al Viet Cong una enorme ventaja al ser grandes conocedores del terreno, al mismo tiempo que convertía al ejército estadounidense en un blanco fácil, puesto que podían ser atacados sin demasiada dificultad. La consecuencia inmediata de este error es que se abren grietas en la estrategia defensiva al plantearse mal el ataque. Si de lo que se trata es de presionar hasta el límite al adversario, desgastarle hasta que no pueda más, ha de mostrarse una estructura sólida que manifieste una posición dominante. Aunque para ello se necesita tiempo, el otro factor decisivo en la guerra de desgaste. Ganar el conflicto por el agotamiento del enemigo hasta alcanzar la victoria requiere dedicar mucho tiempo al desarrollo de la guerra, siendo la consecuencia inmediata de ello el agotamiento no solo moral, sino también material, es decir, de los recursos, puesto que la guerra de desgaste supone prolongar indefinidamente la lucha lo que, a su vez, conlleva un aumento del gasto hasta que, tal y como sucedió en Vietnam, pueda alcanzar límites de gasto inadmisibles. Los recursos se agotan cuando se van dilatando en el tiempo y, si al enorme gasto se le suma lo más importante de todo, el coste de vidas humanas, empieza a valorarse lo innecesario, injustificado e inaceptable de tal situación, pudiéndose comprobar cómo en Vietnam la estrategia de desgaste estaba resultando tremendamente ineficaz.

De esta manera es como Johnson se vio impelido a dar un paso más allá y reaccionar desarrollando una nueva estrategia política y militar, la escalada, como única solución para acabar con el comunismo en Vietnam. Esto fue suficiente para afianzar a Westmoreland en su postura instigadora y hostil, insistiendo en que no quedaba más remedio si se quería atajar el mal de raíz que, según sus propias palabras, aumentar la dosis de agresividad, esto es, la escalada, lo cual se tradujo en una intensificación en grado superlativo de los bombardeos, incluso en las zonas desmilitarizadas. De este modo, en agosto de 1964 Estados Unidos inició un bombardeo a gran escala en Vietnam del Norte, confirmando así su nueva estrategia bélica con la que encontró, en cualquier caso, crecientes dificultades políticas para mantener su ofensiva. A pesar de lo costoso de esta táctica, propuesta por Westmoreland y que a McNamara no acababa de parecerle del todo idónea, el Pentágono, que sí se mostraba más contundente al respecto, decidió enviar cerca de doscientos mil hombres más a Vietnam con la esperanza de que esta medida por fin produjera los resultados esperados. La táctica de «búsqueda y destrucción» fue la forma en que Estados Unidos decidió ejecutar su política militar agresiva en Vietnam, sobre todo después de su victoria en la batalla del valle de la Drang, que arrojó una cifra de 12 a 1 y confirmó a Johnson en su estrategia y a Westmoreland en su táctica de considerar la victoria por el número de víctimas ocasionadas al enemigo. El «busca y destruye» servía para cumplir con este objetivo. En Vietnam hubo unos dos millones de misiones de búsqueda y destrucción que cumplieron la máxima de Johnson −«barrida masiva»−, acabando en un solo ataque con miles de combatientes del Viet Cong, a pesar de lo cual, el enemigo seguía sin rendirse. A finales de 1967 estaba previsto descargar casi seis millones de toneladas de explosivos sobre suelo vietnamita. El poder destructivo de estas misiones especiales se vio complementado con lo que los militares estadounidenses definieron como «el golpe del Zippo», respondiendo al cumplimiento de su máxima «ausencia de riesgo». Si de lo que se trataba era de aniquilar al enemigo, no había que dejar ningún cabo suelto. Por eso, aunque la destrucción estaba garantizada con los bombardeos masivos, había que dar el golpe de gracia. Por eso, cada vez que las tropas americanas encontraran una aldea, debían asegurarse de que no era una base del Viet Cong. Había que continuar con la destrucción del enemigo. Los marines siempre llevaban atado en su casco una botella con alcohol o desinfectante, pero básicamente con gasolina. Bastaba un pequeño chorro y prender la mecha con el mechero Zippo, que siempre llevaban consigo, para que la aldea en cuestión quedase arrasada en unos minutos.

En cualquier caso, la intensificación bélica que suponía los bombardeos masivos no sirvieron para resolver el conflicto porque, primero, subestimaron la capacidad de reacción del enemigo, pensando que con esta táctica, y al ser muy inferiores a su poder militar, la rendición sería inmediata, lo cual no sucedió; en segundo lugar, porque fueron tan crueles que en seguida el mundo entero se puso en su contra, máxime cuando se descubrió que sobre Vietnam se habían lanzado más bombas que durante la

Segunda Guerra Mundial. Y, por último, el desorbitado coste humano y económico que implicaba la escalada comenzaba a ser insoportable. Llegaría un momento en que la carga que suponía el aumento del envío de tropas al lugar del conflicto no podría seguir manteniéndose, entre otras razones, porque los recursos son limitados. Más recursos generan más gastos, y eso resultaba cada vez más difícil de justificar para Washington.

La guerra de desgaste impone límites que una escalada bélica rebasa con creces. Incluso hasta para el entonces ejército más poderoso del mundo que, a pesar de tal condición, tuvo que enfrentarse a una difícil situación que él mismo había generado, y que le convirtió en vulnerable frente al Viet Cong. La escalada implicó disminuir su capacidad de ataque en la misma medida que tuvo que aumentar su defensa, dado que los recursos son limitados y la velocidad a la que se pueden reponer también. La mala gestión de la escalada trajo como principal consecuencia, pues, en opinión de W. Burchett, periodista de guerra que cubrió muchos de los conflictos asiáticos en este contexto histórico, algo impensable en la estrategia estadounidense: tener que plantearse la retirada, lo cual resultaba inconcebible para Johnson y para el Pentágono porque ello supondría reconocer su fracaso, su error. Ello implicaría tener que renunciar a seguir bombardeando y así vencer al enemigo; pero, sobre todo, y lo que resulta aún más inadmisible, supondría perder el control sobre el comunismo. Y las consecuencias de ello, argumentaba Westmoreland, serían impredecibles.

Lo cierto es que Westmoreland, al decir de los analistas, empleó una estrategia equivocada. Y esto fue así porque se basó únicamente en efectuar la guerra de desgaste a través de lo que desde el Pentágono se definió como «la picadora de carne», que pretendía alcanzar el objetivo planteado por medios no del todo correctos, ni moral, ni militarmente, esto es, el bombardeo masivo de Vietnam del Norte y las misiones suicidas de búsqueda y destrucción. En opinión de D. Bilton, con esta estrategia se esperaba dar ventaja a Saigón para que se convirtiera en una entidad política y militar viable. Pero Westmoreland cometió una serie de errores que hacían tambalear la eficiencia de esta estrategia. Sorley, el que fuera jefe de la Oficina de Defensa de Saigón, y quien se refería a Westmoreland como «el hombre que perdió Vietnam», supo resumirlas muy acertadamente. Los motivos por los que Westmoreland perdió la guerra, recogidos en un artículo publicado por T. E. Ricks sobre L. Sorley y su opinión de Westmoreland, se reducen al erróneo enfoque de Westmoreland para conducir la guerra, que trajo como consecuencia que se desperdicia-ran cuatro años de apoyo de Estados Unidos a la causa de Vietnam, tanto por parte del Congreso, como de la opinión pública en general; sobreestimó la tolerancia de los estadounidenses, subestimó la capacidad de lucha y de resistencia del enemigo, que fue capaz de sufrir terri-bles pérdidas y seguir luchando; su guerra de desgaste se centró en contabilizar más y más números de muertos en las filas enemigas –*Kill ratio*, relación entre los muertos del enemigo y los soldados estadounidenses–: la famosa proporción diez a uno (por cada uno de los nuestros que mate el enemigo, nosotros matamos a diez de los suyos), que llegó a obsesionar a Westmoreland, puesto que las victorias se medían por el número de muertos y no por la conquista de territorios. Las cifras de víctimas fueron falseadas continuamente; no se armó convenientemente al ejército de Vietnam del Sur; pensó que Saigón siem-pre estaría a las órdenes de Estados Unidos, sin discu-sión alguna; ignoraba sucesivamente que la guerra no iba avanzando por el camino más conveniente para los intereses estadounidenses; su equipo estaba integrado por personas con sus mismas expectativas y, por tanto, nadie pudo aportarle un punto de vista diferente que pudiera contemplar la posibilidad de subsanar los errores que se estaban cometiendo. Y, por último, su visión de la guerra fue demasiado rígida, inamovible, llevándole a implantar una estrategia bastante estática.

Así pues, la guerra de desgaste había fracasado y, por tanto, las dificultades para conseguir el objetivo deseado eran cada vez mayores, lo que obligó al nuevo presidente electo, Nixon, a cambiar otra vez de estrategia, la que hemos convenido en denominar *la estrategia del relevo,* que responde a la intención de la nueva Administración de no continuar la guerra y pasar el relevo a Saigón. Sin embargo, esto no podrá realizarse de la noche a la mañana, puesto que el enemigo continúa sin ser vencido y las presiones sobre la gestión del conflicto vietnamita siguen produciéndose.

Estados Unidos seguía convencido de que aún podía ganar la guerra contra el comunismo. La ofensiva del Tet en 1968, en donde el FNL se vio seriamente dañado y el Viet Cong sufrió una desastrosa derrota, constituyó el punto de inflexión para los estadounidenses en Vietnam. A pesar de su contundente victoria, supuso el principio de su ruina moral. Fue el detonante que impulsó al gobierno estadounidense a replantearse su posición en Vietnam. Estados Unidos se topó de bruces con la realidad al darse cuenta de que el agotamiento, no solo físico, estaba causando un daño en algunos extremos irreparable en todo el país, no solamente entre los soldados que luchaban en primera línea. La increíble capacidad de lucha, de supervivencia del enemigo, estaba empezando a superarles; parecía que la guerra no iba a acabar nunca a pesar de sus numerosas victorias. Por eso Nixon se vio obligado a recapacitar sobre la utilidad o inutilidad de seguir luchando. Había que provocar un giro de los acontecimientos y materializar lo que entre el presidente y el Secretario de Defensa H. Kissinger habían planeado para Vietnam. La vietnamización del conflicto, como se

Nixon y su plan secreto de guerra. En 1969 el presidente
Nixon, junto con el secretario de Estado Kissinger, planificó
bombardeos clandestinos sobre Camboya, en el mes de marzo,
que pretendieron extender a Laos a partir del mes de junio.
Estos planes fueron ocultados al Congreso y desconocidos por la
opinión pública. Fuente: www.biography.com

conoce en la historiografía, fue la solución que aplicaron.
El objetivo que se perseguía con esta nueva estrategia
era la retirada de Estados Unidos del conflicto y ceder el
protagonismo y la responsabilidad del mismo a Vietnam
del Sur, para lo cual habrían de preparar a su ejército de
modo que se convirtiese en la auténtica alternativa a los
estadounidenses para vencer al comunismo.

El paquete de medidas estratégicas que generó el
gobierno Nixon para cumplir las expectativas programa-
das contenía las siguientes directrices:

1. Planificación estratégica. Había que realizar un
   estudio profundo de la situación, de cómo van
   evolucionando los acontecimientos, para evitar

así la improvisación. «Hay que evitar ser continuamente sorprendidos», dijo Kissinger.

2. Entrenamiento programado. El ejército había de estar formado convenientemente para poder hacer frente a cualquier contingencia, ya que este era el único modo de poder resistir con firmeza ante los ataques enemigos.

3. Ausencia de rigidez en los mandos militares.

4. Guerra limitada: era necesario establecer límites a la guerra que no desbordaran el gasto, ni lo que era lo más importante, se llevaran demasiadas vidas humanas. El armamento había que limitarlo para así evitar la proliferación de las armas nucleares: una guerra cara es una guerra inútil.

5. Aplicación del *low profile*, esto es, rebajar las expectativas y dar al mundo una imagen renovada de los verdaderos intereses de Estados Unidos. Su responsabilidad internacional –el Destino Manifiesto– no ha de ir en detrimento de sus intereses económicos ni de la seguridad nacional.

6. Y, en último lugar, especialización del conflicto, habida cuenta de que ha quedado suficientemente demostrado que un mayor número de efectivos no garantiza la victoria. Por eso, y porque se busca la máxima eficacia en la lucha contra la guerrilla, lo importante es conseguir la eficacia en las actuaciones militares con un número más reducido de efectivos.

La «desescalada progresiva» –la vietnamización, como algunos autores han definido la estrategia Nixon–, en virtud de la cual empiezan a retirarse de Vietnam los efectivos militares estadounidenses allí desplazados hasta el punto que a la altura de 1971 ya solo quedarían

175.000 hombres, fue posible, en opinión de Barcia Trelles, gracias a que el presidente tenía un plan perfectamente estructurado, cuya finalidad última era la retirada total de Estados Unidos del conflicto, al contrario que Johnson, quien, para este autor, improvisaba sobre la marcha la estrategia a seguir. En la base de esta idea se encontraba la intención política del gobierno Nixon respecto de Vietnam del Sur, que fue plasmada en el informe que W. Rogers, Secretario de Estado, había entregado en marzo de 1969 al Comité de Relaciones Exteriores del Senado y de la Cámara de Representantes, cuyas proposiciones se resumieron en lograr una paz justa, la autodeterminación, un gobierno democrático de los Estados, el bienestar económico y, por extensión, la seguridad mundial. Ahora bien, Nixon puso condiciones a la retirada: actividad desplegada por el enemigo, capacidad de reacción de los survietnamitas y evolución de las negociaciones de paz. La planificación estratégica de la Administración Nixon era pues evidente y dibujaba tres líneas de actuación muy claras que, en opinión de Suárez Larumbe, consistieron en la disminución de efectivos y gastos, la medición de la capacidad de represalia para no conducirse hacia una guerra nuclear, y la reducción de fuerzas clásicas con repliegue de unidades de ultramar y aumento de su rapidez de reacción.

Pero la vietnamización había que realizarla de forma coherente. No podía quedar ningún cabo suelto; y por eso, antes de retirarse, y como indicó W. Colby, funcionario civil de la CIA que en 1973 llegaría a ser el director de la agencia, había que destruir la estructura del Viet Cong para lo cual era inevitable continuar bombardeando al enemigo. Colby fue el responsable del programa de pacificación diseñado con el fin de neutralizar –esto es, identificar y eliminar– la infraestructura civil que apoyaba al FNL. Estuvo en funcionamiento entre 1965 y 1972 y consiguió neutralizar a cerca de ochenta mil supuestos agentes colaboradores del Viet Cong. «La infraestructura del Viet Cong», como la CIA denominada a la secreta red de informadores del Viet Cong infiltrados en el sur, ejercía el control político a la guerrilla al mismo tiempo que la servía de apoyo. Hasta 1970 contaba con unos cien mil miembros repartidos por todo el sur con el objetivo de ganar adeptos a la causa comunista. Cada aldea contaba al menos con una célula operativa. La operación que cristalizó el programa de pacificación, Operación Fénix, implementada tras la ofensiva del Tet y en la que quedó constancia de lo importante de conocer la estructura del enemigo, tenía como prioridad recabar información sobre el Viet Cong sin importar demasiado la forma en que esta se obtuviese. Lo único importante era la neutralización de los guerrilleros, es decir, su captura, conversión o asesinato, en aras de lograr el objetivo planteado. El programa Fénix fue considerado un éxito por las autoridades americanas, ya que consiguió neutralizar en total a casi 82.000 miembros del FNL y destruir gran parte de la estructura de la guerrilla, que a partir de la década de los setenta se marcaron como una de sus máximas prioridades acabar con los oficiales del programa de pacificación, el cual, en realidad, era considerado por la mayoría como meras campañas de asesinatos.

Lo cierto es que, aunque se buscaba la paz a través de la retirada, el conflicto seguía. Si bien no continuó con los bombardeos masivos en el sentido estricto como lo hizo Johnson, sí que consintió que Vietnam continuase siendo atacado por medio de los bombardeos estratégicos. Desde 1969 Nixon decidió bombardear Camboya y seguir presionando sobre Vietnam. Este tipo de ataques tienen como finalidad provocar la destrucción total del enemigo y su capacidad de lucha. Se trata de un ataque organizado desde el aire que emplea misiles de medio y largo alcance, o aviones cazabombarderos con armas nucleares para atacar objetivos considerados vitales para el enemigo. Y como el fin es la destrucción total, los aviones han de ser de gran capacidad. El presidente autorizó el uso de los bombarderos B-52 de largo alcance para un bombardeo de saturación (*Carpet bombing*), también llamado bombardeo de área, cuyo máximo protagonismo se alcanzó en la Operación Linebacker II, con objetivos en Hanói y Haiphong, y cuyo trascendente resultado fue acelerar las conversaciones de paz de París y, subsiguientemente, la retirada efectiva de Estados Unidos de Vietnam en 1973.

Pero alguien debía dirigir la vietnamización. Esta responsabilidad cayó sobre el general C. Abrams, encargado de dirigir las operaciones militares en Vietnam entre 1968 y 1972. Abrams era consciente de que había que luchar de una forma inteligente y efectiva, porque la escalada no había cumplido con el objetivo prioritario de debilitar al enemigo hasta eliminarle. Supo ver igualmente que la alternativa que quizás había que empezar a plantearse seriamente sería la de abandonar Saigón; pero, si eso se producía, como así ocurrió, habría que hacerlo de la mejor manera posible tanto desde el punto de vista militar, como desde la política. Sin embargo, su estrategia partía con dos importantes limitaciones: la fuerza militar americana iba disminuyendo, no aumentando, y la opinión pública norteamericana estaba cada vez más en contra de continuar malgastando recursos y, sobre todo, del coste de vidas humanas que suponía el conflicto en Vietnam. Para H. Brace, la estrategia que siguió Abrams fue más coherente que la de Westmoreland porque no se obsesionó por matar en masa al enemigo y después inflar el recuento de víctimas, sino que le dio un enfoque más humanitario y se priorizó a las personas y a los pueblos por encima del recuento de cadáveres. Fundamentó su estrategia en dos conceptos, realismo y ética, porque consideró que era la única manera de llevar a cabo su misión con éxito. Realismo, porque no quería que nadie falseara las cifras o publicitara gratuitamente los éxitos en el campo de batalla, sino que lo más importante era obtener una información fidedigna de lo que realmente estaba ocurriendo y actuar en consecuencia. Y ética porque lo más valioso de cualquier conflicto son los soldados: «Hay que centrarse en el frente». Si se quiere salvaguardar el país, cumplir con sus ideales, es imprescindible respetar a aquellos que en definitiva tienen la responsabilidad de ejecutarlo. La vietnamización no podía centrarse en contabilizar víctimas, sino en perfeccionar la táctica de la guerra y conseguir el objetivo deseado. Aun a pesar de contar con una drástica disminución de efectivos, que habían descendido desde más de medio millón de hombres a casi cincuenta mil, Abrams dividió el ejército en pequeñas unidades con el fin de entrenar y convivir con los survietnamitas y así prepararles mejor para enfrentarse a la guerrilla y capacitarles para repeler las incursiones del norte. Por eso dedicó mucho tiempo a entrenar al ARVN. Centró la contrainsurgencia en ganar la mente y los corazones de la población.

A pesar del cambio de estrategia y todas las medidas que conllevaba, los resultados no fueron mucho mejores que los de su predecesor. Es por ello que el gobierno estadounidense intentó completar la obra de Abrams, quien falleció antes de que acabara el conflicto, con F. C. Weyand, responsable de Vietnam entre 1972 y 1973, también contrario a la estrategia Westmoreland, y para quien lo más importante era averiguar las intenciones del enemigo y aplicar en Vietnam una estrategia que sirviera para conseguir la paz y que Estados Unidos saliese lo más airoso posible de allí. Su plan se basaba en asegurar las ciudades y pacificar los pueblos del sur de Vietnam. Estaba convencido, y así se lo hizo saber a su gobierno, que Vietnam del Sur no sería capaz de sobrevivir como nación si Estados Unidos no seguía apoyándole al menos militarmente. Incluso llegó a comentarle al presidente Ford, sucesor de Nixon, sobre un Vietnam sin estadounidenses pero aún en conflicto, que habría que reanudar la ayuda al sur, porque el pueblo survietnamita necesitaba sentir que Estados Unidos no les había abandonado a su suerte sin más. Pero ni la coyuntura política y económica estadounidense, ni tampoco la presión internacional, permitieron que los acuerdos de París se olvidasen y los estadounidenses volvieran a practicar en Vietnam el Destino Manifiesto.

6

El teatro de operaciones

El espacio geográfico en el que tiene lugar un conflicto armado es decisivo para la evolución del mismo, en la medida en que los combates se caracterizan por el relieve, la climatología y las condiciones que presenta el territorio en el que estos acontecen. Los límites de la contienda vienen marcados en gran medida por la geografía, porque se convierten en elementos que condicionan el éxito de las operaciones. En Vietnam esta fue especialmente importante para el devenir del conflicto. Es un país montañoso, estando las mayores montañas entre el río Rojo y el Delta del Mekong, con costas recortadas, llanuras costeras, suelos cubiertos de espesos bosques, amplia masa forestal de tipo vegetal –que se vio seriamente afectada por tantos años de guerra–, una variada vegetación y unos ríos con fuertes crecidas. El río Rojo es un elemento esencial en la geografía de Vietnam del Norte. Su delta es de una gran fertilidad y por eso está intensamente cultivado.

Los vietnamitas siempre se han esforzado por controlar las crecidas de este río, que provocan inundaciones y devastaciones de graves consecuencias, por lo que se preocuparon por construir elevados muros de tierra para poder controlar la fuerza del agua y sus efectos. De ahí la gran red de diques y presas del país. Tonkín también tuvo una gran importancia porque se cultiva arroz, base de la alimentación vietnamita y, además, hay industria de algodón, azúcar, seda, hulla y fábricas de cemento, entre otros, siendo precisamente esta concentración industrial y explotación arrocera lo que convirtió esta región en un objetivo prioritario de la guerra. No fue elegido al azar, como tampoco lo fueron ninguno de los demás lugares que se convirtieron en enclaves estratégicos del conflicto.

El denominado «corredor industrial», desde Hanói hasta el puerto de Haiphong, fue uno de los blancos prioritarios para los Estados Unidos. Los diques y presas del río Rojo fueron sometidos a una destrucción sistemática como medio de exterminar los cultivos, y eliminar las fábricas para así acabar con la población, ya que si los diques de contención desaparecen, se producirán inundaciones de consecuencias devastadoras. Por otra parte, los bombardeos se intensificaban en verano, porque es la época en la que el caudal de los ríos empieza a crecer considerablemente debido a las lluvias monzónicas. También se bombardearon zonas de Vietnam del Norte como las provincias de Than-Hoa, Ngha-An, Ha-Ting o Quang-Binh, entre otras, destruyendo hospitales, escuelas, obras hidráulicas y cultivos, es decir, todo aquello que es vital para la supervivencia de un pueblo. La región de Annam, franja del litoral este, con montañas de media altura y con capital en Hue, también destacó por ser escenario de importantes enfrentamientos. En esta región, hasta el Mekong, los estadounidenses emplearon indiscriminadamente la guerra bacteriológica y química. Más hacia el sur, se encuentra la antigua Cochinchina –actual

Nan Phan–, donde se ubica la ciudad de Ho Chi Minh, la antigua Saigón, al norte del delta del Mekong, la zona más meridional, escenario natural de luchas guerrilleras.

Así pues, la orografía que complica la ejecución de las misiones, la abundante vegetación y la jungla que favorece las emboscadas, las características de los ríos Rojo y Mekong, que empujan a desarrollar operaciones militares fluviales específicas, el clima tropical con una elevada humedad difícil de soportar y los monzones que dificultan considerablemente las operaciones aéreas obligaron a efectuar una guerra de carácter defensivo con un marcado uso de la infantería en grupos de tamaño reducido. Esto limita el uso de medios mecanizados o blindados, por lo que no queda más remedio que centrarse en medios aéreos para el desarrollo de operaciones convencionales. A todo esto habría que añadir una circunstancia específica que contribuyó a aumentar aún más las dificultades en el transcurrir del conflicto: la mala calidad de las vías de comunicación, decisivas en el desarrollo de cualquier guerra. El delta del río Rojo, repleto de diques de unos doce metros de altura, constituyó por esta condición uno de los objetivos prioritarios del enemigo, porque los diques no se hacían solamente para contener las aguas, sino que también servían de importantes vías de comunicación –muchas de las principales carreteras del delta–, que las bombas se esforzaron en destruir, como también lo hicieron con las zonas costeras en donde se había concentrado el sistema de transporte. Los franceses se obsesionaron con la red de transporte vietnamita y, acabaron con casi el veinte por ciento, porque consideraban que era el medio más efectivo para sofocar la rebelión. Y después los estadounidenses decidieron bombardear de forma constante cualquier vía de comunicación y medio de transporte, puesto que, para Washington, «el transporte constituye las arterias por las que circula la sangre que alimenta a Vietnam del Norte».

El Triángulo de Hierro. Región limitada por el río Saigón al oeste, el río Tinh al este y al sur por la ruta 13, que pasaba a unos cuarenta kilómetros al norte de Saigón. A lo largo del conflicto tanto los estadounidenses como las fuerzas survietnamitas hicieron considerables esfuerzos por eliminarla. Constantemente estaba recibiendo suministros desde la ruta Ho Chi Minh.
Fuente: dunlapsite.com

Recordemos que el inicio del enfrentamiento armado tuvo lugar tras el bombardeo por parte de Francia del puerto de Haiphong en 1946. Francia había conseguido dominar el sur del país y el denominado Triángulo de Hierro del norte, aunque en el interior su presencia era más bien teórica. El Triángulo de Hierro fue una zona de 155 km² en la provincia de Binh Duong que fue bautizado así porque se convirtió en un bastión de la defensa francesa durante la guerra de Indochina, a pesar de lo cual siempre estuvo dominado por la guerrilla, tanto en la etapa francesa, como en la norteamericana. La guerrilla, junto con el ejército de la ARVN, se mantuvo constante a lo largo de todo el conflicto por desestabilizar y debilitar al enemigo en esta zona. El Triángulo se situaba entre dos ríos y colindaba con la ruta colonial 13 a unos cuarenta kilómetros al norte de Saigón.

Los guerrilleros solo podían lanzar pequeñas ofensivas, ya que todos los intentos de lanzar verdaderos asaltos contra posiciones fuertes de los franceses terminaban en masacre. En contrapartida los franceses no podían adentrarse en la jungla porque se perdían en ella y, además, no avanzarían un paso sin toparse con miles de guerrilleros, aunque a favor del ejército francés estaba el hecho de que la guerrilla aún no era capaz de combatir en campo abierto ni oponer resistencia en las grandes batallas. Francia anhelaba el control de Tonkín, zona clave de resistencia comunista, porque, entre otras cosas, pensaba que si lo conquistaba podría derrotar más rápidamente al comunismo. Toda vez que había recuperado el control en el sur se enviaron tropas a Tonkín y se emprendió una ofensiva con el fin de restablecer su dominio sobre la región. Tras varios días de combate de infantería, apoyada por unidades blindadas, aviones y buques de guerra, el Viet Minh fue expulsado de Hanói. El enfrentamiento destruyó un gran número de los barrios de la ciudad y miles de sus habitantes tuvieron que pasar a engrosar las filas de los refugiados. Los franceses persiguieron a la guerrilla hasta su base de Viet Bac, pero no consiguieron acabar con el enemigo. Sin embargo, sí lograron controlar gran parte del territorio, a pesar de que París, en vez de reforzar su ejército, suprimió algunas unidades.

En estos primeros años de guerra el Viet Minh estaba intentando reconvertirse en una fuerza de asalto convencional, para lo que venía contando desde hacía un tiempo con la inestimable ayuda de China. Las bases conseguidas en el país vecino habían resultado esenciales, tanto para la captación y entrenamiento de futuros

guerrilleros, como para la incursión en territorio vietnamita. La idea de acabar con estas incursiones fue lo que
impulsó a Francia a levantar todo un entramado de fortificaciones junto a la frontera conectados por la conocida
ruta colonial 4 (en adelante, RC4), muy peligrosa por
sus curvas y la vegetación que la invadía. Pese a ello el
gobierno de París estimó oportuno seguir manteniendo
allí destacamentos de cierta importancia para frenar las
incursiones.

El ejército francés necesitaba contar con unas vías
de comunicación seguras, máxime cuando se habían
convertido en sede de las bases desde la que dirigían
sus operaciones. Por otro lado, resultaba imprescindible
disponer de una infraestructura adecuada para el transporte y el traslado de las tropas. Pero la situación en este
punto era bastante complicada. El Viet Minh había ido
aumentando su presencia de forma progresiva y ello suponía aumentar la inseguridad de las vías de comunicación,
sobre todo por las noches, porque resultaban muy difíciles de controlar. Para solventar este problema se tomaron
una serie de medidas concretas. La primera de ellas estaba
encaminada a reducir el peligro que estas representaban,
por lo que se llevó a las rutas puestos de vigilancia que,
serían útiles, o eso creían los estrategas franceses, para
prevenir ataques. La siguiente medida fue un sistema de
patrullas con el que intentaban conducir batidas periódi-
cas entre puesto y puesto. Se empezó a hablar así de «las
áreas controladas», aunque su seguridad fue siempre muy
relativa, porque el transporte francés podía ser atacado
con cierta facilidad y las tropas podrían ser víctimas de
emboscadas y de minas o, incluso, convertirse en un blanco
fácil por la poca distancia que les separaba del enemigo.
A estos procedimientos se les sumaron la modificación
del paisaje y el desalojo de las poblaciones cercanas a los
caminos. El ejército francés cortaba árboles, limpiaba las
rutas de maleza o prohibía los cultivos de plantas altas

como el maíz o la caña de azúcar. También se asfaltaba el terreno en la medida de lo posible con el fin de impedir que los caminos se llenasen de trampas explosivas o de minas. En cuanto a las aldeas que se encontraban en un radio de unos quinientos metros de los caminos, y para prevenir posibles emboscadas, se pensó que lo mejor sería desalojar a la población (medida que, por cierto, resultó ser bastante impopular). Sin embargo, fueron respetadas aquellas aldeas cuyos habitantes se mostraron solícitos a colaborar con las fuerzas francesas, convirtiéndose en manifestantes de buena voluntad, al permitir la creación de milicias locales o proporcionar información de forma regular.

De todas las rutas existentes en los caminos, probablemente la más significativa fue la 4. La RC4 era una carretera que unía «las posiciones erizo» levantadas por los franceses en la parte norte de Vietnam cerca de la frontera con China. El objetivo de esta ruta era mantener abastecidas las guarniciones para impedir que el Viet Minh penetrase desde China. Sin embargo, sus cerca de quinientas curvas, que facilitaban enormemente las emboscadas, dificultaban el cumplimiento de este objetivo. Las posiciones más importantes de esta ruta eran Cao Bang, Dong Khe, That Khe y Lang Son, el punto más meridional. Discurría por desfiladeros y gargantas y estaba rodeada de selva, a lo que había que añadir esa multitud de curvas que la caracterizaban. Su configuración la convertía en el escenario perfecto de ataques guerrilleros hasta el punto de ser bautizada con el nombre de «la carretera de la muerte», porque en ella morían más franceses que en los ataques a los fuertes. Por ello, y ante el elevado coste de vidas humanas que suponía su defensa, el ejército la abandonó en 1950, aunque el final de la RC4 no fue fácil.

Pese a todo, la estrategia francesa continuaba considerando fundamental seguir manteniendo posiciones a través del control de los fortines instalados en la ruta. Uno de esos fortines era el de Phu Tong Ho, escenario en 1948 de otro importante enfrentamiento armado. El elevado número de militantes del ejército Viet Minh convenció al general Giap de que ya estaban preparados para atacar las posiciones francesas. Su intención era arrollar al enemigo inflingiéndole así una gran daño moral, lográndolo en un primer momento. Los guerrilleros Viet Minh, que habían bajado ya de las colinas, gracias a su extremo sigilo, lograron burlar la vigilancia francesa y consiguieron aproximarse muy peligrosamente al fuerte. El día 25 de julio amaneció para el ejército francés con las salvas de los guerrilleros, los cuales fueron capaces de destruir el fortín, los barracones, las oficinas del capitán, el puesto de radio y la cocina.

Los legionarios comenzaron a preparar sus armas todo lo rápido que pudieron. Se repartían granadas y se alineaba la artillería, pero el desconcierto era total. La situación era caótica. El oficial al mando agonizaba en su destruido puesto, dos fortines estaban totalmente arrasados y no cesaban los disparos. Los Viet Minh hicieron sonar hasta cinco veces sus trompetas para indicar a su infantería que había llegado el momento de atacar. Entraron en el recinto por los agujeros que habían excavado, dando gritos y sujetando con furia sus bayonetas. Los legionarios, desesperados, empezaron a disparar a cualquier cosa que se moviera. La lucha cuerpo a cuerpo ya era inevitable. Los soldados franceses estaban retrocediendo sin remedio, aunque, al caer la noche, y ante las muestras de cansancio que estaban evidenciando los guerrilleros, consiguieron rechazar el ataque y emprendieron el contraataque. Primero dominaron los fortines, después las aberturas y, por último, el patio exterior. Poco antes de la media noche el puesto volvía a estar en manos de los franceses. Los Viet Minh tocaban a retirada.

A pesar de la victoria no se produjeron cambios verdaderamente significativos. Siguieron sin percatarse de lo frágiles que resultaban las posiciones a lo largo de la RC4 y se mantuvieron allí por dos años más hasta que ya no pudieron aguantar más, al contrario de lo que hizo el general Giap, el cual, consternado por esta primera gran derrota, recapacitó sobre los errores cometidos en Phu Tong Ho y concentró a sus tropas para entrenarlas y reorganizar su ejército. Formó unidades y se hizo con un contingente que llegó a sumar veinte mil hombres dos años después. Ahora sí que estaba seguro de poder asestar un golpe mortal al ejército enemigo.

A partir de 1950 la guerra entra en una nueva fase. Será en este año cuando tenga lugar la internacionalización del conflicto de manos de Estados Unidos. Los estadounidenses, a pesar de estar inmersos en Corea, pero ante el miedo a la teoría del dominó y como respuesta al apoyo de la China de Mao a la guerrilla, deciden ofrecer su ayuda económica y logística a Francia −política Truman− para contener la expansión del comunismo. El alto mando francés se da cuenta de que la RC4 resulta ya extremadamente peligrosa y decide abandonarla. La evacuación de los fortines de Cao Bang, Dong Khe y That Khe debía realizarse en el más absoluto secreto; pero el general Giap se enteró de la operación y decidió que había llegado el momento de atacar a los franceses. Así fue como organizó la Operación Hong-Phong. Se gestaba otro gran enfrentamiento, el de la batalla de Cao Bang, que pasó a la historia como uno de los más estrepitosos fracasos del ejército francés, en el que murieron 4000 hombres y más de 2000 fueron hechos prisioneros.

El general Carpentier ordenó abandonar todos los fuertes de la RC4; pero era consciente de que hacer eso en Cao Bang resultaba muy arriesgado, por lo que ordenó al coronel Lepage auxiliarlos en esta misión, lo cual hizo con el grupo móvil *Bayard,* formado por batallones

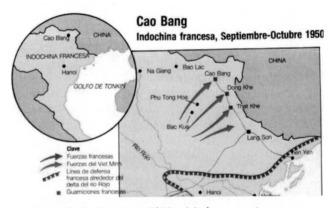

La batalla de Cao Bang. El Viet Minh comenzó una gran ofensiva contra las posiciones erizo de las tropas francesas, las cuales estaban fuertemente fortificadas, situadas entre Lang Son y Cao Bang. La batalla terminó con la derrota de las fuerzas de ocupación francesas, demostrando la guerrilla que podía seguir resistiendo. Fuente: www.lahistoriaconmapas.com

marroquíes y paracaidistas de la Legión Extranjera. El plan se resumía en, una vez dominado Cao Bang, hacer frente a la guerrilla a lo largo del camino. Pero, como acabamos de mencionar, el general Giap descubrió sus intenciones y decidió atacar. Su primer objetivo fue la posición Dong Khe, que pilló desprevenidos a los franceses, puesto que no esperaban ser atacados por dieciséis batallones Viet Minh. El 20 de septiembre había caído la posición. Solo cinco franceses consiguieron pasar el cerco y llegar a That Khe. El día 30 el general Lepage recibe la orden de reconquistar la posición con dos mil soldados y el 2 de octubre llegan a Dong Khe; pero allí les aguarda el Viet Minh, que les obligó a retroceder y a adentrarse en la jungla, al sur de Dong Khe, abandonando la RC4.

El coronel Chaton, al mando de Cao Bang, la más remota de las guarniciones, el día 3 de octubre recibe la orden de retirarse. La posición se ha vuelto vulnerable y constituye un blanco fácil al que es prácticamente imposible que lleguen refuerzos. Llevará todos sus vehículos y a sus hombres a través de la RC4, sucediendo lo inevitable. La guerrilla los ataca y solo consiguen avanzar diecisiete kilómetros con un gran número de heridos. Aun así, cumple la orden de adentrarse en la jungla para socorrer a Lepage. El 6 de octubre consiguen llegar al valle de Cocxa donde contacta por radio con Lepage, tomando posiciones en una colina. De nuevo el Viet Minh aparece y son atacados causando un elevado número de bajas, aunque resisten. Mientras tanto, Lepage ordena un nuevo ataque, para el que contaba con menos de quinientos hombres, con el fin de unirse a Chaton. Solamente cien lo lograrán. Es entonces cuando Chaton decide dividir a los pocos hombres que le quedaban en pequeños grupos en un intento de conseguir llegar a That Khe sin ser vistos por el enemigo y sin sufrir sus emboscadas. Solo veintitrés soldados lo consiguieron. La batalla ya estaba perdida. Las tropas francesas habían perdido cerca de seis mil hombres entre fallecidos y prisioneros, en torno a dos mil, aunque cuatro años después liberaron a los setecientos que habían conseguido sobrevivir a las terribles torturas a las que fueron sometidos durante su encierro. En este punto crucial de la guerra, el general Giap, satisfecho con esta victoria, demostró al ejército colonial que podía hacerles frente con contundencia y resistir sin que ello resultase catastrófico para sus fuerzas.

Tras el desastre de Cao Bang y la RC4 llegó a Indochina el mariscal Juin con el fin de salvar la situación. Sin embargo, fue reclamado en Argelia ante la gravedad de los acontecimientos que allí se estaban viviendo para los intereses coloniales de Francia y en su lugar llegó el general De Lattre, un veterano de las dos guerras mundiales. De Lattre cambió de estrategia en Indochina con la única finalidad de dar un giro a los acontecimientos y conseguir, si no la derrota total del enemigo, al menos una herida tan grave que le causara daños irreversibles. Las directrices que contenía su plan de ataque se basaban fundamentalmente en reorganizar las fuerzas terrestres; reestructurar la artillería para hacerla más efectiva; aprovechar las innovaciones tecnológicas que le ofrecía los Estados Unidos y crear un cinturón defensivo fortificado alrededor de Tonkín, la línea de De Lattre, o Pequeña línea Maginot, como también la define la historiografía, cuya principal función era defender Hanói y la rica zona del delta del río Rojo.

El 14 y el 15 de enero de 1951 dos divisiones del Viet Minh atacaron Vin Yen, a cincuenta kilómetros al noroeste de Hanói. En esta ocasión el enfrentamiento entre tropas francesas y la guerrilla fue especialmente terrible no solamente porque la artillería francesa lanzó fuertemente contra ellos, sino también porque su aviación utilizó una nueva y terrorífica arma, el napalm –utilizado por primera vez en Vietnam el 22 de diciembre de 1950 en Tien Yen–, que causó una muerte horrible a centenares de vietnamitas. El general Giap ordenó la retirada, dejando atrás nueve mil muertos, ocho mil heridos y seiscientos prisioneros. Tras la victoria, De Lattre quiso rentabilizar su nuevo plan estratégico y para ello se propuso optimizar el uso de la fuerza aérea que contaba con aparatos estadounidenses para atacar a la guerrilla y constituir la Armée Nationale Vietnamienne; reorganizar las fuerzas terrestres, que se distribuirían en columnas móviles motorizadas, formadas de nuevo según el modelo estadounidense, apoyadas por la aviación, la artillería y los paracaidistas, cuyas funciones básicas serían el contraataque y el refuerzo cuando las unidades comunistas protagonizaran grandes movilizaciones; creación de grupos de comandos mixtos formados por franceses e indochinos, algunos de ellos antiguos miembros del Viet Minh, que también actuaron en la línea De Lattre;

y, por último, consolidar la línea De Lattre con las *mobile forces,* grupos motorizados combinados con regimientos de igual tamaño, que realizaban el contraataque y servían de refuerzo para intentar evitar la penetración del Viet Minh y la subsiguiente ruptura de esta línea defensiva.

Durante el primer semestre de 1951 la táctica francesa estaba funcionando y la guerrilla iba sufriendo muchas bajas. Así sucedió en sus asaltos a Mao Khe, el delta del río Rojo y la batalla del río Day. De Lattre estaba decidido a recuperar la ofensiva en la guerra ocupando ríos y la selva con pequeños grupos de comandos destinados a batir a la guerrilla en su propio terreno. En esta etapa del conflicto contaba ya con un ejército de quinientos mil hombres dispuestos a poner en práctica su nueva estrategia. Desde un primer momento los franceses emplearon los ríos y canales del Mekong y del río Rojo en su conquista de Indochina. La hidrografía vietnamita ofrecía enormes extensiones de ríos, arroyos serpenteantes y un sinfín de canales que figuraban un gran laberinto acuático. Ante el peligro que ofrecían las vías terrestres, y teniendo en cuenta que las vías férreas con demasiada frecuencia estaban cortadas por la acción del Viet Minh, los franceses estimaron que los ríos, que llegaron a suponer alrededor del noventa por ciento de las vías de comunicación y transporte durante la guerra, resultaban más idóneos para efectuar operaciones militares, aunque el gran inconveniente era que la red fluvial impedía considerablemente el uso de fuerzas convencionales. La mayoría de las embarcaciones empleadas por los franceses en los ríos indochinos eran las denominadas *landing craft,* lanchas de desembarco inglesas y americanas utilizadas durante la Segunda Guerra Mundial.

A partir de 1946 las unidades fluviales del ejército francés fueron reforzadas y se agruparon en flotillas, distinguiendo entre las fuerzas del ejército y la marina. Al año siguiente las fuerzas navales formaron grupos de combate anfibio y se organizaron en «divisiones navales de asalto», o Dinassaut, que desarrollaron tácticas especializadas en operaciones fluviales. Sin embargo, el gran defecto que presentaban era que resultaban ser muy visibles y bastante ruidosas, con lo que el factor sorpresa quedaba totalmente descartado. Hacia 1954 Francia contaba con cuatro Dinassaut, que posteriormente serían llamadas los RAG, River Assalt Group. Cada una de estas embarcaciones contaba con un navío de comando y de apoyo de fuego, transporte, patrulla y apoyo. También utilizaban otras embarcaciones como los patrulleros de puerto. Las unidades ribereñas, o de aguas marrones, fueron usadas para transporte, logística, escolta y combate. La flotilla podía transportar y desembarcar una fuerza del tamaño de un batallón, dar apoyo de fuego y control de aguas vecinales. Además, realizaba patrullas, incursiones y operaciones de apoyo. Para resultar más eficaces contra la guerrilla, las tropas embarcadas recibieron un entrenamiento especial. En sus ataques empleaban buceadores, minas, morteros y artillería y, en algunas ocasiones, desembarcaban. Una práctica muy extendida entre ellos era el uso de redes que lanzaban para capturar todo aquello que flotara. Atacaban a las patrullas lanzándoles granadas y controlaban también la entrada de los muelles.

Siguiendo esta línea de actuación, en febrero de este mismo año, y coincidiendo con el año nuevo vietnamita –la fiesta del Tet–, la maquinaria De Lattre se puso de nuevo en marcha. La localidad de Vinh Yen, entre Hanói y Hue, fue atacada por los guerrilleros vietnamitas que en un principio parecía que iban a hacerse con ella, puesto que esta posición aparecía cada vez más débil. El mariscal se desplazó hasta allí para reorganizar la defensa y ganar así la batalla, que de momento aguantaba relativamente bien, hasta que llegasen los refuerzos. De Lattre regresó a Hanói y reunió todos los aviones disponibles para emplearlos en la batalla cargados de napalm. Cuando llegaron al campo de batalla consiguió su objetivo y mató a un gran número de guerrilleros hasta casi aniquilarlos. Como cuenta la historia, «las inmensas bolas de fuego rojizo y negro hacían huir aterrados a la mayor parte de los guerrilleros; algunos de los cuales, presas del más horrible pánico, llegaban a hablar de ataques de dragones». Los efectos del napalm eran atroces; terribles mutilaciones y cuerpos destrozados eran el panorama que iba dejando a su paso. Aprovechando el caos la artillería francesa cargó contra los Viet Minh en retirada, causándoles aún más daño y más bajas. El resultado fue un desconcierto tan absoluto que las unidades del general Giap no eran capaces de reorganizarse y no les quedó más remedio que huir adentrándose en la jungla, momento a partir del cual las tropas francesas dejaron de perseguirles.

Tras este horrible capítulo para la guerrilla, el general Giap, que había perdido al treinta por ciento de sus hombres y casi todas sus divisiones habían quedado inservibles, tardó mucho tiempo en recuperar las fuerzas. La gran derrota del río Rojo originó una profunda brecha en la guerrilla hasta tal punto que fueron encadenando derrotas. En mayo son vencidos en Mao Khe y en junio en el río Day. Pero mientras que Giap reflexionó sobre los resultados de río Rojo, concluyendo que para la guerrilla los combates a campo abierto resultaban mortales y, por tanto, no podrían realizarlos hasta no estar perfectamente preparados, el alto mando francés interpretó que su estrategia en la guerra estaba resultando realmente eficaz y se sintió seguro de que allanaba el camino hacia la victoria final. Lo cierto es que De Lattre demostró ser un gran estratega y tener una gran capacidad para aprovechar la ventaja tecnológica del ejército francés, aunque esta incluyera el uso de armas moralmente deplorables como el napalm. Distinguía con suma claridad lo que resultaba más conveniente para los intereses franceses, como por ejemplo, sacrificar algunas posiciones menores abandonándolas, o no librar batallas en terrenos difíciles. Cuando en octubre el Viet Minh vuelve a ser derrotado, De Lattre se animó a ocupar la zona fronteriza con China para así cortar la línea de suministros enemiga, aunque sería una acción que supuso una gran dispersión de tropas. El 14 de noviembre tres batallones de paracaidistas ocupan Hoah Binh, lugar de concentración de la guerrilla, mientras otras tropas procuraban abrir dos rutas terrestres al enclave. El hostigamiento a las fuerzas francesas fue constante e, incluso, de forma temporal los comunistas se hicieron con el puesto clave de Lang Tu Vu. Pero en el mes de noviembre De Lattre, enfermo de cáncer, tiene que regresar a París, donde morirá a principios del año siguiente. Un nuevo y obligado cambio acontecerá en Indochina.

De Lattre es sustituido por el general Salan, cuyo trabajo en estos territorios comenzó con una retirada. El nuevo comandante en jefe decidió llevar a cabo una gran maniobra que pudiera acabar definitivamente con el Viet Minh. Fue la llamada Operación Lorena, treinta mil hombres que en el mes de diciembre atacaron a la guerrilla firmemente decididos a vencerla. Ante tan abrumadora cantidad de soldados, el general Giap consideró la retirada lo más prudente y abandonó el combate. Las tropas francesas los persiguieron durante ciento sesenta kilómetros internándose en la selva, siendo víctimas de numerosas emboscadas. A pesar de ello, lograron conseguir el depósito de armas de Phu Doam y los camiones rusos que tan útiles les resultarían a los comunistas en la batalla final. Una vez más los franceses se confiaron pensando que con su artillería y sus carros de combate resultaban invencibles. No obstante, hasta que Salan fue reclamado en Argelia, trató de mantener la ofensiva. Lograba seguir aumentando el número de bajas entre las filas comunistas, pero la victoria final seguía resistiéndose.

El general Navarre con el general Cogny y el coronel de Castries planificando operaciones. Navarre centró su estrategia en obligar a la guerrilla a luchar en campo abierto para así, con su potencia de fuego, poder aniquilarla. El lugar elegido para llevarlo a cabo fue Dien Bien Phu.

En 1953 Salan es relevado por el general Navarre. El Plan Navarre, llamado así por la prensa francesa y norteamericana, se asentaba en la necesidad de definir los objetivos a conquistar y cómo se llevaría esto a cabo. El plan militar del nuevo comandante en jefe básicamente pretendía mantener una actitud estratégica defensiva al norte, tratando de evitar las grandes batallas, y una más ofensiva hacia el sur. En el trasfondo de la estrategia gala continuaba subyacente la idea de continuar cortando las vías de de comunicación del Viet Minh con China, cuya sombra seguía planeando sobre sus intereses en estos territorios. El general Giap se marcó como meta plausible:

> [...] agujerear el plan Navarre, utilizando parte de nuestras fuerzas regulares para atacar las direcciones donde el enemigo sea vulnerable y, paralelamente, aprovechar todas las ocasiones propicias para

abatirlo mediante acciones de guerra de movimiento. Al mismo tiempo –continuaba el general– habrá de ser intensificada la guerra de guerrillas en su retaguardia y fortalecer en nuestras zonas liberadas la actividad de las fuerzas regionales, las formaciones de milicianos, los guerrilleros y el pueblo, a fin de relevar paulatinamente a las tropas regulares que pudiesen cumplir otras misiones. Para garantizar el éxito es preciso atacar cuando se esté seguro de poder vencer, librar acciones combativas en los lugares escogidos como más favorables para las tropas, elegir acertadamente los puntos débiles del enemigo y presionarlo por allí.

Esta reacción del general Giap al plan Navarre fue la estrategia que empleó en Dien Bien Phu para vencerles.

La guerra seguía su curso y aún quedaba lo más importante. La zona de Annam, con el enclave estratégico de Ankhé, continuaba controlada por los comunistas y, consecuentemente, los ataques no cesaban. En respuesta al ataque de tres puestos en esta zona el 18 de enero de 1953 el alto mando francés decidió la Operación Atlante destinada a intentar eliminar la amenaza que aún seguía representando la guerrilla. Esta operación combinada anfibia-terrestre va a tomar forma a partir del 20 de enero en la región de Qui-Nhon. La Operación Atlante conseguirá algunos avances realmente significativos, pero no decisivos. Simultáneamente a la operación, el Viet Minh, por su parte, seguía cobrando fuerza tanto en Annam como en Tonkín, obligando a los franceses a tomar posiciones defensivas. La Operación Camargue, efectuada en el mes de julio, responderá a esta intención. Esta operación hace referencia a la ruta colonial número uno, desde Saigón hasta Hanói, que constituía una de las principales vías de comunicación de Vietnam. Las continuas emboscadas de las que aquí eran objeto las tropas coloniales hizo que sarcásticamente la guerrilla la bautizara como *la rue sans joie* ('calle sin alegría'). La Operación Camargue tenía como objetivo debilitar al Viet Minh entre las zonas de Hue y Quang Tri. No obstante, confluyeron una serie de circunstancias que favorecieron a la guerrilla, esto es, la geografía dificultaba bastante el tránsito de los vehículos por la costa, las dunas eran muy complicadas de subir, las zonas pantanosas complicaban mucho la entrada de las tropas francesas, y las zonas pobladas estaban demasiado cerca unas de otras. El enfrentamiento fue otro ejemplo más de la subestimación de las fuerzas francesas a la capacidad de lucha del Viet Minh. Aunque la victoria fue para los primeros puesto que los guerrilleros se batieron en retirada, los resultados no fueron exactamente los esperados. El ejército francés seguía sin aniquilar a la guerrilla en Indochina.

Así pues, el general Navarre, decidido a perpetuar la presencia francesa en estos territorios y, dando una nueva vuelta de tuerca a la estrategia francesa, llevó a cabo su plan que, como hemos visto, tenía como prioridad máxima eliminar definitivamente el Viet Minh. El lugar que consideró idóneo para materializar sus planes no fue otro que Dien Bien Phu.

El término Dien Bien Phu es una denominación administrativa que se puede traducir como «jefatura mayor local de la Administración fronteriza». La región se encuentra habitada por los meos, rudos montañeses que cultivan amapolas y participan en el comercio del opio, y por los thais, que trabajan en los arrozales del valle y en la ganadería. No era un lugar desconocido para los franceses. Ya en 1945 durante la ocupación japonesa fue escenario de algunos enfrentamientos entre los ejércitos de ambos países. En noviembre de 1953, cuando todo comenzó, el paisaje que ofrecía Dien Bien Phu, valle verde y frondoso, nada tenía que ver con el campo atrincherado en el que se convirtió después. De norte a sur aparece atravesado por dos rutas más bien paralelas a la ribera del río que atraviesa el valle, el Nam Youm, teniendo al Nam

Co como afluente desde el norte. Está unido al resto del país por la ruta provincial 41 que conduce a Hanói, cuya región montañosa en el norte de la ciudad, base de la guerrilla, tuvo siempre una gran importancia para el ejército colonial.

Ho Chi Minh y el resto de la cúpula directiva del partido comunista coincidieron con las fuerzas de ocupación francesas en considerar Dien Bien Phu como una batalla decisiva, aunque por motivos muy diferentes. Ellos querían expulsar al invasor de su país y, curiosamente, también se consideraban invencibles, pero no por su insuperable superioridad tecnológica, que obviamente no poseían, sino por algo mucho más eficaz para ellos: la fuerza invencible de la unidad nacional. Bajo la consigna «la guerra de todo el pueblo», miles de efectivos se desplazaron hasta el campo de batalla recorriendo quinientos kilómetros de rutas montañosas a pie o en bicicleta, cargados con toneladas de armas, municiones y alimentos. Estaban seguros de que si mantenían el indisoluble lazo de la unión patriótica, el triunfo sería seguro. Ambos bandos habían decidido solucionar el conflicto colonial de un solo golpe. Como dicen los analistas, se convirtió en la cita con la historia en la guerra de Indochina entre Francia, que escogió las armas con las que se batirían en duelo, esto es, la táctica de la guerra convencional, y los vietnamitas quienes, tras aceptarlo, los derrotarían.

La fortificación de Dien Bien Phu comenzó con la llamada Operación Castor. El 20 de noviembre de 1953, dos batallones franceses se lanzaron en paracaídas sobre Dien Bien Phu, en la provincia de Lai Chau, cercana a China. A los tres días, había nueve mil efectivos bajo el mando del coronel Christian de Castries. La fuerza colonial organizó su territorio implementando a su alrededor unos puntos de apoyo a los que pusieron nombres propios de persona como los de Anne Marie, Beatrice, Claudine, Dominique, Elianne, Huguette e Isabelle. Los franceses pensaban que habían conseguido levantar una gran estructura defensiva inexpugnable y se sentían orgullosos de ello. Hasta tal punto esto era así que incluso recibieron ilustres visitantes, como altos mandos estadounidenses, ante los que presumían del resultado obtenido.

El ataque era esperado en cualquier momento, pero las tropas de Giap permanecían a la espera. A pesar de que consideraba que ya había llegado el momento de desafiar al ejército francés, no quiso precipitarse y por eso abortó la ofensiva que tenía planificada para el 26 de enero de 1954, preparándose aún mejor para el combate. Ordenó construir una estructura defensiva a base de refugios que fuesen indetectables por la aviación, reforzando así sus posiciones en las montañas de Dien Bien Phu. Por otro lado, Ho Chi Minh, consciente de que el apoyo de los estadounidenses a la causa francesa iba en aumento, había dado instrucciones al general de lanzarse al ataque con todas las fuerzas disponibles que, en este punto de la contienda, se completaban con el suministro de alimentos y material bélico que China les proporcionaba, y con una artillería de diverso calibre que en su mayoría había sido interceptada a los estadounidenses y al ejército de Corea del sur en la guerra.

Por fin llegó el día en que la guerrilla se decidió a atacar. Cuentan que ese día Ho Chi Minh cogió su salacot y, dándole la vuelta, simplemente dijo: «Los franceses están aquí. –Y pasando su dedo por el borde dijo– y nosotros estamos aquí». ¿Qué quiso decir? Sencillamente, que la batalla estaba perdida de antemano para los opresores franceses, porque les tenían rodeados. Como dice la historiografía, «había comenzado el combate entre el tigre y el elefante con el tigre agazapado en la jungla dispuesto a desangrar poco a poco al elefante hasta hacerlo morir lentamente».

La noche del sábado 13 de marzo, y tras una intensa descarga de la artillería sobre Beatrice, nordeste,

El general Giap explica a Ho Chi Minh su plan de ataque en
Dien Bien Phu. Éste constituyó el punto culminante de la
estrategia del general Giap durante la guerra. La terrible derrota
allí sufrida por las fuerzas de ocupación supuso, tal y como lo
define la historiografía, el principio del fin de la dominación
colonial francesa. Fuente: www.cubadebate.cu

y Gabrielle, norte, el ataque Viet Minh se convirtió en
un hecho consumado. Durante toda la noche se oyeron
hasta diez mil tiros de artillería. Beatrice fue conquistado
por la guerrilla tras un sangriento combate. Fue una
victoria rápida, entre otras razones, porque habían caído
los responsables de la defensa del puesto y la desorganiza-
ción entre los soldados franceses era considerable. Al día
siguiente, también por la noche, los ataques continuaron.
Esta vez le tocó el turno a Gabrielle. Defendido por un
regimiento de tiradores argelinos, se libró otra cruenta
batalla de la que las fuerzas coloniales salieron derrotadas.
A pesar del contraataque llevado a cabo por estas al día
siguiente. El día 16 las posiciones Anne Marie 1 y 2 son
evacuadas sin combatir. La defensa de Dien Bien Phu
había quedado debilitada y el ánimo también. Hasta tal
punto decayó la moral entre las tropas que incluso hubo
algún suicidio, como el del coronel Piroth, responsable

de artillería, que se quitó la vida incapaz de soportar la derrota. El día 18 el tercer batallón thai abandonó el puesto Anne Marie, que defendía el acceso al noroeste, y se reorganizó fusionándose con Huguette, que defendía el terreno de aviación por la parte noroeste y norte. Pero no tenía un respiro. El sitio era constantemente acribillado por la artillería, lo que contribuía a aumentar mucho más la desmoralización de los hombres que allí estaban desplazados. A esto habría que añadir que el Viet Minh se afanaba por cortar las vías de comunicación, lo que hizo a través de Isabelle, intentando de este modo aislar ese centro de apoyo. Las evacuaciones sanitarias se realizaban cada vez con mayor dificultad y los aviones se estaban quedando sin pistas de aterrizaje, ya que eran continuamente bombardeadas.

El 22 de marzo llegaron más refuerzos. Pero a los aviones se les complicaba el aterrizaje porque se vieron obligados a hacerlo de noche. No obstante, tuvieron que dejar de hacerlo tanto de día como de noche, porque se habían convertido en el blanco más habitual para el enemigo. El general Giap no cejaba en su empeño de aniquilar las bases francesas. Estableció una red de trincheras que rodeaban los puntos de apoyo, cuya función principal era asaltarlos. El día 24 los paracaidistas repelen al enemigo instalado entre Claudine e Isabelle. Huguette 6 queda cercada al norte de la pista de aviación. Al día siguiente Anne Marie y Dominique son atacados. Pero unidades francesas atacarán las trincheras enemigas. El 28 una acción ofensiva tuvo lugar al oeste de Dien Bien Phu, cuando las unidades de intervención lanzaron una operación de destrucción de baterías antiaéreas instaladas en Bang Ong Pet (en la base Anne Marie), y en la que también intervendrían los carros de Isabelle. El resultado para ambos bandos no fue nada bueno: veinte muertos y setenta y seis heridos Francia y trescientos cincuenta muertos el Viet Minh (probablemente mil fuera de combate).

Sin embargo, donde las fuerzas no estaban en absoluto equilibradas era en la guerra psicológica. En medio de la batalla, y sin tener otro objetivo que la aniquilación del enemigo, los guerrilleros amedrentaban a las tropas francesas con gritos intimidatorios y arengas sobre lo terrible de las consecuencias para ellos si no abandonaban la causa del ejército invasor; incluso les animaban a desertar, prometiéndoles su salvación, es decir, les perdonarían la vida, les ofrecerían ventajas materiales de acuerdo con el rango y les aseguraban una rápida liberación. Se dirigían sobre todo a los legionarios, aquellos hombres que estaban dispuestos a dar sus vidas sin hacer preguntas. Si conseguían minarles la moral a soldados de semejantes características, la victoria final podría estar más cerca. Los guerrilleros estaban llamando a la rebelión a los soldados franceses.

Al margen de tretas psicológicas, franceses y vietnamitas continuaban intentando aplastarse mutuamente en el campo de batalla. El 29 de marzo se crea un nuevo punto de apoyo detrás de Elianne 1, Elianne 4, y el Viet Minh cada vez presiona con más fuerza sobre las colinas del este. El día 30, y tras intensificar la preparación de la artillería, el Viet Minh asaltó los principales puestos de apoyo que protegían la base. Dominique 2 y Elianne 1 cayeron de forma inmediata en manos del enemigo, aunque serían recuperadas al día siguiente. No obstante el avance de la guerrilla se frenó en Dominique 3 y Elianne 2, lo que provocó otro duro enfrentamiento que se prolongaría durante varios días. Las posiciones que protegían el extremo norte del terreno de aviación fueron atacadas el día 31. Había comenzado la batalla de las Huguette. El 2 de abril llegaron refuerzos.

La batalla se iba complicando cada vez más para el ejército colonial. Los ataques a sus bases no cesaban y el enemigo ya dominaba el perímetro de Dominique 2; además resultaba imposible acercarse a Isabelle. Los ataques, cada vez más frecuentes, aumentaban de manera alarmante el número de heridos. Por suerte para los franceses el general Giap decidió relajar los ataques masivos desde el día 6 de abril, aunque sus tropas se mostraron incansables en el asedio desde las trincheras y en la presión a posiciones enemigas. Se estaba empleando la estrategia del estrangulamiento, cuyo objetivo no era otro que presionar hasta casi ahogar al enemigo y conseguir desgastarlo. Ello obligaba al alto mando francés a replantearse de nuevo las tácticas de guerra a seguir. Se tornó necesario estrechar progresivamente el dispositivo, por lo que, entre los días 9 y 11 de abril, el cuarto batallón de paracaidistas se lanzó para agudizar el contraataque en la parte este. Pero a partir de ahora un nuevo inconveniente surgía para la defensa de las posiciones francesas. Las lluvias hicieron acto de presencia y transformaron el terreno en auténticos barrizales que derrumbaron varios refugios. Por otro lado, cuando caían los obuses dejaban una estela de lodo a su paso que arrasaba con todo. Y, por si esto fuera poco, otra vez la aviación no fue capaz de desempeñar su papel con éxito, ya que, a las malas condiciones climatológicas que dificultaban tremendamente su actividad, hubo que añadir la excesiva distancia que mediaba entre Hanói y Dien Bien Phu, setecientos kilómetros, que obligaba a hacer un largo recorrido; el relieve, las montañas, casi imposibilitaban sobrevolar la zona, y la densa vegetación, que servía de perfecto escondite a la guerrilla, complicaba la visibilidad.

Las fuerzas francesas preparan otra nueva táctica, la Operación Cóndor, intento de debilitar los ataques de la artillería del Viet Minh contra la ya frágil guarnición francesa de Dien Bien Phu. El 22 de abril el general Cogny insiste a Navarre de lo necesario de aprobar la maniobra. Se trataba de romper las líneas enemigas en la jungla con la ayuda de las tropas francesas acantonadas en Elianne, para poder rodear a los *coolies* de la guerrilla y destruirlos por sorpresa. Si tenían éxito, pensaban que podrían crear confusión en el enemigo. Los comandos paracaidistas GCMA se vistieron como *bodois* para aumentar el caos entre los guerrilleros y se armaron con ametralladoras que resultaban muy prácticas en las emboscadas y las huidas rápidas. Pero la operación falló porque Elainne cayó en manos enemigas. A esta le siguió otro plan, la Operación Vautour ('Buitre'), por el que los estadounidenses intentarían ayudar a los franceses en Dien Bien Phu con sus B-29 (bombarderos pesados).

A principios de mayo, a pesar de los esfuerzos y de los refuerzos paracaidistas, el ejército francés no conseguía compensar el volumen de pérdidas humanas: mil quinientos muertos y más de cuatro mil heridos. Las unidades estaban muy afectadas. Una de las que más daños estaban sufriendo, casi había desaparecido, era la comandada por el mayor Guiraud. La efectividad de la fuerza colonial se había visto afectada muy seriamente. Del día 2 al día 5, 388 hombres del último batallón de paracaidistas de reserva saltaron sobre Dien Bien Phu a petición del coronel Castries. Las lluvias continuaban y con ellas seguían presentes las dificultades para las operaciones aéreas, aunque tenían en mente el dicho del mariscal Joffre: «Cuando la lluvia cae sobre vosotros, también cae sobre el enemigo». Pero los pilotos estaban al límite. Eran las víctimas de los ataques con armas automáticas que les venían por todas direcciones, de los obuses que anulaban su capacidad de maniobra y de las bengalas del Viet Minh que les deslumbraban. Para colmo, si lograban aterrizar tenían que hacerlo casi a tientas porque llegaban prácticamente sin luces. Aun así, Francia resistía. Todavía no había perdido la esperanza. Sin embargo, el perímetro francés llegó a estrecharse tanto que el Viet Minh se convenció de que había llegado el momento para lanzar una gran ofensiva final, puesto que no solamente contaba con la debilidad de las fuerzas enemigas, sino que, además, había conseguido reestructurar a sus efectivos y aprovisionarse de municiones.

La guerrilla intentó volar el punto de apoyo Elianne 2 con una carga de mil kilogramos de TNT, deslizándose por debajo de las defensas francesas a través de un túnel de cuarenta y siete metros de largo. La resistencia en este punto fue casi heroica, aunque no sirvió de mucho: el Viet Minh había conseguido infiltrarse y rodeó la posición. A la defensa francesa no le quedó más remedio que replegarse hacia Elianne 4. El combate duraría toda la noche. El 7 de mayo por la mañana, en la que volvió a aparecer el sol, se produjo una calma relativa. Las posiciones francesas y las de la guerrilla estaban entremezcladas. Los puestos de apoyo Dominique y Elianne habían caído. Las trincheras estaban repletas de muertos y de heridos de los dos bandos. Casi todo el sector este del Nam Yam estaba ya en manos de los comunistas. La orden de alto el fuego llegó por la tarde y con ella la destrucción de todo el material y todo el abastecimiento. Hanói recibió un último mensaje: «Volamos todo. Adiós». La guerrilla había izado la bandera roja con una estrella en el último puesto conquistado, con lo que Dien Bien Phu ya era comunista, a pesar de no haber capitulado.

Mientras esto estaba sucediendo, en el centro de resistencia Isabelle, a seis kilómetros al sur, la situación era trágica. Se había transformado en un auténtico barrizal inservible. Las fortificaciones afectadas se habían convertido en una auténtica maraña de alambres de púa con todos los refugios arrasados. Por suerte para las fuerzas francesas el buen tiempo regresó al campo de batalla, lo que permitió a la fuerza aérea volver a actuar. Pero el Viet Minh se mantuvo discreto y alerta, sobre todo para no desvelar su posición. Cuando consideró que de nuevo había llegado el momento, descargó todo su potencial bélico y consiguió que los refugios se desbordaran y las trincheras se hundieran. Al caer la noche se produjo el ataque general. La posición utilizó todas sus armas hasta que desde Isabelle se informó de que, salvo uno, todos sus obuses habían sido destruidos. Solo quedaba un cañón de ciento cinco milímetros con dos mil proyectiles. La salida se intentó en la noche del 7 al 8 de mayo; pero sirvió de poco, porque fue interceptada. Solo algunos lograron atravesar la línea del Viet Minh, alcanzando puestos franceses tras una marcha agotadora que se duraría semanas a través de la jungla. El 8 de mayo en el puesto de apoyo Isabelle cesó el fuego. Dien Bien Phu no existía ya para Francia, y al día siguiente pedía el armisticio en Ginebra. Solamente los partisanos continuaron luchando en las montañas como guerrilla. Dien Bien Phu ya era comunista. El impacto que este episodio causó entre los franceses fue decisivo.

El asedio había durado cincuenta y seis días. Los franceses habían sufrido cerca de siete mil doscientas bajas. Se hicieron miles de prisioneros de guerra entre los que se contabilizaron norteafricanos, vietnamitas e incluso españoles alistados en la Legión Extranjera. Por parte de los comunistas, los vietnamitas perdieron a casi ocho mil hombres y sufrieron quince mil heridos. Según la historiografía, la clave de la victoria para el Viet Minh estuvo en su capacidad de organización y de planificación, lo que le permitió transportar a través de la selva la artillería pesada y mantenerla abastecida. Dien Bien Phu, primera vez en la historia que una colonia derrota a un ejército europeo con la utilización de tácticas convencionales, liberó a los vietnamitas de la dominación francesa, marcando el principio del fin de su imperio colonial. Sin embargo, Vietnam no fue libre. El relevo de Francia llegaría inmediatamente de manos de los Estados Unidos de América.

7

Las guerras de Vietnam

Los franceses se marcharon de Indochina, pero la guerra se quedaba en Vietnam. La historiografía sitúa el inicio de la presencia norteamericana en estos territorios en la década de los cincuenta, cuando Estados Unidos apoyó a Francia en su desesperado intento por mantener el dominio colonial en esta parte del mundo. La derrota francesa, a lo que habría que añadir los resultados de Ginebra, que supusieron la división en dos del país y, por tanto, la confirmación de la presencia comunista en el norte, lejos de convencer a Washington contribuyeron a elevar su preocupación de manera considerable. Aunque solo fuera en la mitad del dividido país, el comunismo se había instalado en Vietnam. Ya no bastaban los asesores, ya no era suficiente apoyar el régimen de Saigón; ya no se podían esgrimir las maniobras políticas sin más como argumento para defender el mundo libre frente al agresor comunista.

En 1961 el presidente Kennedy dijo: «Ahora tenemos el problema de hacer creíble nuestro poder, y Vietnam es el lugar». Washington buscaba restablecer su credibilidad para justificar su presencia internacional allá donde el comunismo fuera una amenaza, pero necesitaba soluciones que no dejaran demasiado en evidencia que el medio que consideraba más efectivo para conseguir este fin no era otro que una intervención armada directa. El riesgo era demasiado, puesto que el fantasma de la tercera guerra mundial, es decir, el peligro de una guerra nuclear, no dejaba de estar presente. Había que encontrar la solución más efectiva. En opinión de A. Becerra, la de Vietnam fue una guerra experimental, ejemplificadora y especial que los estadounidenses utilizaron para desarrollar con éxito su «estrategia global», es decir, reprimir el comunismo donde quiera que este se diera. Era un peldaño clave en el movimiento de liberación mundial. El conflicto armado resultaba inevitable porque habría de alertar al mundo sobre las consecuencias de no combatir el comunismo. Según este autor, esto es lo que llevó a Estados Unidos a plantear una guerra de liberación con tácticas de autodefensa, que requería el uso de toda la tecnología disponible para cumplir el objetivo. El alto mando estadounidense siempre mantuvo un dispositivo cambiante en función de los ataques del enemigo, lo que le obligó a desarrollar distintos tipos de enfrentamientos –aéreo, acuático, terrestre, químico y biológico e incluso psicológico– en aras de lograr el éxito deseado.

Ante la incertidumbre y preocupación máxima que genera Vietnam en las esferas oficiales, el Secretario de Defensa McNamara se desplazará hasta allí comprobando que, si nadie lo remedia, el sur va a acabar sucumbiendo al comunismo del norte. Este será el detonante que haga explotar a Johnson. Ya está decidido: hay que intervenir. El presidente desarrollará una sutil táctica de inversión de papeles para justificar su propósito. En vez de mostrarse ante el mundo como el agresor, anunciará –ante el Congreso de su país– que los Estados Unidos han sido las víctimas de un ataque por parte de los comunistas y, por lo tanto, si Estados Unidos sufre un ataque, tiene que defenderse. La guerra había comenzado. Una guerra que el propio general Weyand definió como «particularmente violenta, mortal y dañina, porque sólo pensábamos en utilizar *cosas* como artillería, bombas y poder de fuego masivo».

El incidente del golfo de Tonkín fue la excusa empleada por los Estados Unidos para emprender una guerra que nunca fue declarada. «Hoy el Sudeste Asiático necesita nuestra ayuda para defender la libertad y nosotros se la daremos», dijo Johnson. Algunos autores consideran que esta maniobra fue el resultado de lo que en la terminología militar se denomina «operaciones de falsa bandera», es decir, operaciones encubiertas dirigidas normalmente por los gobiernos para aparentar que fueron llevadas a cabo por otra entidad, con la intención de iniciar guerras que abiertamente no pueden ser declaradas. Así, el 28 de julio de 1964 el destructor *Maddox*, al mando del cual iba el comandante J. Henrick, recibe la orden de zarpar desde Taiwán al golfo de Tonkín en misión secreta para servir de refuerzo al destructor USS *Turner* y al portaaviones USS *Tinconderoga*, en misión de vigilancia en las costas norvietnamitas. La Operación PO-34A consistía en desplazar comandos a esta zona para localizar estaciones de radar y realizar misiones de reconocimiento. El *Maddox* debía proteger esta misión con fuego naval a su llegada en agosto a un punto denominado Point Charlie frente a la ciudad de Hon Me, base de las patrullas del ejército del norte y puestos de radar.

La versión oficial del gobierno de Washington fue que la noche del 2 de agosto al menos seis lanchas cañoneras norvietnamitas de fabricación rusa, con cañones de veintiocho y treinta y siete milímetros, abrieron fuego

USS *Maddox* (DD-371). La Resolución del golfo de Tonkín autorizaba al presidente Johnson a intervenir militarmente en el Sudeste Asiático, aun a pesar de no haber sido declarada la guerra oficialmente. La excusa esgrimida por la Administración americana para desplegar su fuerza contra el comunismo en la zona fue el supuesto ataque al buque *Maddox*, encargado de patrullar por estas aguas.

sobre los destructores a una distancia de dos mil yardas yardas. El comandante Henrick pide ayuda al *Ticonderoga* para defenderse, y este envía los aviones F8 Cruissader. Las lanchas norvietnamitas se dan a la fuga tras ser dañadas muy seriamente. Un par de días después tendrá lugar un segundo incidente, definitivo para el curso de los acontecimientos. El *Maddox*, supuestamente, detectó un nuevo ataque de varias patrulleras vietnamitas y lo comunicó al *Turner Joy*. A partir de ahí Washington puso en práctica la política de hechos consumados y lanzó toda una campaña a nivel internacional en la que difundió que en simples misiones de rutina por aguas del Sudeste Asiático, frente a las costas de Vietnam norte, habían sido inocentes víctimas de ataques calculados lanzados por lanchas comunistas. El día 7 de agosto el Congreso autoriza a Johnson la intervención. Se aprobó la Resolución del golfo de Tonkín, en virtud de la cual se autoriza el aumento de los bombardeos y de la presencia norteamericana en la zona: «Es imprescindible tomar más medidas para evitar más ataques», fue uno de los principales argumentos que Johnson exhibió ante el Congreso. Sin embargo, cuando décadas más tarde los investigadores han podido consultar documentos que permanecían clasificados, las versiones han sido un tanto diferentes. La primera y más grave de las conclusiones extraídas fue que, en realidad, el ataque nunca llegó a producirse tal y como transmitieron las esferas oficiales y la prensa americana, y que realmente todo había sido un error de cálculo del operador del radar. Incluso se admite que el propio comandante del *Maddox* dudaba de lo necesario de lanzar torpedos. Un artículo de P. Lenon, publicado en *The Guardian*, y recogido en la página web piratas y emperadores.net, estudia la figura del analista de la CIA G. Poteat, encargado de realizar un informe sobre lo ocurrido en Tonkín. Poteat concluyó que del estudio realizado no se podía deducir ataque alguno contra fuerzas estadounidenses. Además de precisar que, en caso de que esto así hubiese sucedido, era totalmente cuestionable la autoría del mismo.

Había comenzado la guerra de represalia y Estados Unidos desarrolla «las incursiones de represalia». Inmediatamente después de la Segunda Guerra Mundial la estrategia militar se centró en la superioridad aérea como elemento fundamental para vencer al enemigo. Parte de esta importancia radicó en el hecho de que desde el aire podían lanzarse bombas nucleares (Hiroshima y Nagasaki). Pero en Vietnam, donde el miedo nuclear sobrevuela cualquier batalla, es necesario planificar una estrategia factible, adaptada a la realidad. Los bombardeos aéreos van a tener objetivos muy claros y concretos, centrándose en los puntos vitales para la guerrilla y el ejército norvietnamita. Vías férreas, rutas que enlazan China con Hanói y Haiphong, o la imprescindible ruta Ho Chi Minh. Los estadounidenses defendían la superioridad tecnológica como la llave que abriría la puerta de la victoria; pero no pensaba lo mismo el Viet Cong. Ellos aprendieron a sobrevivir a los bombardeos estadounidenses y resistir los devastadores ataques del enemigo.

Desde el principio Washington caminó por la escalada bélica en Vietnam como método para aniquilar al enemigo. En un primer momento la táctica utilizada por las fuerzas aéreas americanas fue la de los bombardeos masivos. Durante casi cuatro años realizaron más de trescientas cincuenta mil salidas y lanzaron una enorme cantidad de explosivos sobre posiciones del ejército norvietnamita, necesitando para ello emplear grandes bombarderos. De todos los aviones utilizados en Vietnam el caza F-4 Phantom II fue el más común. Era una aeronave de reacción y gran velocidad supersónica de la Armada, infantería de marina y fuerza aérea de Estados Unidos capaz de alcanzar los 2.400 km/h. Equipado con misiles y bombas de hierro e incendiarias, ya que cumplía funciones de ataque y apoyo. El F-100 Super Sabre, sólo de la fuerza aérea, también supersónico, iba armado con cuatro cañones de 20 mm no guiados. El F-105 Tunderchief, otro caza empleado en los primeros años del conflicto, tenía una gran capacidad para cargar bombas, convirtiéndose en el primer cazabombardero que podía transportar la mayor cantidad de armamento en la guerra de Vietnam. Realizaba muchos ataques a tierra. El A-62 Intruder, avión de ataque de la Armada, operaba de portaaviones ayudando a la infantería de marina de tierra en misiones de bombardeo. Además de esto, también realizaba misiones de reconocimiento. Podía transportar un gran arsenal. El AC-130 Spectre, con cañones y ametralladoras, era empleado para atacar tropas enemigas en tierra, sobre todo las columnas enemigas que se desplazaban por la ruta Ho Chi Minh. También se utilizaron los B-52, de la fuerza aérea, cazabombardero estratégico de largo alcance.

Estos son algunos de los aviones más destacados que se utilizaron en la guerra de Vietnam. Pero, sin duda alguna, el gran protagonista de la guerra aérea fue el helicóptero. Vietnam fue una guerra de helicópteros sin frentes definidos. La lucha se extendía por todo el país. Nunca hasta ahora los helicópteros habían sido los protagonistas de un conflicto con esta intensidad, aunque en Corea ya fueron empleados de forma bastante más limitada por la fuerza estadounidense. Las primeras unidades llegaron en 1961 y se empleaban básicamente para el transporte y la evacuación médica: «Los helicópteros te llevaron a la guerra. Los helicópteros te traerán de vuelta, como quiera que estés». A lo largo de la guerra la tecnología fue perfeccionándose y los helicópteros fueron objeto de sucesivas modificaciones encaminadas todas ellas a mejorar sus condiciones para el ataque al enemigo. Se incrementó su potencia y aumentó su resistencia. Había cuatro tipos principales de helicópteros: el de ataque, de carga, de observación y el de utilidad o provecho. Desde 1969 se acordó que los helicópteros del ejército fueran designados con nombres de tribus indias y los de los marines y la Armada se presentaban con el prefijo *sea;* pero en el argot militar solían utilizarse los mismos nombres para identificarlos: *choppers, birds, ships y helios.* La mayoría contaban con una tripulación de cuatro miembros, dos de ellos pilotos. Con ellos se hicieron diversas combinaciones o *teams*, encaminadas a mejorar su actuación en el campo de batalla. Los *teams* eran designados con un color que indicaba cual era la función que tenía que desempeñar. Así, los *Red* realizaban misiones de ataque; los *White*, de reconocimiento en una zona donde se pensaba que la concentración de enemigos no era demasiado significativa; los *Pink*, el más común durante la guerra, eran dos unidades, la primera de las cuales servía de cebo, y

Helicópteros de las fuerzas estadounidenses. Aunque ya fueron empleados en la guerra de Corea, el escenario donde adquirieron verdadera importancia fue en Vietnam. El helicóptero se convirtió en el instrumento imprescindible para combatir a la guerrilla comunista. Fuente: www.guerradevietnam.foros.ws

se utilizaba en aquellos lugares donde se pensaba que el contingente enemigo podía ser elevado. En tal caso, podía ir hasta un tercer aparato; y, por último, los *Blue*, que transportaban un pelotón de infantería o a los hombres de la *First Cavalry Division*.

Curiosamente, parece ser que el ejército estadounidense no recurrió solo a los aviones y a los helicópteros para enfrentarse a la guerrilla, sino que también acudieron a aviones no tripulados, esto es, a los llamados drones. Ya durante las dos guerras mundiales se tiene noticia de que, aunque a modo casi experimental, se emplearon drones con fines militares. No pasaron de ser prototipos controlados por control remoto que en algunos casos incluso iban cargados con bombas. En Vietnam uno de los modelos más destacados fue el Ryan Model 147, avión

Helicóptero transportando herido al hospital de campaña.
Una de las funciones más importantes que desempeñaban los
helicópteros era el transporte de los soldados heridos. La vida
del soldado dependía en gran medida de la rapidez con la que
el piloto aterrizara para recogerle y le transportara al hospital
de campaña correspondiente. En muchas ocasiones la cruz roja
estampada en el fuselaje no impedía que el helicóptero fuera
blanco de los Viet Cong. Fuente: www.elgrancapitan.es

sin piloto que se empleaba para prácticas de tiro. También
se llevaron a cabo otras variantes que permitían luchar en
una guerra convencional. El modelo Firebee, empleado
en misiones de inteligencia de imágenes y electrónica,
estaba dotado de un sistema de navegación específico y
de un tanque para acumular mayor cantidad de combustible. La primera misión con estos aparatos tuvo lugar en
1964. Se emplearon fundamentalmente para misiones de
reconocimiento y el control se ejercía desde una consola
que mostraba la ruta planeada y los datos de navegación
reales. Una vez finalizado el vuelo, el *dron* desplegaba
un paracaídas y era recogido. A lo largo del conflicto
también se utilizaron para misiones de reconocimiento

Dron empleado en la guerra de Vietnam. El primer gran
conflicto armado en el que se utilizaron drones –aviones no
tripulados– de manera significativa fue el de Vietnam. Uno de
los más frecuentes fue el Ryan Model 147, utilizado por la fuerza
aérea estadounidense en sus distintas versiones. Fuente: www.
seguridadinternacional.es/blog/mosaico

nocturno, interferencia de radares enemigos, o también
para lanzar panfletos propagandísticos. Pero la tecnología
en aquellos momentos no permitió que se perfeccionara
su uso y, subsiguientemente, su capacidad para las distintas misiones en las que intervenir en el conflicto.

Volvamos al frente de batalla. En marzo de 1965,
tres mil quinientos marines estadounidenses desembarcaron en el puerto de Da Nang, la mayor ciudad portuaria
del centro-sur de Vietnam, en la costa del mar de China.
Esta acción, junto con la actuación en el golfo de Tonkín,
fue la que hizo oficial la intervención norteamericana en
la guerra de Vietnam. A los soldados se les había adver-
tido que muy probablemente serían recibidos por soldados del Viet Cong; con lo cual, deberían ir prevenidos
y dispuestos. Sin embargo, la sorpresa fue mayúscula
cuando, en lugar de guerrilleros, al desembarcar se encontraron con un grupo de jóvenes vietnamitas con collares
de guirnaldas preparados para colgárselos al cuello a los
marines que, todo sea dicho, estaban absolutamente

desconcertados. Hasta el alcalde de Da Nang se acercó a darles la bienvenida y varios periodistas estadounidenses se aprestaron a perpetuar en imágenes el acontecimiento. Incluso había en la playa pancartas que decían «Vietnam saluda a los marines. Nos alegra daros la bienvenida». Pasada la primera impresión, los marines recuperaron el rumbo y no perdieron de vista su objetivo. Aunque en un principio su misión consistía en asegurarse de que el perímetro de las bases aéreas y navales no corriera peligro, poco a poco fueron ampliando su área de influencia en aras de proteger al ejército survietnamita, comenzando así las operaciones de búsqueda y destrucción. Hay que resaltar el hecho de que hasta el otoño de este año las tropas norteamericanas básicamente habían efectuado operaciones de contrainsurgencia denominadas *Hit and run* [Golpea y corre] contra el Viet Cong, y a partir de ahora se produciría un giro radical de los acontecimientos.

En agosto de ese mismo año se planea la Operación Starlight, primera gran ofensiva llevada a cabo por una unidad permanente americana durante la guerra de Vietnam. El plan consistía en lanzar un ataque preventivo contra el Viet Cong para anular la amenaza que suponía la base de Chu Lai. Fue una combinación tierra, mar y aire que pilló totalmente desprevenidos a los vietnamitas, aunque aprendieron que para ganar la guerra tendrían que emplear casi exclusivamente tácticas guerrilleras. Por su parte, las fuerzas estadounidenses se convencieron de que era imprescindible contar con una unidad especialmente preparada para afrontar la lucha anticomunista. Este fue el destino que le esperaba a la *1.ª Cavalry Division (Airmobile)*. Esta formación fue la primera que se equipó con helicópteros –cuatrocientos ochenta–, y se perseguía que fuese capaz de moverse con soltura tanto en la selva, como en las llanuras y montañas. Para el mes de octubre Westmoreland ya podía contar con ella. Y la iba a necesitar, porque el comandante en jefe de Vietnam se había enterado de que se estaba preparando una gran ofensiva en las tierras centrales. El jefe del Estado Mayor de Vietnam del Norte, el general Chu Huy Man, encargado de las operaciones, decidió ejecutar una ofensiva en el altiplano occidental, principalmente en la provincia de Pleiku, con el fin de destruir los campamentos de las fuerzas especiales de Piel Me, Dak Sut y Duc Co. Este plan, incluido en la ofensiva *Doung Xang* (invierno-primavera) debía ser desarrollado por una unidad del ejército norvietnamita que había participado en Dien Bien Phu.

El ataque a Pleiku tuvo lugar a finales de octubre. Los *Cavalry*, con base en An Khe, son movilizados para reforzar esta posición y ayudar en Plei Me. Un par de días después de su llegada Plei Me es liberado y la guerrilla se repliega en las montañas. El 14 de noviembre el cuartel general de la brigada es informado de que doscientos soldados del ejército de Vietnam del Norte estaban apostados en la montaña de Chu Pong esperando al enemigo. La *1.ˢᵗ Cavalry Division* se preparó para lanzar el primer gran ataque de las fuerzas norteamericanas contra las fuerzas comunistas. Cuatrocientos cincuenta soldados fueron enviados para enfrentarse a los doscientos norvietnamitas. El problema era que las pistas de aterrizaje resultaban demasiado pequeñas y los helicópteros se encontrarían con serias dificultades para maniobrar. Los helicópteros que transportaban a los soldados iban en grupos de ocho y no había espacio suficiente para que los ocho aparatos aterrizasen a la vez. Además, el enemigo podía tener rodeada la pista de aterrizaje.

A las ocho de la mañana en la base *Falcon* del valle de Ia (significa 'río' en el dialecto montañés) Drang comienza una descarga de artillería sobre el enemigo con el fin de despejar la zona de aterrizaje de posibles ataques. A seis kilómetros de la pista de aterrizaje los helicópteros pudieron descender hasta la copa de los árboles, pero no veían más que columnas de humo por todas partes. La descarga de artillería debería terminar una hora antes de que los helicópteros llegaran, ya que, si no se producía esta coordinación, estos podrían ser víctimas de los disparos de su propia artillería. Horas más tarde la compañía *Bravo* inspeccionaba la zona alrededor de la pista de aterrizaje. Todo parecía tranquilo, hasta que un soldado vietnamita fue capturado y, tras un duro interrogatorio, confesó que en las montañas se escondían tres batallones de soldados norvietnamitas –casi mil seiscientos soldados– deseosos de acabar con los estadounidenses. La inferioridad numérica era de ocho a uno. En pocos minutos empezó a librarse una cruenta batalla entre estadounidenses y norvietnamitas, en la que los helicópteros seguían descargando soldados en medio del ensordecedor ruido de los incesantes proyectiles y bombas, además de desgarradores gritos humanos. Tras estas primeras horas de batalla aumentan considerablemente las bajas y disminuye sustancialmente la munición. Los cuatrocientos cincuenta soldados estadounidenses se quedaron solos toda la noche.

Al día siguiente ya se contabilizaban ochenta y cinco bajas entre muertos y heridos. Se necesitaban refuerzos con desesperación. No tenían idea alguna de por dónde podrían ser atacados por la guerrilla, ni tampoco cuándo. Los esporádicos ataques que los estadounidenses habían sufrido por la noche tenían el objetivo de evidenciar cuáles eran los puntos débiles de su línea defensiva. Y por la mañana el Viet Cong ya sabía que la mejor manera de romper esa línea era atacar con contundencia. El enemigo estaba muy cerca, a menos de setenta metros, y por eso los estadounidenses eran conscientes de que el combate cuerpo a cuerpo era inminente. Ante esta situación, solicitaron lo que en el código militar se denomina un *Broken arrow*, expresión que se empleaba cuando una unidad de las fuerzas estadounidenses estaba a punto de ser aniquilada. Cuando se efectuaba esta llamada todos los bombarderos disponibles en Vietnam se dirigían al punto que necesitaba la ayuda y lo bombardeaban. Así, al tercer día de batalla, aviones estadounidenses comenzaron a lanzar napalm de forma indiscriminada, lo que provocó la retirada del enemigo.

La primera gran batalla había acabado en victoria, aunque los combates se prolongaron durante varios días más. Cuando estos cesaron, habían muerto doscientos cuarenta soldados estadounidenses y tres mil vietnamitas. Fue entonces cuando los mandos se dieron cuenta de la nueva estrategia que se debería utilizar mientras que esta guerra sin frentes durase, la *Kill ratio*, la proporción entre los muertos del enemigo y los del propio bando. Y fue precisamente el número de bajas causado al enemigo en esta ocasión, con una proporción doce a uno, lo que les dio la victoria. Con esta nueva estrategia también percibieron que el papel jugado por los helicópteros era fundamental. De esta forma creyeron haber encontrado la combinación perfecta para vencer a los comunistas en Vietnam, y debían asegurar sus posiciones para conseguirlo. La Operación Rolling Thunder, comenzada en marzo de 1965 y prolongada unos años más, se concibió con este objetivo. Había que golpear al norte con todos los cazabombarderos disponibles y hasta con los *B-52* con base en el Pacífico, que con el tiempo se comprobó que fueron un rotundo fracaso porque afectaron a enclaves estratégicos de importancia.

No obstante, el objetivo no era arrasar el norte, lo que provocaría un enfrentamiento directo con China y la Unión Soviética, sino obligar a los comunistas a acabar con la guerra en el sur. Westmoreland comenzó a reflexionar sobre la necesidad de efectuar una acción directa por tierra para vencer al Viet Cong. Ya no era suficiente con los bombardeos del norte. Hacían falta tropas en el sur capaces de respaldar la fuerza aérea. En este sentido, la estrategia elegida para conseguir la victoria fue la combinación del control territorial –ruta Ho Chi Minh– y el desgaste del adversario. Seguramente si los Estados Unidos hubiesen destruido esta ruta, habrían ganado la guerra; pero no sucedió así. Tras comprobar que los B-52 no cumplían con las expectativas deseadas, recurrieron a bombarderos de corta distancia y sus bombas por láser, que siempre daban en el blanco. Sin embargo, los comunistas seguían transitando por esta vía de comunicación, desplazándose con sus bicicletas que llegaron a ser consideradas auténticas armas de guerra del Viet Cong. El senador W. Fullbright formuló esta pregunta: «¿Por qué no nos centramos en bombardear sus bicicletas y no sus puentes?». Aunque la mayoría pensó que era una broma, no fue así para los militares, ya que sabían que las bicicletas se habían convertido en un elemento imprescindible para la guerrilla, que las transformó en medios de transporte muy eficaces y las adaptó a lo accidentado del terreno. Pero su importancia no radicaba solamente en esta condición, sino además en que eran vitales para auxiliar a los heridos en el camino Ho Chi Minh y el vehículo perfecto para la huida, puesto que no dejaba rastro de humo, era silenciosa, aportaba ligereza y se conducía fácilmente. A pesar de todos los esfuerzos, y de saturar la senda con aviones de transporte armado con ametralladoras que lanzaban ráfagas interminables de disparos por minuto, resultaba imposible destruir el camino. La selva los protegía. Había que encontrar una solución rápida y eficaz. Fue entonces cuando la guerra química, aunque desgraciadamente ya había hecho acto de presencia, cobró un horrible protagonismo. Si no se podía combatir en la selva, simplemente, había que hacerla desaparecer.

De entre las armas químicas empleadas por los estadounidenses en Vietnam las más destacadas fueron los herbicidas y defoliantes. El gas naranja, creado en los

Avión arrojando sustancias químicas. Vietnam fue el escenario donde tuvo lugar la mayor guerra química de la historia. El napalm y los defoliantes arrasaron la selva y produjeron efectos atroces entre la población vietnamita.

años cuarenta pero empleado masivamente en la década de los sesenta, o el napalm, se hicieron famosos por sus devastadores efectos. «Suprimir la jungla, porque *Charlie* se esconde en la jungla». Este era el papel del agente naranja. Pero si la jungla sobrevive a los defoliantes y el Viet Cong a los gases asfixiantes, habrá que carbonizarlo todo. Y esta será la misión del napalm. La explosión de napalm absorbe todo el oxígeno en décimas de segundo y su gelatina se pega en la piel quemando hasta el hueso. La etapa de apogeo de la guerra química fue entre 1967 y 1968, disminuyendo su uso hasta que en 1971 ya no se utilizaba. Los aviones C-123, C-130 y C-47 iban equipados con tanques capaces de soltar el gas en unos cinco minutos, treinta segundos en caso de urgencia, volando a una altura de menos de cincuenta metros. Johnson y

Nixon intensificaron el uso de helicópteros con este fin. Las mismas regiones se rociaron decenas de veces a lo largo del conflicto, superando en algunos casos, como en Dong Giang, en la provincia de Quang Da, el centenar de ocasiones. El programa encargado de desarrollar la guerra química fue el que se bautizó con el nombre de Operación Ranch Hand, de 1962 a 1971, consistente en el rociado de la jungla vietnamita con herbicidas entre los que destacó el mencionado agente naranja. Su finalidad era arrasar la jungla para privar a la guerrilla de la posibilidad de huir de los ataques y esconderse. Además, si se arrasaban los campos, no habría posibilidad de sembrar. Habitualmente estas misiones se desarrollaban en una primera pasada con aviones F-4 Phantom que, mediante cohetes y ráfagas de ametralladoras, eliminaban cualquier posible enemigo. Posteriormente, dos aviones C-123 dejaban caer por turnos su tóxica carga. Casi un tercio de la jungla desaparecerá.

Las fuerzas norteamericanas se habían desplegado en dos zonas: la primera, a lo largo de la frontera sur de Vietnam para impedir la penetración del enemigo, y la segunda, en la meseta central donde estaban concentradas las principales unidades del norte. Vietnam había sido dividido en cuatro regiones militares: Vung Tau, riviera del Extremo Oriente; Nha Trang, Primera División de caballería, traspasada por los helicópteros; Pleiku, el empuje de la batalla en las fronteras, y Da Nang, principal base aérea contra el norte. Las bases se convertirían en uno de los principales objetivos de la guerrilla por servir de apoyo indispensable para la aviación. Según A. Becerra, la división táctica del territorio en cuatro zonas claramente diferenciadas respondía a la relación existente entre estas y las zonas ocupadas por el FNL; el cual, a esta estructuración, opuso tres regiones estratégicas –la ciudad, la jungla y la montaña– basadas en la topografía, el clima y la vegetación, además de tener en cuenta criterios políticos y económicos, desde las que practicar tanto la ofensiva como la defensiva. En cualquier caso, la idea subyacente en el fondo de la planificación de una guerra por tierra era la de derrotar a las fuerzas principales del norte, porque así la guerrilla en el sur estaría totalmente acabada. Sin embargo, la estrategia falló debido a que la guerrilla no ejecutaba una guerra convencional, como hacía Estados Unidos, y, por otra parte, porque lo que para ellos eran pérdidas inaceptables, para los vietnamitas era totalmente asumible.

La principal base de operaciones terrestre para el Viet Cong fue la selva, escenario donde tendría lugar el choque frontal entre ambos bandos. El hecho de convertir la jungla en un campo de batalla desembocó en otro tipo de guerra, probablemente la más peligrosa, que el guerrillero Viet Cong tenía ganada de antemano. La guerra psicológica en Vietnam fue un factor determinante para marcar la evolución del conflicto. La ventaja de la que partía la guerrilla en este punto se basaba en una sola premisa: el conocimiento del terreno, sobre el que reaccionaban bajo las consignas de la precaución, esperando a actuar solo y exclusivamente cuando esa ventaja fuese una certeza; la lucha, cuando la desventaja del enemigo por su desconcierto del medio en el que se mueve sea una evidencia; y la huida, si no se cumplen las dos anteriores.

La jungla es en sí misma el arma más terrible que posee el Viet Cong. Lo protege y lo esconde y allí lleva demasiado tiempo combatiendo sin tregua. Proceda el enemigo de donde proceda, la metodología no cambia. Niebla, humedad, temperaturas elevadas, una fauna peligrosa…, todo ha de ser empleado en beneficio de la causa y en contra del enemigo. Paradójicamente, las armas que la guerrilla utilizó en la guerra psicológica se las proporcionó el propio adversario. Estados Unidos envió a sus tropas a un frente de batalla que convirtió en su mayor debilidad el miedo intrínseco que cualquier soldado en el mundo experimenta al hecho de ir a enfrentarse con la posibilidad de morir; es decir, no sabían qué táctica utilizar para conseguir el máximo objetivo en la lucha: la supervivencia. Las guerras convencionales funcionan bajo unos parámetros establecidos. Así, una guerra convencional presenta unas líneas de frente totalmente delimitadas, las batallas responden a una estructuración concreta, la planificación del ataque y la defensa sigue una estrategia diseñada previamente y cada ejército es entrenado para actuar en función del medio que vaya a constituir el escenario de la batalla. Sin embargo, cuando un soldado desconoce el terreno en el que va a desenvolverse, «lo que más inquieta es no saber», con la incertidumbre que ello genera, no hay delimitación ninguna del campo de batalla, sino todo lo contrario: el enemigo no está localizado, «vamos detrás de *Charlie* al que nunca encontramos», y se desconoce absolutamente cuál va a ser su estrategia defensiva-ofensiva y, sobre todo, cuándo va a ponerlas en práctica («tienes la sensación de no estar a salvo en ningún sitio; de que no sabes dónde está exactamente el enemigo y ser atacado en cualquier momento»), se produce un desgaste moral, un agotamiento psicológico de tales características que lleva al soldado al límite de sus posibilidades de tal forma que no pueda resistir más. Y esto la guerrilla lo supo desde el primer momento. La guerra psicológica iría aumentando de manera progresiva a lo largo de 1966. Las operaciones de destrucción masiva seguirían su curso bajo la denominación del Machacador, que más tarde sería sustituido por Johnson por Ala Blanca, en un intento de suavizar tal expresión, aunque el objetivo perseguido era el mismo: «Ir a por el enemigo para machacarlo».

El año comenzaba con el ataque Viet Cong a un campamento de fuerzas especiales situado en Khe Sanh con morteros de ciento veinte milímetros; primera vez que se emplea este arma. Con la Operación Crimp se producirá el avance australiano y estadounidense hacia el Triángulo de Hierro. Se destruye una importante red de túneles, pero a la hora de hacer el recuento de cadáveres, el resultado es un tanto decepcionante para los mandos estadounidenses. A finales de enero, la Operación Van Buren localiza las actuaciones del ejército en los arrozales de la provincia de Phu Yen. Johnson sigue obsesionado con acabar con el comunismo como sea y anuncia que su proyecto *The Great Society* –su reforma– también se aplicará en Vietnam, porque «estamos decididos a ganar no solo una victoria militar; sino también una victoria sobre el hambre, la enfermedad y la desesperación». Curiosamente, nada más hacer este anuncio, comunica que va a enviar más tropas al país, que por entonces ya sumaban más de doscientos mil hombres. Por otro lado, el general Taylor proclama que ahora el objetivo principal de la Operación Rolling Thunder es hacer cambiar de actitud a los líderes enemigos y demostrarles que una guerra de liberación es costosa, peligrosa y está destinada a fracasar. Las operaciones de búsqueda y destrucción continúan, así como los bombardeos estratégicos en el norte, ya que siguen convencidos de que es primordial mantener la guerra en el aire para destruir al enemigo en tierra con las bombas. Por eso la ruta Ho Chi Minh sigue estando en el punto de mira.

Hacia el mes de abril tiene lugar la primera gran acción aérea norvietnamita contra una incursión aérea americana. Los MIG 16 combaten a los aviones estadounidenses. Y McNamara advierte que la infiltración comunista en el sur asciende ya a cuatro mil quinientos hombres al mes, tres veces más que el año anterior. La respuesta oficial es de nuevo un aumento de la escalada. Estados Unidos bombardea objetivos cercanos a Hanói y Haiphong, destruyendo el cincuenta por ciento de los suministros de combustible del norte. La campaña de bombardeos en Laos se intensifica, así como los ataques diarios a la ruta Ho Chi Minh, que llegan a elevarse a cien, frente a los cincuenta que se producían al inicio del año. Es en estos momentos cuando tiene lugar la mayor operación combinada de la guerra hasta la fecha en la provincia de Quang Tri. Más tarde, casi a finales de año, unos quinientos aviones estadounidenses bombardean las zonas costeras, líneas de transporte y áreas de abastecimiento en una de las incursiones más intensas de la guerra. Empieza la Operación Attelborough, cerca de la frontera con Camboya. En el mes de diciembre Washington anuncia que se ha alcanzado la cifra récord de ciento setenta y tres misiones con múltiples aviones sobre el norte. Consideran que Hanói está cada día más cerca.

Comienza 1967. McNamara cada vez duda más de que la estrategia de destrucción masiva sea la más eficaz para acabar con el conflicto; ya que se contradice con el concepto de pacificación. Ya son trescientos ochenta mil los efectivos estadounidenses desplazados a Vietnam. Del 8 al 18 de enero, la Operación Cedar Falls se aplicará en el Triángulo de Hierro y en un gran número de aldeas consideradas sospechosas de colaborar con el Viet Cong. Pero Johnson continúa insistiendo: «Aguantaremos en Vietnam, aunque los Estados Unidos deban asumir mayor coste, mayores pérdidas y mayores privaciones». Cedar Falls finaliza el día 25 con un recuento de setecientas ciencuenta bajas del enemigo.

El 22 de enero comienza la Operación Junction City, que simbolizó el fracaso de la estrategia de desgaste. Planificada como una ofensiva de la Primera Guerra Mundial, se lanzaron trescientos sesenta mil obuses a un único objetivo: el cuartel general del enemigo enterrado en la frontera camboyana. La batalla sería de una violencia extrema y sería prolongada hasta el mes de mayo. Fueron cuatro meses de lucha cuerpo a cuerpo, con dos mil ochocientos muertos entre los comunistas y doscientos ochenta entre las filas norteamericanas. Proporción diez a uno. A pesar de que Junction City se presentó como una gran victoria, los jefes comunistas habían conseguido huir a Camboya, por lo que, obviamente, no fueron capturados.

El 6 de abril tiene lugar el ataque por parte del Viet Cong a Quang Tri. Por primera vez una unidad de Vietnam norte ataca a través del puente del río Benhai, que cruza la frontera entre los dos Vietnam. Thieu amenaza con bombardear Hanói e incluso invadir todo el norte como «acto natural de autodefensa». Unos días más tarde el puerto de Haiphong es bombardeado por primera vez. Y Hanói lo será un mes después. Westmoreland, por su parte, comienza la estación estival solicitando más efectivos y criticando la Línea McNamara, ya que considera que es una línea de defensa estática. En septiembre de 1967 McNamara había anunciado su intención de crear una barrera electrónica por debajo de la zona desmilitarizada que marcaba la frontera entre Vietnam del Norte y del Sur: «El objetivo principal de esta barrera es alertar a nuestras tropas de cuando el enemigo intenta infiltrarse por dicha zona; sirviendo de aviso a las fuerzas aéreas y a la artillería para que mediante el uso de la fuerza lo eviten». Esta frontera estaría equipada con sensores electrónicos y explosivos activados por control remoto, añadidos a los tradicionales alambres de espino, minas y torres de vigilancia. Se extendía por toda la zona desmilitarizada hasta el este de Laos (longitud, quince kilómetros). Sin embargo, la barrera nunca se completó y presentó algunos fallos, aunque muchos de sus aparatos fueron aprovechados para algunas acciones, como por ejemplo durante el asedio de Khe Sanh. Mientras tanto, Johnson decide enviar cuarenta y cinco mil hombres más y aprobar la ampliación de la Operación Rolling Thunder, con el fin de poder incluir en el plan de ataque objetivos del norte hasta ahora prohibidos. Hanói y Haiphong siguen siendo objetivo de las incursiones aéreas, atacando ferrocarriles y carreteras, produciéndose una novedad: se autoriza a los aviones a situarse a cuarenta kilómetros de la frontera con China y a efectuar ataques a quince kilómetros de ella.

Será en este año de 1967 cuando la guerra fluvial alcance una relevancia considerable gracias a las operaciones que se desarrollan en los ríos. La Primera División de Infantería Americana llevará a cabo en el Delta del Mekong una de las más sangrientas operaciones fluviales, Coronado y Coronado V, en las que mueren doscientos trece guerrilleros y, entre fuerzas estadounidenses del ejército survietamita se contabilizan dieciséis muertos y ciento cuarenta y seis heridos. El Mekong, que transcurría paralelo a la ruta Ho Chi Minh, fue objetivo clave de las fuerzas americanas porque querían interceptar cualquier cargamento de armas o suministros que se intentasen infiltrar por ese inmenso río. Para luchar en la *Riverside war*, nombre con el que la historiografía ha designado la guerra fluvial en Vietnam, fue creado el *Brown Water Navy*, que patrullaba las aguas ayudado en muchas ocasiones con helicópteros, para apoyar al ejército estadounidense y al de Vietnam del Sur. También estaban presentes los Grupos de Asalto de Río (GAR), surgidos a principio de los sesenta, cuya misión era cortar las comunicaciones con el Viet Cong. La TF-116 tenía como función más importante patrullar las aguas de los ríos, estuarios y canales, así como controlar el tráfico por las aguas del Mekong para dificultar a la guerrilla el suministro y las comunicaciones. En el delta del Mekong, aprovechado para cultivar arroz, la población se aglutina alrededor de los ríos, lo cual dificulta considerablemente las operaciones militares. Los estadounidenses, al igual que los vietnamitas, sabían que el control de las aguas era fundamental, y por eso deciden crear un frente alrededor de ríos, afluentes y canales con este fin. Destacó la Fuerza Fluvial Móvil (MRF), la cual comenzó a liderar la flota de helicópteros *Seawolf*, los dragaminas y los equipos SEAL. A la altura de 1969 las patrullas de los ríos ya estaban consolidadas.

El año está a punto de acabarse, pero la escalada, no. La Administración Johnson sigue convencida de poder ganar la guerra porque «el enemigo comunista sabe que en el campo de batalla ha dado con su maestro». Del 3 al 22 de noviembre se producen los combates más intensos en las tierras centrales desde la batalla de la Drang. Es la batalla de Dac To, «la batalla de las fronteras». A finales de octubre de 1967 las tropas americanas descubrieron la presencia de seis mil soldados norvietnamitas en su base de Dac To, en la provincia de Kon Tum. Más de seis mil quinientos soldados, entre estadounidenses y survietnamitas, se desplegaron en la zona. El 3 de noviembre el primer grupo de B-52 se preparaba para lanzar casi seis millones de toneladas de explosivos antes de que las tropas de tierra avanzaran. Es el enfrentamiento más grande desde la batalla de la Drang. El 15 de noviembre las fuerzas americanas consiguieron que la base de Dac To no cayera en manos del enemigo y fuese destruida. Sin embargo, sólo seiscientos de los seis mil soldados de las fuerzas del norte habían sido abatidos. El resto pudo huir hacia las fronteras de Laos y Camboya, que las tropas americanas no podían atravesar porque estaba prohibido. Fue entonces cuando el alto mando decidió perseguir a los Viet Cong antes de que cruzasen la frontera y escapasen. Los soldados tenían la orden de perseguirlos. El día 19 fueron localizados a seis kilómetros de la frontera con Camboya, en la colina 875, y hacia allí se dirigieron. Tenían orden de tomar inmediatamente la colina, pero las tropas estadounidenses no se imaginaban el horror que allí les esperaba. La colina había sido transformada por el Viet Cong en una auténtica fortaleza, rodeada de búnkeres y con vías de escape escrupulosamente preparadas.

El Viet Cong ya llevaba unos días defendiendo la posición. La artillería y los morteros recibían a los soldados estadounidenses que se acercaban a la colina que, para el tercer día de batalla, ya ofrecía un paisaje totalmente arrasado. Cada vez que un helicóptero se acercaba con suministros era inmediatamente abatido por las fuerzas de Vietnam norte. La situación se complicaba en exceso para conseguir la victoria. Así que no quedaba más remedio que pasar a una agresión más contundente. El arma que posibilitaba la ascensión a la colina era el lanzallamas. Pero, de repente, cuando estaban preparados, los misiles y morteros enemigos transformaron todo de nuevo en fuego y disparos continuos. Cada vez había más cadáveres y más heridos. El paisaje era absolutamente desolador: los heridos más graves se iban colocando lo más cerca posible del lugar donde los helicópteros con suministros, entre los que se contaban muchas bolsas para los cadáveres, tenían previsto aterrizar. Allí se pasaban horas y horas, tendidos sobre una cama hecha con hojas y envueltos en sus heridas ensangrentadas. Por eso, la única estrategia que a partir de ahora podría valerles era disparar a todo aquello que se moviera. No había otra posibilidad de sobrevivir. El 23 de noviembre los soldados estadounidenses consiguen tomar la colina 875. El balance fue 115 muertos y 253 heridos. Pero la victoria no había servido de nada, lo que en Vietnam valía era sumar cadáveres, no conquistar territorios. Y en la 875 no se había conseguido el objetivo: matar a todos los Viet Cong de la provincia de Kon Tum. Solo fueron abatidos alrededor de mil Viet Cong, consiguiendo huir el resto hacia Laos y Camboya la noche antes del último asalto. Ya no tenía sentido seguir allí, así que las tropas estadounidenses se marcharon, abandonando la posición. Pero cada territorio que era abandonado por los estadounidenses, volvía a ser ocupado por la guerrilla.

Los altos mandos aún seguían haciéndose la misma pregunta: ¿cómo es posible que la maquinaria de guerra más poderosa del mundo no haya conseguido aún derrotar a unos simples campesinos? La promesa que habían hecho a sus tropas de una guerra corta e intensa quedaba ya demasiado lejos, y todavía faltaban por producirse algunos enfrentamientos absolutamente decisivos para el desenlace del conflicto.

En el mes de enero de 1968 se inició la batalla más controvertida de la guerra de Vietnam, pero su historia comenzó poco tiempo antes. Según constaba en los servicios de información estadounidenses, el próximo objetivo del Viet Cong era tomar la base de la colina de Khe Sanh, en la que había tres mil quinientos marines, cuya función había sido la de bloquear rutas de infiltración comunista. Desde diciembre de 1967 los mandos estadounidenses venían observando una gran concentración de fuerzas comunistas en la zona. Khe Sanh estaba siendo rodeada y se avecinaba otro duro enfrentamiento. El oficial al mando comprendió la importancia de dominar las colinas para vencer a la guerrilla; por eso, había que actuar. El enfrentamiento comenzó mal para los marines, porque, ya en el primer día, los proyectiles enemigos alcanzaron el tanque de municiones y todavía quedaban once meses de asedio. Se convirtió en una de las zonas más bombardeadas de toda la guerra de Vietnam. En seguida acaparó la atención de los medios que inmediatamente comenzaron a compararla con Dien Bien Phu, es decir, de nuevo las tropas vietnamitas tenían rodeada una base enemiga que solamente podía ser abastecida por aire. Johnson tenía muy presente que el estratega que preparó Dien Bien Phu era el mismo que ahora planeaba Khen Sanh: el general Giap. Sin embargo, a pesar de este hecho, el presidente estadounidense consiguió marcar las diferencias señalando que Estados Unidos no era Francia y que además contaban con un armamento mucho mejor y una fuerza aérea muy superior.

En Khe Sanh los refuerzos llegaron a tiempo. Entonces los marines sumaban seis mil hombres. Subsanada la cuestión de los efectivos, la preocupación de Westmoreland ahora se centraba en, por un lado, las condiciones de la pista de aterrizaje; y, por otro, en los suministros por aire. Los primeros constituían el principal objetivo comunista y eso resultaba bastante preocupante, entre otros motivos, porque los helicópteros debían lanzar los suministros esquivando la artillería. Así que a los marines no les quedó más remedio que atrincherarse en Khe Sanh, en donde el Viet Cong se convirtió en el gran objetivo del poder aéreo. Se instalaron sistemas acústicos y sísmicos para detectar el movimiento, y los B-52, que despegaban de bases de Extremo Oriente durante veinticuatro horas al día, provocando tres bombardeos cada noventa minutos, fueron los que asestaron el golpe definitivo. El 7 de febrero los Viet Cong atacaron otra posición situada a diez kilómetros de Khe Sanh, Lang Vei. Por vez primera la guerrilla apareció con carros de combate, lo que incrementaba el temor entre el alto mando estadounidense. Había que reforzar las posiciones de las colinas, ya que, si se domina el horizonte, la batalla estaría controlada, porque se puede divisar todo lo que hay alrededor. Al día siguiente las fuerzas norvietnamitas lanzaron el primer ataque diurno. Asaltaron la colina 64, a cuatrocientos metros del perímetro alambrado de Khe Sanh, aunque al final volvió a estar en manos de los marines. Ahora había que centrarse en el ataque por tierra, que es lo que esperaban de la guerrilla, puesto que se pasaban la noche excavando túneles. Llegamos a mediados de marzo y el Viet Cong decide abandonar la posición. Khe Sanh ya no estaba sitiada. Pero de nuevo una victoria rodeada de dudas, incertidumbre y sospechas. Tras ganar, el alto mando estadounidense no hacía más que preguntarse si no habría sido una mera maniobra de distracción por parte de la guerrilla para desviarse de la ofensiva del Tet, fiesta sagrada del año nuevo vietnamita, que había comenzado el 30 de enero. Es decir, ¿estaba evitando el Viet Cong que Estados Unidos participara con efectividad en una batalla decisiva? Una vez más, todo era discutible.

La ofensiva del Tet se había iniciado, como acabamos de apuntar, a principios de 1968. La lucha se produjo simultáneamente en las principales ciudades de Vietnam sur. El Tet se convirtió en una sangrienta ofensiva sin precedentes. Pero el alto mando estadounidense lo pasó por alto en aras de seguir adelante para ganar la guerra. Estaban convencidos de ello. El Viet Cong llevaba preparando varios meses el ataque. Su meta era destruir la estructura de gobierno de Vietnam sur y mermar la confianza de Saigón en Estados Unidos. Las fuerzas del norte estaban decididas a acabar con el enemigo. Ochenta mil soldados componían la primera fuerza de ataque, y los combates se reanudaron por todo el país. La guerrilla se haría fuerte en treinta y seis capitales de provincia, un centenar de pueblos y sesenta y cuatro ciudades de distrito; y la capital del sur no podía ser una excepción. El 31 de enero, fecha muy señalada para los vietnamitas porque celebran su año nuevo, siempre se había respetado el alto el fuego. Pero en 1968 la celebración transcurrió de otra manera muy diferente. Ocultos en camiones, o simplemente disfrazados de campesinos, cientos de guerrilleros habían conseguido entrar en la capital la víspera de la fiesta aprovechando el alboroto derivado de los preparativos y el intenso tráfico. Al día siguiente ya estaban totalmente infiltrados. La ciudad se había convertido en el nuevo escenario de la lucha. Las calles iban a ser testigo de los enfrentamientos y la policía militar se preparaba para actuar. El palacio presidencial, el aeropuerto, el cuartel general, los principales edificios habían sido atacados por la guerrilla. Sin embargo, lo más emblemático sucedió cuando un grupo de asalto del Viet Cong, un comando integrado por diecinueve guerrilleros, logró tomar la embajada americana, aunque fuese por un breve espacio de tiempo. La historia volvía a repetirse. Victoria militar para Estados Unidos, puesto que todos los asaltantes de la embajada resultaron muertos, y aplastante triunfo moral para la guerrilla, porque había conseguido llegar hasta el mismo corazón del enemigo, su embajada, a pesar de que no llegaran mucho más lejos de la puerta de entrada.

La batalla se prolongó unos cuantos días más. Unidades acorazadas americanas habían marchado hasta Saigón. Los soldados cambiaron la jungla por el asfalto y eso podría pasarles factura. A lo que hubo que añadir el hecho de que no todos los efectivos del ejército de Vietnam sur estaban operativos porque estaban de permiso en una gran mayoría. Pero había que seguir defendiendo Saigón. Las calles estaban infectadas de francotiradores y los guerrilleros infiltrados –cuatro mil– por todas partes, sobre todo en el barrio chino de Cho Long, que había recibido unos mil. Atrincherados en la ciudad los Viet Cong no parecía que fueran a rendirse y, por eso, el mando estadounidense ordena un bombardeo, aunque en esta ocasión resultaría tremendamente complicado distinguir al objetivo. Muy pronto la ciudad se vio envuelta en llamas. Los civiles, por primera vez implicados de manera directa en la guerra, estaban atrapados en el fuego cruzado. El caos reinaba en las calles de Saigón, pero fuera de la capital la situación tampoco era muy alentadora.

Uno de los episodios más singulares de la ofensiva del Tet fue la toma de la ciudad de Hue, convertida en el primer escenario de una batalla convencional prolongada, que no solamente tenía un significado histórico y cultural para los vietnamitas, sino que representaba un gran valor militar para los estadounidenses por su ubicación. Lo más importante de Hue era la ciudadela, pequeña fortaleza sede de los emperadores vietnamitas durante siglos, símbolo de su identidad, de su cultura y de su historia.

El 31 de enero la ciudadela había caído en manos de los comunistas y ello obligaba al contraataque, que los pocos efectivos survietnamitas que quedaban intentaron organizar de la mejor manera posible. No obstante, los marines no tardan en llegar y acuden a rescatar Hue. No fue fácil. Nada más empezar fueron víctimas de una emboscada que, por otra parte, no impidió que consiguieran hacer retroceder al enemigo. Además, el escenario bélico ya no era la jungla ni los arrozales, sino el cementerio de la ciudad. En este punto jugaron un papel muy importante los soldados procedentes de barrios de estratos sociales bajos, como Harlem o la zona sur de Filadelfia; ya que, al tener que luchar en la ciudad, y en el caso de Hue prácticamente puerta por puerta, podrían darse situaciones similares a las que ellos vivían en Estados Unidos. Estos soldados sabían cómo moverse en las calles, y eso resultaba fundamental para localizar al enemigo y situar los puntos de emboscada. Las fuerzas americanas recorrieron Hue manzana a manzana, avanzando muy lentamente por callejones, patios y calles estrechas intentando librarse del fuego de los francotiradores que era bastante intenso. El 6 de febrero los marines recuperan puntos clave como el hospital, la cárcel o el cuartel general provincial; pero con un sacrificio de sangre terrible. Más de cien marines habían perdido la vida. Y los que continuaban vivos estaban moralmente hundidos. Daba igual cuál fuera el escenario; *Charlie* nunca aparecía y, al mismo tiempo, estaba en todas partes. En las alcantarillas, en las cunetas, en las mismas calles…

La desesperación comenzaba a hacer mella entre las tropas americanas. Máxime cuando, tras diez días de combate, el Viet Cong aún controlaba la ciudadela y el importante sector norte. Fue entonces cuando los marines cruzaron el río Perfume, icono de Hue, llamado así porque recorre bosques aromáticos (otras teorías consideran que debe su nombre a que por él navegaban proveedores de perfumes para los emperadores o porque pasaba por los

La batalla de Hue, 1968. La antigua ciudad imperial de Hue se convirtió en el escenario de uno de los más sangrientos y largos enfrentamientos de toda la guerra. Las tropas estadounidenses tuvieron que luchar durante mucho tiempo y muy duramente para arrebatársela al Viet Cong, que la había tomado el 31 de enero, aprovechando la celebración de la fiesta religiosa del Tet.
Fuente: www.guerraehistoria.wordpress.com

jardines de los templos), cuyos puentes principales habían sido destruidos por los comunistas. Los marines avanzan y comienzan a cortar las líneas de suministro enemigas. Ya solo quedaba conquistar la ciudadela, que había sido respetada hasta el momento por su enorme valor histórico y cultural; pero los marines penetraron en ella por la entrada sudeste, y el 25 de febrero de 1968 todo había terminado. Hue había sido recuperada. Sin embargo, desde las esferas oficiales americanas comenzaban a surgir dudas sobre lo necesario de seguir manteniendo una guerra cuyas batallas siempre ganaban, pero que nunca se acababa. Comenzaban a surgir las dudas sobre si de verdad valía la pena seguir luchando en un punto remoto del globo por una causa que estaba empezando a considerarse perdida.

A pesar del punto de inflexión que Hue supuso en la estrategia norteamericana, y de todas y cada una de las dudas que surgieron, el ejército estadounidense no renunciaba a Vietnam, y el exterminio de los vietnamitas seguía produciéndose. El ejemplo más tremendo de ello fue la masacre de My Lai, el 16 de marzo de 1968, cuando los soldados estadounidenses arrasaron esta aldea con la excusa de encontrar guerrilleros infiltrados. Murieron quinientas personas, entre ellas mujeres y niños, y se convirtió en una de las mayores atrocidades que cometió el ejército estadounidense. Su repercusión fue tan importante que pronto empezaron a escucharse voces que comparaban a Estados Unidos en Vietnam con los nazis en la Segunda Guerra Mundial, y a calificar a esta de una guerra extremadamente cruel e injusta. El oficial responsable de la matanza de My Lai fue juzgado y condenado, pero solo a tres años de arresto domiciliario, pena que además le fue conmutada, porque Nixon decidió indultarle. ¿Eran los Estados Unidos unos auténticos criminales? A partir de ahora eran cientos, miles, los que así lo creían.

El Viet Cong era consciente de la persistencia americana y por ello decidió protagonizar la segunda fase de la gran ofensiva. El objetivo principal no es otro que arrebatar al enemigo ciento diecinueve puntos a lo largo de todo Vietnam sur, incluida Saigón. Sin embargo, la mayor parte de la guerrilla fue interceptada antes de llegar a alcanzar sus objetivos. El 13 de mayo el Viet Cong se retiraba dejando atrás más de tres mil muertos. La lucha continuó en Quang Tri, donde, según la historiografía, sufrieron la derrota más importante de toda la guerra. Las fuerzas comunistas volvieron a Saigón el 25 de mayo y lanzaron una segunda oleada de ataques contra la ciudad, aunque en esta ocasión decidieron dejar libres del combate las instalaciones norteamericanas. Durante esta serie de ofensivas el Viet Cong ocupó varias pagodas, pensando que serían puntos libres de los ataques de la artillería y no constituirían objetivos de los bombardeos, pero se equivocaron. Los combates más violentos tuvieron lugar una vez más en el barrio chino de Cho Long. Solo habría que esperar al mes siguiente para que los Viet Cong se rindieran frente a las tropas americanas. En esta segunda fase las bajas americanas fueron de 1.161 muertos y casi 4.000 heridos, y en Vietnam del Sur 143 soldados muertos y 643 heridos. La fase final de la gran ofensiva de 1968 se produciría en el mes de agosto, y sólo participaría el ejército de Vietnam del Norte. Pueblos fronterizos fueron atacados con el fin de alterar los elementos de defensa de las ciudades. Saigón fue de nuevo golpeada en esta ocasión. Pero los ataques fueron bastante más livianos y mejor rechazados. Los comunistas serían derrotados, habían perdido la gran ofensiva; pero su derrota no fue absoluta, puesto que demostraron que podían llegar hasta dónde quisieran en Vietnam sur.

Cuando la ofensiva del Tet había finalizado, McNamara ya no era Secretario de Defensa. Su puesto había sido ocupado por Clifford, quien se comprometió a encontrar respuestas que dieran sentido a la guerra. Solamente había que dilucidar dos cuestiones claras. Primera, cuánto más iba a prolongarse el conflicto. Y, segunda, si realmente el comunismo estaba siendo derrotado. La respuesta a estas preguntas pasaba por elaborar un plan que les hiciese ganar la guerra. Pero eso, ya no parecía tan fácil. Así que cuando Johnson anunció que no se presentaría a la reelección, pudo interpretarse que esta decisión había obedecido básicamente a su ineficacia para encontrar una salida a Vietnam, en donde ordenó el cese de los bombardeos antes de marcharse, aunque no el fin de los vuelos de reconocimiento.

El nuevo presidente Nixon se marcó como objetivo prioritario del conflicto la retirada gradual de las tropas –la vietnamización–, lo que no impidió que los combates siguieran activos. En 1969 el presidente autorizó el inicio de los bombardeos secretos en las rutas y zonas usadas por el Viet Cong en Camboya y en Laos. La Operación Menú fue el nombre en clave de la campaña secreta que se desarrolló para permitir bombardeos en el este de Camboya y Laos entre el 18 de marzo de 1969 y el 26 de mayo de 1970, cuyo objetivo era campamentos y bases militares que servían de apoyo y abastecimiento para el Viet Cong. Nixon llegó incluso a autorizar el uso de bombarderos B-52 de largo alcance para realizar un bombardeo de saturación en la región con tal de conseguir su propósito. En esta línea se encuadraba la última batalla realmente emblemática de la guerra, esto es, la batalla de la Colina de la Hamburguesa, donde los *MASH*, el cuerpo médico, efectuaron su labor más intensa en toda la guerra, atendiendo al mayor número de heridos en el menor espacio de tiempo. Con este nombre bautizaron los soldados estadounidenses al lugar que en el mapa figuraba como colina 937 y los vietnamitas conocían como Dong Ap Bia.

El 11 de mayo de 1969 el tercer batallón de 101.ª División informó de la presencia de tropas norvietnamitas en esta colina. Así que el alto mando ordenó que fuera tomada inmediatamente la posición «a cualquier precio». El napalm y las granadas enseguida hicieron acto de presencia. Se produjeron tres ataques sucesivos en los que las fuerzas estadounidenses sufrieron grandes pérdidas. Se solicitó apoyo aéreo y este llegó en forma de explosivos de gran intensidad y más napalm. Pero los guerrilleros se encontraban a salvo protegidos por los numerosos refugios que habían excavado en la colina. Así que pudieron resistir el ataque. Cuando se incorporaron dos batallones estadounidenses y survietnamitas más, volvieron a intentarlo. Pero de nuevo el norte volvió a resistir el ataque. El día 19 ya se habían lanzado varios ataques. Las fuerzas de Vietnam norte comenzaban a flaquear y la posición empezaba a estar perdida para ellos. Sin embargo, ocurrió algo inesperado y verdaderamente terrible que ralentizó la victoria americana. Un piloto de helicóptero se equivocó de coordenadas y comenzó a disparar la artillería sobre sus propios compañeros. Aniquiló a la columna de soldados estadounidenses que trepaba entre los árboles y la maleza para conquistar la colina y, evidentemente, la toma no se produjo. Habría que esperar al siguiente día para que esto fuese una realidad.

El día 20 se completó la operación. Después de tanto luchar, de haber vencido, e incluso de haber sido víctimas de su propio ejército, los soldados recibieron la orden de abandonar la colina. Estaban desolados. No solamente no comprendían por qué habían tenido que resistir ante los comunistas, soportar el horror que supone ir recogiendo uno a uno los cadáveres de sus compañeros –los que podían encontrar– y luchar contra enemigos aún más feroces, como la lluvia, los insectos y las elevadas temperaturas para tener que marcharse sin más, sino que además tenían que soportar no recibir ninguna explicación razonable por ello que le diese, al menos, algo de sentido. Tanto fue así que llegaron a ofrecer diez mil dólares por la cabeza del oficial al mando que les obligó a soportar semejante horror. Tan solo les quedó el recurso de la triste ironía y bautizar a esta colina con el macabro nombre de «la colina de la hamburguesa», porque asociaron los cuerpos de sus compañeros muertos a la carne picada que se utiliza para hacer este alimento. Las víctimas americanas fueron 72 muertos y 372 heridos. Un soldado anónimo dejó un trozo de cartón colgado de un árbol en el que se podía leer: «Y todo esto, ¿para qué?».

La colina de la hamburguesa, «la batalla inútil», constituyó el último gran enfrentamiento cuerpo a cuerpo entre las fuerzas terrestres norteamericanas y el Viet Cong, y supuso un cambio de estrategia conducente a intentar calmar los ánimos en los últimos momentos del conflicto. Desde ahora el foco de atención sería posiciones menores, que necesitasen desplegar menos efectivos, para parecer así que la ofensiva estadounidense se había reducido, cuando lo cierto es que se triplicó. A pesar de todo, la vietnamización seguía su curso y Nixon procederá a la retirada progresiva de las tropas, aunque lo que se callará es la forma en que pensaba hacerla efectiva. Estados Unidos se retiraba, sí; pero antes de que su retirada fuera una realidad, tenía que asegurarse de que el Viet Cong quedara destruido. A esta intención responderá lo que se llamó Operación de Limpieza de Vietnam del Sur, llevada a cabo con tal brutalidad que causó horror hasta en el seno del Congreso de los Estados Unidos.

Las protestas en contra de Vietnam son cada vez más enérgicas y evidencian que no se puede demorar mucho más llegar a un acuerdo de pacificación. El Congreso comenzará derogando el 24 de mayo de 1970 la Resolución de Tonkín que, mientras estuvo vigente, seguía autorizando la continuidad de la guerra. Pero la situación resultaba ya insostenible. Así que, a principios de 1971 el ejército estadounidense comienza a hacer las maletas y a preparar su marcha de Vietnam sur, quedando en 1972 sólo veinticuatro mil soldados estadounidenses, lo que se tradujo en el abandono a su suerte de Saigón frente a la guerrilla Viet Cong. Tan solo contarán para poder resistir un tiempo más con el enorme arsenal dejado por las tropas americanas: un millón de armas ligeras, cuarenta y seis mil vehículos de todo tipo y más de mil aviones y helicópteros.

La gran paradoja es que, con muchos menos efectivos, y ante su insistencia en acabar con los comunistas antes de irse definitivamente, las fuerzas estadounidenses pacificarán Vietnam recrudeciendo los bombardeos sobre su territorio. La Operación Linebacker I logra frenar la ofensiva y el ejército de Vietnam norte y el Viet Cong solo consiguen objetivos limitados en la provincia de Quang Tri (marzo de 1972). En noviembre Nixon es reelegido y ese mismo año lanza más bombardeos en el norte, Operación Linebacker II, que duran dos semanas y son respondidos con contundencia por la fuerza aérea norvietnamita. Durante la Navidad de 1972 Hanói será bombardeada por primera vez. La fuerza aérea arrojó cien mil bombas sobre la ciudad durante once días y once noches, a lo largo de los cuales murieron casi dos mil personas. Los estadounidenses, que calificaron esta actuación como la más exitosa hasta el momento, y satisfechos por ello, prepararon la marcha. En enero de 1973 se firma un alto el fuego y cesan las operaciones contra Vietnam del Norte. Lo mismo sucedió con los bombardeos secretos sobre Camboya. A finales de marzo el último soldado estadounidense regresaba a casa. Era «el adiós a Vietnam».

Sin embargo, durante dos años más todavía habrá lucha armada en suelo vietnamita. En 1974 el ejército del norte toma la zona del delta del Mekong mientras se prepara para lanzar la ofensiva final sobre el sur. Entretanto Nixon dimite. No será hasta el año siguiente cuando las tropas comunistas conquisten la provincia de Phuc Long, la ciudad de Hue y finalmente entren en Saigón. Será la ofensiva de Primavera, desde el 4 de marzo hasta el 29 de abril de 1975, que pondrá el punto y final a la guerra de Vietnam.

Las fuerzas norvietnamitas desencadenaron un ataque masivo que acabó con el régimen pro estadounidense en el sur y consiguió reunificar el país. Pese a la incertidumbre que tal propósito pudiera generar, lo logrado hasta la fecha y los Acuerdos de París animaban a seguir adelante. A finales de 1974 Hanói tenía el doble de combatientes, trescientos mil, y el Viet Cong se había reforzado. Khe Sanh se había recuperado; la vía de comunicación entre Quang Tri y el Mekong, a lo largo de Vietnam sur, estaba construida; y, sobre todo, la ruta Ho Chi Minh ya no tenía que sufrir más bombardeos y era transitada por todo tipo de vehículos. Ante tal situación, las fuerzas del norte pensaron que Saigón podría ser tomada con bastante facilidad. Y Hanói decidió lanzar la gran ofensiva, enviando al general Van Tien Dung al sur para coordinar toda la operación. A primeros de marzo en todo el sur se desencadenaron revueltas y ataques a pequeña y mediana escala, mientras los grandes combates eran preparados. El 4 de marzo el ejército del norte, ayudado por algunos guerrilleros, consiguió cercar posiciones importantes como Pleiku o Ko Tum.

Desde Saigón se planteaban replegar fuerzas y concentrarlas en aquellos puntos que podrían ser reconquistados, y aquellos otros que a toda costa tenían que ser defendidos. Pero la presión que estaba ejerciendo el ejército enemigo alteró los planes del sur que contaba con un ejército totalmente desorganizado y una dirección bastante caótica. En un intento desesperado por evitar la debacle y paralizar la ofensiva, el presidente de Vietnam sur decretó en el mes de marzo la movilización general. Sin embargo, el esfuerzo resultó inútil, porque enclaves importantes como la ciudad de Hue, que cayó el día 26, iban pasando al lado comunista. El 24 de marzo todas las tropas de Thieu habían abandonado Kon Tum y Pleiku, y las tropas del ejército de Vietnam norte desplegaban ataques hacia la base de An Khe y el aeropuerto de Go Quanh. El día 30 cayó Da Nang. Dos días después lo hacían las tierras altas centrales. En el delta de Mekong y otros lugares se produjeron insurrecciones y el ejército norvietnamita, que se había reforzado y era más poderoso, ocupaba ya dieciséis provincias del sur. El Viet Cong, por su parte, estaba organizando un gobierno revolucionario provisional. En el lado contrario, Vietnam del Sur, totalmente desesperanzado, pedía ayuda a Estados Unidos que solo estaba dispuesto a ofrecer buenas intenciones, ya que no quería saber nada más de un país que quedaría marcado para siempre en su historia como su gran tragedia.

Saigón comenzaba a darse cuenta de cuál era realmente la situación y comprendió lo conveniente de tender la mano a los comunistas para una negociación. Sin embargo, estos plantearon una serie de exigencias, de entre las cuales, las más significativas, por lo que de reivindicativas tenían, fueron la obligada desaparición de Thieu de la escena política y el reconocimiento del gobierno provisional. Con independencia de cuál fuera la respuesta que diese el sur, los comunistas ya habían decidido emprender la gran ofensiva final que les otorgara la victoria y, por tanto, el poder.

El 18 de abril de 1975 comenzó la evacuación del personal estadounidense que aún quedaba en Saigón. La Operación Frecuent Wind, entre el 29 y el 30, coordinó la última fase del traslado de civiles: desde más de siete mil personas desplazados en helicópteros en diversos puntos de Saigón, hasta el abandono de la embajada estadounidense, siendo el embajador el último ciudadano estadounidense en marcharse de Saigón. Mientras, las fuerzas survietnamitas, a punto de sucumbir, resistían como podían. El general Cao Van Vien ordenó a sus hombres defender las posiciones hasta el final, lo que parece ser que le convenció para una vez delegada en sus tropas esta responsabilidad, abandonarlos y huir del país. Su ejemplo fue seguido por Thieu, el cual también desapareció en el momento más crítico. El general Duong Van Minh –el Gran Minh– tomaría las riendas de la situación. Lo primero que tuvo que hacer fue contemplar como cada vez estaba más cerca el cumplimiento del lema comunista: «Caminando seguros hacia la victoria». Y, después, esperarles en su despacho para entregarles la ciudad.

El día 28 de abril de 1975 Saigón fue atacada en todas direcciones, excepto desde el mar. Por Laos, Camboya y la zona desmilitarizada fue por donde penetraron más unidades. Una brigada de carros de combate, un regimiento de infantería y alguna unidad más esperaban totalmente camuflados a las puertas de la capital. Cuando entraron en ella no se encontraron con

Tanques de las fuerzas de Vietnam del Norte entrando en el palacio presidencial en Saigón (30/04/1975). El Viet Cong toma la capital del sur. La caída de Saigón supuso el fin de la guerra de Vietnam y la reunificación del país.

una resistencia realmente significativa. Los civiles huían mientras los tanques comunistas avanzaban por las calles, dirigiéndose al Estado Mayor, el palacio de la independencia, el cuartel general, la dirección de la policía y el aeropuerto con una gran celeridad, aunque hubo tiempo para lo anecdótico, ya que a las fuerzas comunistas no les importó repetir la entrada con sus tanques en el palacio presidencial para que fuera grabada por los periodistas. Era la caída de Saigón. Los comunistas subieron las escaleras del palacio con su bandera y tomaron lo que siempre consideraron que había sido suyo por derecho. La guerra, definitivamente, había acabado.

8

El factor humano

Las Fuerzas Armadas de cada nación constituyen el brazo ejecutor de sus políticas de seguridad nacional o, dicho de otro modo, son las encargados de materializar los intereses de sus respectivos Estados cuando la vía diplomática se ha agotado. El papel de los ejércitos en Vietnam hay que analizarlo desde una doble perspectiva. En primer lugar, la presencia en uno de los dos bandos enfrentados en el conflicto de dos naciones diferentes –Francia primero, Estados Unidos después– con el cambio táctico y estratégico que ello implica, ya que los intereses no serán coincidentes al menos en cuanto al objetivo a cumplir se refiere, más allá de vencer al enemigo, dado que los primeros lucharon por mantener a Indochina dentro de su territorio, es decir, sus intereses expansionistas eran territoriales; por el contrario, los segundos consideraron secundario la expansión territorial y sí urgente la expansión ideológica a través de la derrota del comunismo en el Pacífico, confirmando así su hegemonía mundial. Por lo tanto, hubo un enemigo común, el comunismo del norte, pero necesidades y objetivos diferentes. Y en segundo lugar, las propias características de los ejércitos de ambos bandos, puesto que, en ninguna de las dos etapas se libró una guerra convencional al cien por cien, sino que desde un primer momento el enfrentamiento se produjo entre un ejército regular y la guerrilla, todo lo cual supuso una forma totalmente diferente de combatir y acabar con el enemigo.

La Legión Extranjera de Francia

En la guerra de Indochina el Viet Minh no contaba con la actuación dentro de las filas del ejército galo de un grupo de élite, para quien el desgaste no existía y solo se dejaba de luchar si sobrevenía la muerte. La Legión Extranjera Francesa, ese «ejército de mercenarios huérfanos de la República francesa», como algunos lo han calificado, o «el gran cuerpo de élite cuyo honor y lealtad son la bandera de Francia», según otros, fue la principal herramienta de la expansión colonial francesa. Establecida en 1831 como unidad para voluntarios extranjeros –hasta la revolución liberal de 1830 estuvo prohibido reclutar extranjeros para su ejército–, fue concebida para defender a Francia por encima de cualquier otra cosa. Por eso participó también en otros trascendentes conflictos como la guerra franco-prusiana de 1870 o las dos guerras mundiales. Para los legionarios lo más importante no era, no es, ganar o perder una guerra, sino el orgullo y el honor. Sus miembros son hombres adoctrinados en su identificación plena y absoluta con la gran causa, que no es otra que la defensa de la patria, aunque no fuese la suya. En el siglo xix los legionarios eran básicamente veteranos derrotados de las guerras europeas, y, en el siglo xx, rusos procedentes de la revolución bolchevique o españoles refugiados de la guerra civil (años treinta). Incluso entre sus filas pudieron contabilizarse un número considerable de nazis huidos de Alemania tras la Segunda Guerra Mundial. A finales de esta centuria, y tras la caída del muro de Berlín, muchos de sus reclutas han empezado a proceder de la Europa del Este.

Con independencia de su procedencia lo cierto es que el sentimiento de pertenencia a una unidad especial con una misión especial que cumplir en el servicio a Francia es la realidad de la LEF. A lo largo del siglo xix, en plena expansión colonial, la legión se convirtió en un elemento imprescindible para la república francesa. Sus reclutas eran la viva imagen del heroísmo patrio y la lucha hasta la muerte por la bandera que defendían. Quizá fuese esta contradicción de la defensa a ultranza de la patria por unos extranjeros lo que provocaba cierta controversia en la opinión pública francesa, al menos hasta la Primera Guerra Mundial. Después, tras el estallido del segundo gran conflicto, las tornas se cambiaron al dar por bienvenida cualquier opción de defensa de los intereses franceses. Y probablemente por esto, tras el fin de la guerra mundial y el comienzo de la lucha de las potencias europeas en la descolonización, estuvo muy bien visto que su principal trabajo fuese de nuevo dejarse la vida en la defensa de los intereses de Francia. Sin embargo, una de sus peculiaridades, en lo que se diferenciaba de cualquier ejército regular, era el anonimato, lo cual tenía su explicación: un legionario, al no estar identificado, podía ser sacrificado por la patria mucho mejor que cualquier recluta francés con nombre y apellidos, que siempre puede suscitar mayores suspicacias; y, aunque la moralidad de un matiz como este, sin duda alguna, es muy discutible, lo cierto es que este anonimato era un aliciente más para ellos, máxime teniendo en cuenta que la inmensa mayoría se alistaban en la legión huyendo de sus vidas. No tenían pasado ni futuro, decían. Su única familia es la legión y sus únicos sentimientos el honor y la lealtad. El único sentido en sus vidas es la defensa de Francia que está por encima del riesgo de una muerte segura que les aguarda. Sin duda son un cuerpo especial. Y por eso su destino pasó por defender la supervivencia del expansionismo colonial francés, porque nadie era capaz de hacerlo como ellos.

En un principio las funciones de la LEF eran las típicas de cualquier ejército regular que sirviera a su país. Al menos con esa idea se desplazaron al Sudeste Asiático. La Legión Extranjera Francesa había tenido una presencia constante en Indochina desde el año 1883, aunque variaba el número de efectivos que allí eran enviados en función de las necesidades defensivas que surgieran, como fue el caso de Tonkín tras la Primera Guerra Mundial o las movilizaciones de sus unidades en la Segunda Guerra Mundial para enfrentarse a los japoneses. El conflicto internacional genera una necesidad de protección de las colonias aún mayor que en tiempos de paz. Empieza así a vivirse una situación un tanto caótica que se traduce en el incremento de movimientos independentistas que no quieren a los franceses con la subsiguiente inseguridad que esto provoca. La LEF tendrá que contribuir a la pacificación de la zona. Y a partir de entonces empiezan a tomar conciencia verdaderamente de lo indispensable de su trabajo para la defensa de los intereses franceses en estos territorios. Si el gobierno de la República quiere seguir manteniendo sus posesiones indochinas tendrá que contar con ellos irremediablemente.

Es a partir de su actuación en la defensa de los intereses franceses en estos territorios cuando la leyenda de la LEF comienza a acrecentarse. Indochina constituyó para la Legión, en palabras del historiador británico D. Porch, su escenario más relevante y al mismo tiempo su mayor calvario. Se llegó a decir de sus miembros que eran tan valientes, tan fuertes y de unas condiciones tan especiales que «la anchura de sus espaldas –aludiendo también al

hecho de que podían resistir cualquier carga no solo física–
lleva a que los caballos parezcan cabras». Su estancia en
Tonkín o su participación en la batalla de Cao Bang, por
citar dos ejemplos, acrecentaron considerablemente esta
fama de tropa fiel, disciplinada y totalmente unida. Su
manera de luchar contra los japoneses cuando invadieron
las todavía posesiones francesas les dieron ese merecido
calificativo de legendarios, a pesar de las deserciones,
que las hubo, y de tener que enfrentarse a otros enemigos
quizás más fuertes: la edad –la edad media del ochenta
por ciento de los legionarios en estos momentos estaba en
torno a los cuarenta años– y las características geográficas
y condiciones climatológicas de Indochina. A lo que hay
que añadir un factor clave: la subestimación del potencial
vietnamita en su lucha por su independencia por parte del
gobierno francés, contra lo que ni siquiera la LEF pudo
luchar. Así, a pesar de haber demostrado sobradamente
su merecida fama, ahora debía centrarse en ayudar a su
gobierno a aniquilar los deseos independentistas de los
propios vietnamitas. Y es precisamente en su incansable
batalla por perpetuar el sometimiento de Indochina a
Francia que el gobierno galo decidió desplegar todas sus
fuerzas y depositar toda su confianza en aquellos que
«nunca se rendirían, antes morirían», aun a pesar de no
tener ninguna escapatoria.

Unos ciento cincuenta mil legionarios fueron destinados a Indochina a lo largo de los casi diez años que allí
estuvieron batallando, intentando llevar siempre hasta
las últimas consecuencias aquello de «para el corazón
valiente nada es imposible». Sabían que la lucha entrañaba duros combates y que estos sólo podrían ganarse
estando dispuestos a sacrificarse hasta las últimas consecuencias, sin temor a morir por sus hermanos, por su
familia. Por eso no importaba el papel ni el lugar asignado
en la batalla. Podrían servir en la retaguardia, sacrificarse
para permitir a su columna continuar o recorrer largos

trayectos sin mostrar un atisbo de fallecimiento en aras de no fracasar en su misión.

Y si hay alguien que encarna todos estos ideales y los llevó a la práctica hasta sus últimas consecuencias esa fue la Brigada Paracaidista de la Legión, una unidad especial formada en Argelia, cuna de la LEF, en 1948. Al año siguiente un batallón de legionarios ya había sido trasladado a Indochina donde sirvió como *sector troops* desde febrero hasta noviembre. Y en 1950 este batallón se había erigido en una parte importante de la Reserva General de Indochina. Tras la derrota francesa de Cao Bang el batallón fue transportado por navíos hasta el norte de Vietnam y formó parte de muchas batallas, como la de Nghia Lo (octubre de 1951), el río Negro (noviembre-diciembre de 1951) y la lucha por la ruta colonial 6 (enero-febrero de 1952) durante la batalla de Hoa Binh. Sin embargo, si hubo una batalla donde ciertamente terminó de construirse su leyenda esa fue la de Dien Bien Phu en 1954, a pesar de que supusiera el principio del fin del imperio colonial francés, puesto que los legionarios constituyeron un núcleo de fuerza voluntaria excepcional en dicha batalla y fueron ellos los que a la desesperada hicieron todo lo posible para salvar a la patria de lo que parecía ser su inevitable caída. Lucharon casi hasta la extenuación y sin refuerzos ninguno combatiendo hasta sentirse desbordados por las fuerzas del Viet Minh en el asalto final. Pero para ellos no existía la derrota; sólo «el honor y la fidelidad; el espíritu de superación». El legionario es «francés por la sangre derramada».

El ejército de Vietnam del Norte

A lo largo de la segunda mitad de los cincuenta la guerrilla comenzó a reestructurarse; sobre todo las células revolucionarias del sur, parte del país que todavía seguía en manos extranjeras. Cuando en 1960 se celebró el III Congreso del Lao Dong en Hanói se tomaron dos decisiones clave: una, la reorganización de la cúpula directiva –Le Duan fue nombrado secretario general, sucediendo en el puesto a Ho Chi Minh, que volvió a ser presidente–; y la segunda, si cabe más importante, la aprobación por parte de los dirigentes del norte de la creación de una organización revolucionaria que guiase la guerra popular contra el régimen de Diêm: el Frente Nacional de Liberación (FNL), integrado por toda la oposición a Ngô Dinh Diêm, en la que no todos eran comunistas, compuesta por muchos civiles como alcaldes, oficinistas o profesores de escuela.

Las directrices que marcaron la estrategia del FNL quedaron reflejadas en su programa político, planificado con el fin de conseguir los objetivos planteados. En política interior consideró que lo primero que habría que hacer sería comprometerse con el Frente de la Patria de Vietnam. Se propuso edificar un Vietnam del Sur independiente, democrático, pacífico, neutro y próspero de manera que se pudiese caminar por la vía de la futura reunificación de la patria. Su objetivo era establecer un sistema que garantizase la independencia y la soberanía de la nación, así como la libertad y la felicidad del pueblo. Pero para alcanzar esos objetivos era preciso abolir el régimen colonial enmascarado que Estados Unidos había establecido en Vietnam sur y, en consecuencia, derrocar la administración fantoche, como se la definía desde las filas del comunismo, instalada por los estadounidenses. Una vez hecho este planteamiento tendrían que celebrarse elecciones libres para elegir por sufragio universal, directo y secreto una Asamblea Nacional realmente democrática. La Asamblea designaría, a su vez, un gobierno de unión nacional integrado por representantes de diferentes capas sociales, nacionalidades, comunidades religiosas, partidos democráticos y patrióticos etc. Se promulgarán y realizarán ampliamente las libertades democráticas, de prensa, reunión, expresión, sindicales, de partidos...

Con vistas a edificar una economía nacional independiente y capaz de asegurar las necesidades del país, el FNL llevará a cabo las siguientes medidas:

- Confiscación de los bienes estadounidenses y los bienes de los agentes de Estados Unidos.
- Protección del derecho de los ciudadanos a la propiedad de los bienes de producción y otros, de acuerdo con las leyes del Estado.
- Y, por último, estímulo a los propietarios de empresas industriales con vistas al desarrollo de la industria en beneficio de la nación, impulsando la cooperación económica con Vietnam del Sur.

Las tierras que se confiscaran a los imperialistas estadounidenses y a los grandes terratenientes serían distribuidas entre los campesinos sin tierra o con poca tierra. Se reconocerá a su vez el derecho a la propiedad sobre la tierra a los campesinos por la revolución. Los campesinos podrán disfrutar de los beneficios de la tierra cultivándola y aprovechando sus cosechas. Además, se asegurará el derecho a la propiedad de las tierras roturadas a las personas que las han puesto en valor. El programa político del FNL termina lanzando una mano a todos aquellos agentes sociales, soldados, oficiales y personalidades del gobierno de Saigón, que quieran incorporarse a sus filas, ya que serán acogidos con total indulgencia. Su ofrecimiento lo hacen extensible incluso a miembros de las Fuerzas Armadas estadounidenses que así lo deseen. Se encargarán además de dejar constancia de la total seguridad para las personas y las posesiones de todos aquellos residentes en Vietnam que clara y abiertamente no cooperen con el enemigo.

Respecto de su política exterior son varios los objetivos que el FNL se propuso aplicar: desarrollar una política exterior de paz y neutralidad, estableciendo relaciones diplomáticas con todos los países con independencia de su sistema político y social, según el necesario respeto mutuo a la soberanía e independencia de los Estados y a la no injerencia en sus asuntos internos; mantener relaciones comerciales con todos los países, incluidas las potencias capitalistas, después de invalidar los acuerdos firmados por el gobierno títere de Saigón aceptando todo tipo de ayuda económica y técnica siempre y cuando no esté sujeta a condicionamientos políticos; reforzar relaciones de manera especial con todos aquellos países que hayan mostrado su simpatía por la lucha protagonizada por el pueblo vietnamita por conseguir su independencia; apoyar en el futuro, como ya se ha hecho en el pasado, a los movimientos de liberación nacional de Asia, África y América Latina; solidarizarse con todos aquellos sectores de la sociedad norteamericana que manifiestan su oposición a las fuerzas imperialistas, responsables de la guerra de Vietnam, así como el apoyo a todas las minorías raciales, especialmente la etnia negra, que en Estados Unidos luchan por defender sus derechos fundamentales; y, en último lugar, defender enérgicamente la salvaguardia de la paz mundial.

El ejército de Vietnam del Norte presenta, pues, una estructura política definida, consolidada con una estructura militar claramente perfilada. Fue el propio general Giap quien en su «guerra del pueblo, ejército del pueblo» lo definió con toda exactitud, presentándolo como el responsable máximo de la unidad de la nación: «El ejército de Vietnam del Norte ha asumido la gloriosa tarea de defender el socialismo en el norte, contribuyendo a forjar una poderosa base para la reunificación pacífica del país». Con estas palabras Giap legitima al norte como único depositario de la misión unionista, validando al mismo tiempo al socialismo como la vía exclusiva para conseguirlo. Es un ejército revolucionario, actuando como un solo elemento con el pueblo, que es al fin y al cabo quien le dirige, que se caracteriza, en palabras del general, por poder equipararse a los ejércitos revolucionarios de China y de la Unión Soviética en cuanto a la causa justa que se defiende, esto es, la revolución y el triunfo de la clase obrera frente al imperialismo opresor; pero que difiere de ellos, y por tanto se identifica con personalidad propia, en que presenta una situación específica, ya que su guerra de liberación nacional tiene que enfrentarse al poder colonial y a la invasión de una potencia extranjera para lograr su identidad que la defina como nación.

Además de esta condición, Vietnam está conformado por un territorio infinitamente más pequeño que el de los dos gigantes comunistas, lo que obliga sin más remedio a ajustar las tácticas de lucha. Lógicamente, y por la condición anterior, el número de habitantes es muchísimo menor, y por tanto las posibilidades de reclutamiento se reducen exponencialmente. Además, el hecho de que el país aparezca dividido en dos, no hace más que agravar la situación y reducir aún más los posibles efectivos. Todo ello lleva a la creación de un ejército regular que, en palabras del general, aun a pesar de estar formado y dispuesto para la pacificación, no puede contribuir a ella de una manera adecuada, puesto que la liberación de Vietnam del opresor y su camino hacia el triunfo del socialismo, se ven entorpecidos por todos estos condicionantes que, no obstante, serán superados por la lucha unánime del pueblo vietnamita. El ejército del norte parte, pues, con una serie de desventajas en relación con el enemigo que, dicho sea de paso, estaba considerado como el ejército más poderoso del mundo. Esto limitaba de manera significativa la planificación de sus operaciones y condicionaba a priori el resultado de las mismas, obligándoles a organizarse de una línea muy concreta. No obstante, este inconveniente fue suplido por una fuerza moral superlativa de la que nunca dispusieron los soldados estadounidenses.

Las fuerzas armadas del norte se integraron en tres secciones. La primera de ellas, las unidades regulares, presentaban dos características clave que la definían. Desde el punto de vista técnico, eran las tropas mejor entrenadas y más equipadas; y, desde el punto de vista psicológico, eran las más fuertes, esto es, mantenían siempre una moral elevada, lo que, probablemente, hacía de ellos los soldados más eficientes en el cumplimiento de las misiones que les eran encomendadas. La segunda de estas secciones, las denominadas fuerzas regionales, se dividían a su vez en otras dos unidades: la fuerza provincial, del tamaño de un batallón –sus miembros eran reclutados y ejercían sus funciones en la provincia a la que pertenecían–, y la fuerza local, de menor tamaño, cuyo campo de actuación se restringía al distrito. Por último, las fuerzas populares o guerrilla, cuyos efectivos procedían en su totalidad de las aldeas. La guerrilla, de la que no debemos olvidar que, tras la guerra de Indochina y toda vez que el Viet Minh se había disuelto, pasando la mayoría de sus dirigentes a engrosar las filas del FNL, se había constituido en la organización militar conocida como Fuerzas Armadas de Liberación Popular.

El Viet Cong, denominación que fue empleada por primera vez por la CIA y a la que los estadounidenses bautizaron como *Victor Charlie*, ya que las iniciales de Viet Cong son VC, o simplemente *Charlie*, ofrecieron una lucha sin cuartel a los Estados Unidos. La mayoría de los guerrilleros no eran comunistas, sino que simplemente combatían por motivos personales: cultivos arrasados por defoliantes, familiares hechos prisioneros, una aldea arrasada o, quizás la razón más contundente, porque seguían conviviendo con extranjeros cuya intención no era muy diferente de la de Francia. Aunque muchos eran voluntarios, muchos otros eran reclutados a la fuerza. Se dividían en células de tres combatientes. Tres células formaban un pelotón y tres pelotones formaban una sección. Su equipo básico estaba integrado por el famoso traje negro, el clásico sombrero campesino (muy rara vez llevaban casco), las sandalias Ho Chi Minh hechas con restos de neumáticos, una cantimplora improvisada, una lámpara de aceite y lo que vulgarmente se conocía como «el intestino del elefante» consistente en un largo tubo de lona donde llevaban el arroz. Además de todo esto, pero solamente los más afortunados, llevaban consigo algún que otro remedio para las picaduras de serpiente. Su alimentación consistía básicamente en arroz, carne, pescado o lo que podían cazar (monos, ratas, tigres e, incluso, elefantes). A veces se comían los restos de comida que dejaban los estadounidenses. En cualquier caso, esta sección del ejército de Vietnam del Norte, a pesar de que no eran considerados auténticos soldados, fueron los que demostraron tener la mayor disciplina militar –el cumplimiento del deber– y mayor efectividad en la ejecución de los objetivos tácticos. Con independencia de sus motivaciones, que podrían ser diversas e incluso de índole personal, mantuvieron siempre el objetivo con la misma firmeza: expulsar de la patria al imperialismo opresor, llevando esta máxima hasta sus últimas consecuencias, tal y como pone de manifiesto la existencia de una unidad, los llamados «voluntarios de la muerte», los cuales eran capaces de encadenarse a un árbol y esperar pacientemente la muerte con tal de salvar a sus compañeros. A pesar de su especialidad, estos hombres, de entre dieciocho y cuarenta y cinco años, se entrenaban como una auténtica milicia.

A la hora de entrar en combate su comportamiento se definió teniendo en cuenta las características del ejército estadounidense y la estrategia que planificaron para Vietnam. Ya hemos apuntado en varias ocasiones la ventaja que la superioridad tecnológica americana concedía a su ejército sobre las fuerzas vietnamitas. Poder aéreo, poder de fuego, guerra química, el armamento, los vehículos blindados y la movilidad de las tropas hizo que los estadounidenses ganaran todas las batallas, pero perdiesen la guerra; pero las fuerzas vietnamitas superaron todos estos retos con unidad y hermetismo en el ataque, que siempre realizaban de noche y a posiciones concretas, consiguiendo provocar el desconcierto en el enemigo y llevar el factor sorpresa hasta el extremo; compenetración máxima para poder llevar a cabo la infiltración perfecta, sin evidenciarla; coordinación para que, toda vez que la infiltración se haya producido, efectuar la dispersión, sin arriesgarse a ser descubiertos y, por tanto, poner en peligro la misión; y, con una actitud resolutiva conducente a obtener información, labor prioritaria entre la guerrilla, necesaria para el desarrollo de las operaciones tácticas, las cuales fueron divididas en varias categorías: el bombardeo estratégico, la actuación sobre las fronteras con Laos y Camboya, el combate directo con el enemigo, y el enfrentamiento en la jungla y las aldeas.

En cualquier caso, el norte demostró estar mucho más preparado que el sur para combatir con eficacia y llevar la guerrilla hasta sus últimas consecuencias. Aunque, si bien no empleó las tácticas de un ejército regular, sí obtuvo el resultado esperado, esto es, la victoria de la causa justa, demostrando que la vía convencional no siempre es el medio más adecuado para conseguir la finalidad propuesta. Aunque lo que demostró por encima de cualquier otra cosa fue una organización y una estructura mucho más válida que la del superior ejército enemigo y su caótico aliado del sur.

Las Fuerzas Armadas

Desde que Estados Unidos intervino en Vietnam estuvo encauzando al ejército del sur en su lucha contra el comunismo. Las Fuerzas Armadas de la República de Vietnam o ARVN, del inglés Army of the Republic of Vietnam, partieron de una base totalmente condicionada, dado que se supeditó absolutamente a los intereses estadounidenses, que limitaron tanto su estructura de mando como las operaciones llevadas a cabo durante el conflicto.

El gobierno de Diêm organizó sus fuerzas armadas con un vicio de fondo desde el primer momento en el que estas se estructuraron y que era intrínseco al propio ejército: su jerarquización. El nutriente fundamental del ejército del sur lo constituyeron veteranos del ejército de República Democrática de Vietnam y los disidentes del Viet Minh que no se habían unido a las tropas del norte ni al Viet Cong. Eso supuso una amalgama de efectivos que ya a priori no iba a resultar demasiado fácil coordinar. A pesar de ello, sabían lo que era combatir, con lo cual coincidirían en este elemento clave. En el otro extremo, los altos mandos eran oficiales procedentes de las familias más adineradas del país, lo que hace suponer que su compromiso con la causa, que habría que empezar por considerar si coincidía con la que desde el frente de combate se defendía, no era realmente sólido. Los oficiales robaban y traficaban con todo el material que podían, incluido aquel que resultaba vital para la supervivencia del soldado, convirtiéndose en proveedores principales del mercado negro. La consecuencia de este planteamiento fue el surgimiento de un ejército con unos mandos corruptos y, por tanto, absolutamente inválidos para la lucha, y con unos soldados y suboficiales más aptos para defender el sur.

Este fue el motivo por el que los estadounidenses no concedieron al ARVN el protagonismo que se merecía, ya que su corrupción ponía en riesgo su efectividad. Habida cuenta de que los puestos eran designados por motivos políticos, y con fines lucrativos por parte de quienes los ostentaron, los valores inherentes a cualquier militar, tales como la integridad, la fidelidad a la patria y el espíritu de lucha, fueron casi inexistentes. Vietnam del Sur tendría que esperar al final de la guerra para contar con un ejército cuyos mandos habían sido elegidos por méritos propios, aunque se vieran forzados a ello tras la vietnamización de Nixon y su sentimiento de abandono.

De todos modos, el ARVN tampoco fue del todo ignorado. Estados Unidos procuró armarlos de la que consideraba la manera más adecuada –principalmente con fusil M-16 y helicóptero UH-1Hey– para combatir a la guerrilla. Contaba con una marina de guerra, especialmente fluvial, y aviación. Su rasgo más destacado fue que era un ejército terrestre. Su grueso lo componían tropas de infantería. No disponía, por el contrario, de muchos pilotos, ni tampoco demasiados helicópteros; aunque sí con alguna unidad especializada, como los *Rangers* de la 1.ª Brigada de Infantería de Marina, que resultó ser bastante eficiente. Pero en líneas generales, el ejército del sur fue un auténtico desastre.

El gobierno de Saigón siempre reaccionó muy violentamente contra la guerrilla. Sus tropas normalmente respondían torturando aldeanos o arrasando aldeas sospechas de colaborar con los insurgentes, lo que aumentaba todavía más el recelo hacia los métodos empleados por el ejército. A menudo el ARVN infligía serios daños psicológicos y torturas físicas a los prisioneros con el fin de que les proporcionase información. Los problemas de corrupción severa entre el cuerpo de oficiales contribuía a empeorar aún más la situación, porque con demasiada frecuencia estos se olvidaban de su verdadera misión. Este comportamiento hizo que los estadounidenses no confiasen nunca en sus aliados, mostrándose muy críticos con ellos, y sobre todo que no funcionasen como tales; sino que Saigón fue relegado a un papel secundario y en la mayoría de las ocasiones se limitaba a ejecutar las órdenes de Washington, aunque es cierto que participó en bastantes operaciones importantes, ayudando a las tropas de los Estados Unidos.

No obstante, al principio de la guerra los esfuerzos que habían hecho los estadounidenses por preparar a sus aliados dieron algunos frutos y el ARVN se mostró bastante más operativo, aunque siempre con demasiadas limitaciones tanto en la tropa, como en el armamento. Como comentábamos unas líneas más arriba, el Pentágono proveyó al ejército de Saigón con el armamento que consideró más adecuado y que obviamente estuviese disponible; aunque no siempre se podían satisfacer las necesidades surgidas, como era el caso del armamento aéreo, que no contaba con el suficiente personal de mantenimiento para revisiones y reparaciones. Por eso nunca pudieron tener la garantía del dominio en la guerra aérea.

A partir de 1969, cuando Nixon comenzó a retirar sus tropas la capacidad del ejército del sur disminuyó proporcionalmente al aumento de fuerza que experimentó el norte. Es ahí cuando comenzó a reaccionar de manera más significativa y a emplear una estrategia expansiva para intentar controlar al Viet Cong en su territorio; pero el ejército survietnamita seguía siendo inferior, lo cual atormentaba a los mandos estadounidenses, y necesitaba casi con desesperación mejorar su tecnología para así poder remontar su todavía preocupante ineficacia. Sin embargo, la corrupción entre los oficiales, en su inmensa mayoría carentes de moral y bastante ineptos, hacía fracasar cualquier intento firme de reconversión militar. Hasta tal punto esto fue así que, cuando los estadounidenses decidieron dejar Saigón a merced de los comunistas del norte, firmaron la derrota del sur. Sin los fondos necesarios, y colapsado por el caos imperante, la victoria era cada vez una posibilidad más remota. Por otro lado, la retirada de las tropas americanas surtió entre las fuerzas comunistas del norte el efecto contrario al esperado; es decir, estos, lejos de amedrentarse y titubear en la búsqueda de una solución favorable al conflicto, lo aprovecharon para asestar al ARVN, y consecuentemente a Saigón, el golpe definitivo. El sur se desintegró y el ejército que lo defendía, también. Muchos generales desertaron en masa y huyeron. La mayoría de los soldados fueron enviados a campos de concentración especiales llamados eufemísticamente «campos de reeducación», en donde realizaban trabajos forzados de una gran dureza y eran constantemente adiestrados en la línea política del ejército vencedor. El ARVN se llevó la peor parte en el conflicto, a pesar de ser el aliado de Estados Unidos, cuyo ejército, aun contando con la tecnología más avanzada y las tropas mejor preparadas, en Vietnam tuvo que aprender a combatir con el enemigo.

Unidades especiales de las Fuerzas de Estados Unidos: los SEAL

«El dolor es temporal; pero el orgullo dura toda la vida». Esta es una de las primeras frases que escuchan aquellos que son candidatos a ingresar en el SEAL, para muchos el mejor cuerpo de élite del mundo –acrónimo de Sea, Air and Land–, que hace referencia a su capacitación para desempeñar misiones por tierra, mar y aire durante su período de entrenamiento.

Su origen más remoto hay que buscarlo en la Segunda Guerra Mundial cuando fueron creadas en 1943 las denominadas Unidades de Combate y Demolición de la Armada o NCDU, en inglés Navy Combat Demolition Units. Su principal misión era vigilar las playas y crear zonas para desembarcar libres de ataques enemigos. Cuatro años después surgió la UDT o Underwater Demolition Team o UDT (en español, Equipo de Demolición Submarina), integrada por voluntarios de la Armada y de los marines a

Los SEAL en Vietnam. Los US Navy Seal, grupo de élite
formado en 1962 por orden del presidente Kennedy, tuvieron
como misión principal servir de unidad de apoyo a la fuerza
de combate de buceadores y los equipos de demolición de la
Armada (EDS). Fuente: www.sealtwo.org

los que se les encargaba la voladura de puentes y naves. Ya
en la década de los sesenta, y ante la necesidad de contar
la Marina estadounidense con un equipo especializado
en sabotajes y misiones de contraterrorismo, se pensó en
preparar un cuerpo de élite específico de este ejército.
Kennedy, tras el suceso de Bahía de Cochinos, decidió
crear un cuerpo especial para la Armada que luchase de un
modo no convencional, y los SEAL comenzaron a entrar
en la escena política, llegando a ser la unidad de combate
más eficaz en el campo de las operaciones de guerrilla y
contraguerrilla. Su consigna fue «actuar bajo la mayor
agresividad y con la máxima determinación».

El gobierno estadounidense necesitaba en Vietnam una unidad especializada con estas características. Su primera intervención en el país se produjo en 1962 realizando tareas de apoyo y supervisión de las fuerzas survietnamitas. A principios del año siguiente comenzó a ayudar a la CIA en trabajos de inteligencia, hasta que en 1966, con la llegada del Destacamento Golf –quince hombres al mando de tres oficiales–, los SEAL entraron en combate. Las primeras acciones de «los hombres de la cara verde», sobrenombre con el que terminaron siendo conocidos, fueron llevadas a cabo en el delta del Mekong y consistieron en misiones de reconocimiento, «búsqueda y destrucción», y rescate. A medida que avanzaba el conflicto, fueron desplegándose hasta llegar a Rung Sat *Special Zone*, una zona pantanosa y selvática, situada entre Saigón y el mar de China, que en algunos lugares aparece con el sobrenombre de «el bosque de los asesinos» por las actuaciones que allí se realizaban. Pero, en general, los SEAL básicamente operaron en una triple dirección: secuestrar e interrogar a líderes civiles y militares del bando enemigo, localizar y liberar a prisioneros de guerra, y sembrar el terror entre la población civil y militar vietnamita.

Fueron varios los destacamentos que operaron en Vietnam; además del Destacamento Golf, perteneciente al *SEAL Team One*, que operaba en el Pacífico, ya mencionado, que trabajó con las patrulleras fluviales del Delta, actuaron el Destacamento Hotel, la unidad que más veces se enfrentó al Viet Cong, y de la que provienen las mayores leyendas que rodean a esta unidad, y los Destacamentos Alpha, Bravo y Echo; este último, con base en Da Nang, pertenecía al Study and Observation Group (SOG) y operaba bajo las órdenes del Military Assitance Command Vietnam (MACV) cuyos principales integrantes fueron McNamara, Secretario de Defensa, D. Rusk, secretario de Estado, y W. Rostow y McGeorge Bundy, consejeros

SEAL infiltrado en la jungla. Expertos en la infiltración, los SEAL formaban pequeñas unidades, a veces de tan solo tres hombres, especializándose cada uno en un área determinada. Utilizaban armas algo más básicas, pero muy efectivas en sus misiones. Sus favoritas eran el fusil de balas de plomo y el cuchillo K-bar.
Fuente: www.konstipation.com

de seguridad nacional, y de quienes la historiografía dice que fueron los hombres que llevaron a Estados Unidos la guerra de Vietnam.

La infiltración era la especialidad de este grupo de militares de élite. En este tipo de operaciones los comandos permanecían totalmente aislados y sin contacto con el exterior hasta que la misión no concluyese, desarrollando un sistema de comunicación único basado precisamente en el silencio. Llevaron a cabo un código de signos y gestos con el que se comunicaban con el compañero. Esto se hacía para evitar ser escuchados por el enemigo y, consecuentemente, ser descubiertos. Cuando este estaba localizado, preparaban una emboscada colocando varias cargas de minas a lo largo de las posibles vías de escape para impedir que cualquier enemigo pudiera huir después de la emboscada. Su camuflaje era tan logrado que se mimetizaban completamente con el paisaje; de ahí la denominación de los hombres de la cara verde. Eran capaces de permanecer horas inmóviles, sin hacer ningún gesto, ni emitir el más mínimo sonido, lo cual hacía tremendamente complicado que fueran localizados.

En más de una ocasión trabajaron como Unidades de Reconocimiento Provinciales, cuyos miembros eran de una procedencia muy variopinta; podrían encontrarse desde desertores del Viet Cong hasta auténticos delincuentes reclutados, pasando por mercenarios. Conjuntamente con otras unidades destruyeron arsenales e incluso almacenes de alimentos, y también ayudaron a su homólogo vietnamita Lin Dei Nugel Nghai (LDNN), con el que realizaron incursiones en los campos de misioneros del Viet Cong para liberar a los presos, y misiones submarinas para garantizar la seguridad de los bosques. Sin embargo, la crueldad estuvo casi siempre presente en esta sección del ejército, a quienes muchos acusaron de estar completamente locos. Valgan como ejemplos los «trofeos» –como los denominaban– que se traían de los cadáveres del enemigo, como sus orejas, para comprobar que han sido vencidos; o cuando se decía que ponían bombas sin ningún tipo de escrúpulo en chozas con todos los miembros de la familia que la habitaba dentro. Al margen de leyendas y dosis de realidad, lo cierto es que, mientras que el resto de las fuerzas de los Estados Unidos empezaron a marcharse por la vietnamización, los SEAL siguieron actuando en Vietnam en la base flotante de Ca Mau, desde donde continuaron efectuando operaciones ofensivas.

MACV-SOG

El Grupo de Estudios y Observaciones –SOG por sus siglas en inglés– eran equipos de reconocimiento que actuaban siempre en la retaguardia. Su objetivo fundamental era hacer frente a las habilidades que los Viet Cong habían desarrollado para luchar en el sur, por lo que fueron los encargados de desarrollar las denominadas «misiones de reconocimiento» con el fin de indagar sobre la forma de lucha enemiga. Sus integrantes eran exclusivamente voluntarios, los cuales sabían desde el primer momento que su realidad era secreta, aunque fuese un secreto a voces, y su presencia era oficialmente negada. Para cumplir su misión también reclutaban soldados de entre las aldeas vecinas, entrenándose para evitar en la medida de lo posible el contacto directo con el enemigo. Los comandos SOG efectuaban un análisis exhaustivo del *modus operandi* del adversario y localizaban sus bases, averiguando el armamento del que disponían así como el número de hombres con el que contaban. El objetivo de obtener toda esta información no era otro que, una vez recopilada, pasársela a la base para que esta desarrollara los correspondientes planes estratégicos.

También desempeñaban otro tipo de misiones, como «el secuestro del prisionero», la misión más peligrosa que los SOG desarrollaban, consistente en capturar a un soldado Viet Cong, interrogarlo y obtener información para trasladarla a Vietnam sur; ya que, a medida que iba avanzando la guerra, se volvía más urgente tener información del enemigo, sobre todo lo que sucedía en la ruta Ho Chi Minh, en lo relativo al cargamento que por ella circulaba, su procedencia y su destino. El rescate de pilotos caídos en combate en las líneas enemigas también estuvo entre sus principales funciones.

Cuando los SOG realizaban sus misiones de reconocimiento no llevaban nada que pudiera servir para identificarles como estadounidenses. Trabajaban en secreto y en equipos pequeños de seis hombres. Iban equipados con suficiente comida, agua y armas para poder resistir un día de misión, en el transcurso de la cual nunca hablaban, estaba prohibido, porque básicamente se concentraban

Los MACV-SOG en Vietnam. El Comando de Asistencia
Militar en Vietnam (MACV)-Grupo de Estudios y
Observaciones (SOG) fue un cuerpo de operaciones especiales
que realizaron básicamente misiones de reconocimiento y apoyo
a las fuerzas convencionales. Capturaban prisioneros, ayudaban
a rescatar pilotos heridos y realizaban misiones de rescate de
prisioneros por todo el Sudeste Asiático.
Fuente: www.worldaffairsboard.com

en percibir cualquier sonido que pudiera alertarles de una
potencial emboscada enemiga; incluso escuchaban los
ruidos que emitían los animales, comprobando si estaban más nerviosos o más tranquilos, ya que eso podía ser
indicativo de movimiento en la jungla o, dicho de otro
modo, de la presencia de guerrilleros preparados para el
ataque sorpresa. El sigilo y el silencio, pues, eran sus armas
más importantes. Caminaban sumamente despacio lo que
les permitía no ser escuchados y al mismo tiempo poder
observar todo lo que sucedía a su alrededor. Desarrollaron
un código de signos con las manos que se convirtió en el
idioma que hablaban durante las misiones.

Pero el Viet Cong no permanecía impasible. Los SOG se habían convertido en su principal objetivo en la jungla. Sabían lo importante de sus misiones para la estrategia americana y, por eso, en cuanto eran detectados, los capturaban, cosa que sucedía en demasiadas ocasiones, y la mayoría eran asesinados. La guerrilla había conseguido desarrollar un sistema específico de localización de SOG; simplemente rastreaban sus huellas y se posicionaban a diez metros de la unidad sin perderles de vista ni un instante a partir de ese momento. En cuanto cualquier miembro del comando se percataba de que habían sido detectados, el grupo emprendía la huida, caminando por la jungla durante horas esperando a que llegasen los refuerzos que habían pedido a la base.

La neutralización de las misiones de los SOG se convirtió en una verdadera obsesión para el Viet Cong, lo que trajo como consecuencia inmediata añadir un motivo más que justificara la implacable persecución contra el helicóptero en la guerra de Vietnam por parte de la guerrilla. El helicóptero era un medio de transporte vital también para los SOG, ya que lo utilizaban para trasladarse de la base a la jungla y viceversa, debiendo devolverles con vida. Al principio del conflicto no les resultaba demasiado difícil aterrizar. Sin embargo, con el paso del tiempo y el aumento de la preocupación del Viet Cong por estos comandos, tuvieron que desarrollar diversas artimañas para no convertirse en su blanco predilecto antes de aterrizar; hazaña que intentaban unas veces con escalera y otras, incluso, haciendo rápel mientras el helicóptero se mantenía a poca altura. Llegaron a implantar un sistema, «los aparejos de estabilidad», cuando el helicóptero no podía aterrizar, que incluía una soga de la que colgaban tres SOG, los cuales eran trasladados a la base colgando de la misma, lo cual les exponía demasiado ante el enemigo. Si a esto añadimos que sus aterrizajes eran constantemente vigilados, comprenderemos que se vieran abocados a cambiar de táctica irremediablemente. Saltar en paracaídas a gran altura, por ejemplo, fue una de las opciones, aunque no pasó de ser puramente experimental.

THE GREEN BERETS

En julio de 1941 el presidente Roosevelt creó el Servicio de Coordinación e Información, que en junio de 1942 se transformó en la Oficina de Servicios Estratégicos, especializado en contrainsurgencia, búsqueda de información, y medios de resistencia y sabotaje. La forma de luchar ya no era puramente convencional y se necesitaban otras armas ajustadas a las nuevas necesidades. Trabajar sobre el terreno obteniendo información útil al desarrollo del conflicto, y crear un sistema con el que las fuerzas estadounidenses pudiesen enseñar a defenderse a otros países, se había convertido en una prioridad para las autoridades estadounidenses. Podían compartir sus conocimientos y experiencias con aquellos países que querían valerse por sí mismos en su lucha por la libertad.

El libro de Robin Moore titulado *The Green Berets* fue el que dio a conocer al mundo la existencia de una unidad especial de las fuerzas estadounidenses cuyos «intrépidos hombres que saltan y mueren y que dicen solo lo que piensan» –como rezaba la letra de la balada que Barry Solder les compuso mientras estaba recuperándose de una herida en Vietnam– solo querían llevar hasta sus últimas consecuencias la máxima que los definía: «Ayudar a los pueblos que no pueden ayudarse a sí mismos», tal y como podía leerse en su significativo lema *De oppreso liber* [Libertad frente a la opresión].

El 19 de junio de 1952, bajo el mando del coronel Aaron Banks, un experto militar en guerra de guerrillas, se iniciaron los boinas verdes. Banks sabía que se estaba transformando la forma de combatir, con el sabotaje, el

Parte de un comando de boinas verdes con vietnamitas. Los
boinas verdes tomaron como modelo las Special Air Service
(SAS) británicas en cuanto a grupo reducido de operaciones
especiales. Sus misiones fundamentales en Vietnam consistieron
en realizar operaciones de contrainsurgencia y entrenar a las
poblaciones locales para enfrentarse a la guerrilla.

espionaje y las guerras de liberación también como protagonistas en el combate, y era necesario adaptarse a ello; precisamente por su experiencia y sus conocimientos, supo que
esta unidad especial iba a ser imprescindible en Vietnam.
En los años cuarenta Banks emitió un informe sobre Ho
Chi Minh, que remitió a las autoridades americanas y estas
dejaron caer en el olvido, en el que advertía lo peligroso
que resultaría ignorar la presencia del líder guerrillero y
las funestas consecuencias que tal acto podría traer para el
futuro. Y no se equivocaba. Cuando el conflicto cobró vida
estas fuerzas especiales tuvieron que acudir para cumplir su
lema –liberar al oprimido–, y ayudar al país a recuperar la
libertad que el comunismo les había arrebatado por medio
de lo que se convirtió en su principal misión, esto es, el

entrenamiento y la preparación de las tropas extranjeras en su país de origen.

Estas fuerzas especiales jugaron un papel muy importante en el conflicto vietnamita. Se convertirían en lo que se llamó «la gran fuerza multiplicadora», que consistía en enviar a un pequeño grupo de estos hombres a dirigir y asesorar a un grupo nativo de la zona en la que estaban operando. Con un grupo de unos doce hombres podría conseguirse una fuerza multiplicadora de cuatrocientos cincuenta. Tanto estas operaciones especiales como su aspecto les convirtieron en uno de los iconos de las fuerzas no convencionales de los Estados Unidos. Su característica boina verde, su símbolo no oficial, que habían copiado del ejército británico, era su sello de identidad, a pesar de que en un principio el Pentágono la prohibió por considerar que con ella parecían soldados extranjeros y no estadounidenses. Sería en 1961 cuando el presidente Kennedy autorizó su uso a este cuerpo especial, considerándola «un símbolo de excelencia, una placa de valor y una marca de distinción en la lucha por la libertad». Además de la boina había otros identificadores de este cuerpo en su uniforme. Así, sobre el hombro aparecía una insignia con forma de punta de flecha, que representaba a los indios nativos estadounidenses y su tenacidad en la lucha, requisito imprescindible para cualquier soldado. En medio figuraba una espada, símbolo de la lucha, y tres rayos lo atravesaban: representaban la tierra, el mar y el aire, tres medios por los que estas fuerzas especiales podían infiltrarse con seguridad.

Los boinas verdes eran profesores y entrenadores. La Fuerza Mike, por ejemplo, dirigida por ellos, se formó para acudir al rescate de pelotones o campamentos que eran atacados, o estaban bajo amenaza de serlo. En su formación de fuerzas indígenas tuvieron un papel protagonista los «Montañars», los soldados mejor entrenados de Vietnam y equipados como cualquier fuerza americana. Los Montañars eran un grupo oprimido de tribus que

John Wayne, el boina verde más famoso. El actor John Wayne,
ferviente defensor de la intervención americana en Vietnam,
rindió homenaje a esta unidad especial en una película, *The
Green Berets*, que él mismo protagonizó.

vivían en las montañas del sur que en realidad no eran vietnamitas, sino de ascendencia malaya y polinesia o *monke*.
Eran treinta y una tribus cada una con su propio lenguaje.
Las fuerzas especiales trabajaron con ellos para enseñarles
a defenderse del norte; aunque también fueron sus alum-
nos porque de ellos aprendieron a infiltrarse en el terreno
y detectar las bombas trampa. Convivieron enseñándose
mutuamente.

De todas las misiones que este cuerpo especial
desempeñó en Vietnam, fue sin duda la Operación Son
Tai la que resultó más trascendente. Son Tai fue la misión

secreta y de rescate más importante que llevaron a cabo. A treinta y seis kilómetros de Hanói se había instalado el mayor campo de prisioneros estadounidenses que había en Vietnam, protegido por doscientos cincuenta mil soldados y con la mayor concentración de misiles tierra-aire. Los boinas verdes tenían la misión de rescatar a setenta y cinco soldados estadounidenses, presos en estas instalaciones. Efectuaron la operación con una precisión impecable, atacando a los guardias, «metiéndose en la madriguera del enemigo». Sin embargo, no pudieron cumplir su objetivo porque los presos habían sido trasladados dos días antes del ataque. No rescataron a los prisioneros, pero esta acción sirvió para convertirles definitivamente en héroes, puesto que habían cumplido su verdadero objetivo, que era poner en peligro de muerte sus vidas para salvar la de un compañero.

Cuando las tropas norteamericanas comenzaron la retirada, los boinas verdes se encontraron con el gran dilema moral de seguir entrenando a las fuerzas del sur o marcharse con el resto de las fuerzas americanas. Habían prometido no abandonarles, pero se fueron, y con su marcha contribuyeron decisivamente al abandono del sur al comunismo del norte.

9

I want you for U. S. Army

La famosa litografía que en 1917 hiciera J. Montgomery Flagg en la que el tío Sam apuntaba con su dedo inquisidor al espectador, reclamando enérgicamente soldados para la Primera Guerra Mundial, en nada habría cambiado su sentido cuando décadas más tarde el tío Sam volvía a necesitar nutrir las filas del ejército estadounidense, pero esta vez para luchar en Vietnam, a pesar de que en esta ocasión no fuese una guerra declarada abiertamente. «No vamos a mandar a nuestros muchachos a nueve o diez mil millas a hacer lo que tienen que hacer los muchachos asiáticos», dijo Johnson durante la campaña electoral a la presidencia en 1964, aunque «sólo déjenme ser electo y tendrán su guerra» anunció, por el contrario, al Estado Mayor.

La guerra no era oficial, pero todo el aparato político-militar de Estados Unidos funcionaba como si así fuese. Ante esta circunstancia tan contradictoria no

Litografía *I want you for U. S. Army* (1917) de Montgomery
Flagg. La famosa litografía editada para reclutar soldados
americanos en la Primera Guerra Mundial se hizo mundialmente
conocida. El gobierno americano perseguía la misma intención
que en 1917, sólo que con más énfasis que entonces: convencer
a los jóvenes americanos de lo imprescindible de su participación
en la guerra contra la guerrilla comunista de Vietnam.

quedaba más remedio que regular de alguna manera la
situación en el Sudeste Asiático. La solución fue recurrir
a la normativa vigente en relación con el servicio militar, la cual permitía a las autoridades destinar soldados
al extranjero. Además, contaban con la Resolución de
Tonkín que confería al presidente un permiso especial

para disponer de los soldados, asignándoles destino y misiones de combate en Vietnam, en donde no podían permanecer más de un año, ya que, para poder hacerlo, el de Vietnam habría tenido que ser declarado un conflicto en toda regla. Ahora bien, los jóvenes reclutas, si querían evitar serlo, tan solo tenían que solicitar una prórroga para cursar estudios superiores, alistarse en la guardia nacional, desertar a otro país, declararse homosexual o tener un hijo, por citar los casos más frecuentes. Pero por desgracia, los jóvenes menos afortunados casi nunca podían recurrir a estas vías de escape y la guerra era considerada una salida más a su mala situación económica. Si además eran hijos de veteranos de la Segunda Guerra Mundial o de la guerra de Corea, era casi de obligado cumplimiento acudir a luchar por su país, aun a pesar de las consecuencias que esta decisión pudiera acarrear. Había una tercera opción, la insumisión, que estaba penada con la cárcel, aunque fueron muy pocos los que acabaron entre rejas por este motivo. El presidente Ford se vio obligado a declarar la amnistía general para todos los insumisos y desertores, ya que si así hubiese procedido, se habría visto obligado a encarcelar a miles y miles de jóvenes estadounidenses que habían dicho «no» a Vietnam.

Pero los que sí fueron, una vez reclutados, eran entrenados para luchar. En este sentido, el conflicto en Vietnam presentó una peculiaridad digna de tener en cuenta, ya que los instructores no solamente debían cumplir su papel de entrenadores físicos, sino que se vieron en la tesitura de ejercer de psicólogos por encima de cualquier otra condición. ¿Por qué? Porque en una guerra no convencional como era esta, en donde el miedo de los soldados por entrar en combate se multiplicaba de forma exponencial, no valían los métodos tradicionales. «Recordad esto, porque puede que os salve la vida» era la frase que más oían los reclutas. Pero lo más importante era motivarlos para luchar y enseñarles a combatir contra sus propios miedos, porque de lo contrario todos los consejos recibidos serían inútiles.

La historiadora Joanne Burke estudió en profundidad la psique de los soldados estadounidenses, británicos y australianos. Aplicando a Vietnam los parámetros que pauta esta investigadora, quizás lleguemos a interpretar en su justa medida el verdadero significado que tuvo este conflicto para los hombres que en él desempeñaron un papel protagonista. El ritual del entrenamiento siempre habría de ser iniciado de la misma manera, esto es, predisponiendo al recluta a favor de la causa. Tenían que llegarle al corazón, y para eso se desarrollaba toda una campaña propagandística con mensajes subliminales, y a la par evidentes, de lo necesario e incluso beneficioso de esa guerra. Y si para conseguirlo era necesario mentir, pues se mentía. El *body count*, es decir, el recuento de víctimas enemigas llegó a ser el verdadero indicador para los altos mandos estadounidenses de la victoria sobre el enemigo. Hasta tal punto se convirtió en una obsesión que se falseaban las cifras exagerándolas, y a los reclutas se les motivaba contándoles la forma en que se recompensaba en el frente –con cervezas y permisos– a aquellos que obtuvieran un mayor número de bajas.

Por otra parte, debían tener en consideración que el Destino Manifiesto es una misión mesiánica en la que todo buen estadounidense debe participar según el papel que le corresponda. Y a los reclutas no les corresponde otro más que el cumplir con el sagrado deber de acabar con aquellos que persiguen la libertad y defienden la injusticia bajo banderas políticas inadmisibles; es inevitable matar al enemigo para conseguir este fin. Es el maquiavelismo doctrinario del entrenamiento estadounidense. Al enemigo hay que odiarle; si no es así, es difícil conseguir el objetivo. ¿Cómo se fomenta el odio al enemigo hasta el punto de desear matarlo?, nos plantea Burke. Para ella, había tres formas características de hacerlo: visionando fotos del enemigo matando soldados estadounidenses; fomentando el racismo, como argumento más sólido para justificar el uso de la violencia «matar a un amarillo, a un comunista, no es grave. No hay problema por dispararle. Hay que pensar que no es un ser humano igual a nosotros»; y, por último, la humillación en el entrenamiento como incentivo para odiar al enemigo. Se pensaba que si se practicaban ciertos tratos vejatorios con los reclutas –asunto que está perfectamente retratado en la película de Kubrick *La chaqueta metálica*–, la mente del joven recluta podría ser manipulada hasta tal punto que acumulara odio de forma tal que, cuando su entrenamiento hubiese finalizado, solo tuviese ganas de matar al enemigo.

La presión que este adoctrinamiento podía llegar a ejercer en los soldados era enorme. Por eso necesitaban desarrollar cualquier mecanismo de defensa que pudiera explicar su comportamiento. Así, y según esta historiadora, la obediencia, la reciprocidad, la venganza, la despersonalización y la deportividad serían los cinco elementos constitutivos de la autojustificación que permitiría a los soldados mantener sus habilidades militares y luchar por la causa sin desequilibrarse; aunque los valores propios de un soldado, tales como el espíritu de lucha, la valentía y el amor a la patria, fueran totalmente manipulados. Pero al ejército de los Estados Unidos no le bastaba con eso. Quiso llevar a la máxima expresión su idea de superioridad y de manipulación, por lo que desarrolló el llamado «Cuestionario de los 68 indicadores de la victoria», entre los que se encontraban las bajas propias, las bajas del enemigo o el material capturado, contribuyendo a confundir todavía más al soldado que solo podía pensar en acumular cadáveres enemigos y matar cada vez más. No había otro horizonte para el soldado que luchara en Vietnam. Ante semejante situación, muchos de estos jóvenes combatientes optaron por vivir el conflicto en tercera persona, no en primera, como si fuera una película que estaban viendo, o un sueño del que en cualquier momento podrían despertar. Pero de Vietnam no despertabas porque no estabas soñando. Vietnam era la realidad; la cruda realidad.

En cuanto llegaban a Vietnam los soldados eran distribuidos en función de las necesidades que tuviesen las distintas unidades. Normalmente cubrían las bajas que habían dejado sus predecesores, bien por haber caído en combate, bien por haberse licenciado. La inmensa mayoría de los reclutas iban destinados a infantería. L. Daugherty incide en el cambio de actitud de los soldados a medida que iba avanzando el conflicto. Mientras que los primeros reemplazos daban sentido a su experiencia en un país a miles de kilómetros del suyo, en las últimas etapas del conflicto la moral había decaído tanto que la pasividad y el preguntarse por qué y para qué estaban allí eran las notas predominantes. Ya ni siquiera les valía la posibilidad de ayudar a un pueblo que, supuestamente, les necesitaba, sino que, en palabras de este autor, la actitud más sobresaliente del soldado fue que ya casi ninguno estaba dispuesto a luchar y morir en una guerra que consideraban perdida.

Ganar la guerra no resultaba nada fácil en Vietnam. Al hecho de adaptar métodos convencionales de lucha a una guerrilla hubo que añadir un sinfín de problemas a los que tuvieron que enfrentarse las tropas estadounidenses, a pesar de que todos los inconvenientes tuvieran este origen común. Hubo dos cuestiones de base: definir al enemigo y saber cómo enfrentarlo. Los soldados estadounidenses venían adiestrados de su país; pero nadie les había alertado de la verdadera realidad que encontrarían al llegar. El primer problema surgiría con el propio uniforme. El casco, única pieza reglamentaria –lo era desde la Primera Guerra Mundial– resultaba una auténtica tortura llevarlo puesto con cuarenta grados a la sombra. En cambio sí era efectivo para los soldados cuando estos lo utilizaban de asiento en los helicópteros, desde el momento en el que supieron que las balas del Viet Cong podían atravesar el fuselaje del aparato. También lo rentabilizaron en cuanto se popularizó el uso del casco como tendedero de calcetines para que pudieran secarse al sol. En cualquier caso, no resultaba nada fácil ir con ALICE, por sus siglas en inglés, o Equipo Individual Ligero, a combatir. Pesaba nada menos que treinta kilogramos y tenían que cargarlo a la espalda. Y por si esto no fuera suficiente, debían portar veinticinco kilogramos más del chaleco antibalas. Un último elemento podría añadirse a la indumentaria militar, el famoso cepillo de dientes multiusos que siempre llevaban encima los soldados y que era utilizado básicamente para limpiar el fusil. Respecto de la ropa interior, no menos importante, surgió la duda de si esta debía ser de camuflaje, o no. Una cuestión en absoluto anecdótica, puesto que, a la hora de hacer sus necesidades, si no estaban integrados en el entorno, los soldados podrían ser divisados por el enemigo. El motivo por el que esta idea se desechó sí podría ser tildado de anecdótico, aunque quizás no lo fuera para sus protagonistas. Un grupo de soldados se había perdido en la selva, y la única forma que encontraron de pedir ayuda fue colocar su ropa interior sobre el terreno formando un SOS, y así consiguieron ser vistos por el piloto del helicóptero que les rescató.

En cuanto a la definición del enemigo, además de por saber exactamente dónde estaba y quién era, los soldados debían preocuparse por cómo tenían que enfrentarse a él para ganarle en el combate. *The fog of war*, ese concepto militar utilizado para describir el grado de desconcierto que puede sufrir un soldado debido al desconocimiento que le invade en una operación militar, hacía acto de presencia. Y en Vietnam el

Soldados americanos caminando por arrozales inundados
(1962), de Larry Barrows. Los soldados americanos no sabían
exactamente a qué tenían que enfrentarse cuando llegaron
a Vietnam. El desconocido escenario del conflicto en el que
tuvieron que luchar fue en muchas ocasiones un enemigo más
temible que los propios guerrilleros.
Fuente: www.codigopost.wordpress.com

soldado estadounidense tenía muchos motivos para estar
desconcertado. Uno de los más importantes, asumir
el hecho de que al Viet Cong le interesa más herir que
matar, ya que eso supone que los compañeros vendrán a
auxiliar al herido y eso disminuye la capacidad de defensa
de la unidad de combate. A eso habría que añadir el
pánico que producía el no poder localizar con exactitud
una mina en la que, si un soldado caía, podía morir o
casi irremediablemente tendrían que amputarle algún
miembro. Se calcula que más del diez por ciento de los
soldados estadounidenses y en torno a los diez mil marines serían amputados al menos de un miembro. Quizás
«la niebla de la guerra» intensificó en Vietnam el sentido
del término «la mirada de las mil yardas», expresión

utilizada por primera vez en la Primera Guerra Mundial para referirse al trauma que causaba en un soldado el horror de la guerra. La mirada perdida, ausente; aparentemente sin pensar en nada, como si estuviese en otro lugar. ¿Deseaban los jóvenes reclutas estar en Vietnam? Cuando se trataba de enfrentarse a un enemigo incierto, seguramente, no.

El combate era un auténtico reto. La distancia promedio del combate de infantería en la jungla oscilaba entre los treinta y los cien metros, sin importar el volumen de las tropas, lo que influía de forma notable en el fuego lanzado al enemigo, puesto que se disparaba sin la certeza de que se diese en el blanco. Por otro lado, el problema de los refuerzos –es decir, el saber si la ayuda llegará a tiempo y, por tanto, si se podrá sobrevivir– generaba mucha angustia entre las tropas. El apoyo de los morteros y la artillería se retrasaban en demasiadas ocasiones, entre otras razones porque había que solicitarlo por radio y las comunicaciones en la jungla no siempre eran las más adecuadas. Además, el apoyo aéreo necesitaba muchas horas de preparación y de ejecución en sus misiones (un tiempo de llegada desde la base), lo que les convertía en un objetivo fácilmente visible, y eso les impedía servir de soporte de infantería.

El uso del armamento contribuía a acrecentar este miedo de manera muy significativa. Era importante controlar las armas y saber con precisión cómo debían ser usadas, ello teniendo en cuenta que se tardaba una media de veinte minutos en identificar y localizar el blanco, y que resultaba un tanto complejo calcular la distancia exacta a la que se encontraba el enemigo. Al margen del hecho de la necesaria adaptación a la vegetación de la jungla del armamento utilizado, de modo que esta no entorpeciera un correcto uso de la misma.

Los insectos y las serpientes eran tan temidos o más que los guerrilleros del Viet Cong. Lo peor que había para los soldados era las serpientes. De las 133 especies que poblaban la selva vietnamita, 131 eran venenosas. Una de las más temidas era la que se conocía como «serpiente de los dos pasos», que era exactamente los que podía dar un soldado antes de morir por la picadura de este animal. En este punto los helicópteros también resultaban vitales, dado que, si el helicóptero no llegaba a tiempo cuando un soldado era víctima de una picadura de serpiente, era muy probable que muriese. Llegaron a recomendarles que, si podían, tras una picadura trajesen consigo el veneno para así poder analizarlo y encontrar un antídoto. Aunque sus botas les protegían mucho más que las sandalias a los Viet Cong, las serpientes no elegían a quién picar en función del uniforme que llevaran. Junto a las serpientes, los soldados estadounidenses tuvieron que combatir a los insectos, especialmente los mosquitos, lucha que se convirtió en una de las grandes prioridades para los soldados en el campo de batalla. Su enfrentamiento a este elemento se vio enormemente favorecido en cuanto se dieron cuenta de que el humo verde de las granadas –sólo las de este color– los espantaba. Rápidamente se corrió la voz de su efectividad y su uso se generalizó entre la tropa.

Pero aquí no acababan las dificultades. La tropa tuvo que enfrentarse al cambio de táctica de la infantería. Se cambió el empleo de «fuego y maniobra» al «maniobra y fuego». La primera consistía en tomar contacto con el enemigo, generar una base de fuego para atraparlo y después maniobrar por pequeñas unidades en escaramuza para asaltarlo y eliminarlo. En el segundo sistema, y con el fin de cumplir el menor número de bajas entre las propias filas, primero se localizaba al enemigo y después se abría fuego para aniquilarlo. Según los expertos, esto asignó a la infantería un papel meramente defensivo y provocó una respuesta por parte del Viet Cong que en nada le resultaría favorable, puesto que los guerrilleros les rodeaban y así les obligaban a realizar costosísimas operaciones

Soldados heridos en la batalla de la Colina 484 (1966), de Larry Barrows. La resistencia de las tropas americanas llegó en Vietnam a límites insospechados. Los soldados libraban cruentas batallas, en las que eran heridos o muertos, que no servían para acabar con el enemigo. Fuente: www.codigopgtfiles.wordpress.com

de rescate, reduciendo el ataque a una simple defensa. Si estaban rodeados, solamente podían defenderse, no atacar. Además, la infantería tenía que reaccionar, sin saber muy bien cómo hacerlo, a la denominada «táctica de los cuatro pasos», que permitía al Viet Cong mantener la iniciativa, utilizar el elemento sorpresa y evitar acciones desordenadas. Primero planificaban meticulosamente el ataque, incluyendo los alimentos y suministros médicos necesarios para resistir; después avanzaban rápido en grupos dispersos hacia el campo de batalla; en el siguiente paso, en el que se efectuaba la emboscada, se concentraban y atacaban violentamente desde puntos estratégicos; y, por último, tras el ataque recogían a los heridos, recuperaban las armas que podían y huían hacia los puntos de concentración previamente pactados. Ante semejante control de la situación los soldados estadounidenses se sentían superados.

Sin embargo, una de las dificultades más notorias de la guerra de Vietnam no se encontraba en el frente de batalla ni tenía que ver con la forma de enfrentarse al enemigo, sino que se localizaba en el seno del ejército estadounidense. Según las estadísticas, más de un tercio de los soldados consumieron drogas durante su estancia en Vietnam –más de un millón de soldados tras la guerra–, especialmente marihuana y heroína. Según nos cuenta el politólogo P. Dale Scott, la CIA había convertido en costumbre la colaboración con determinados grupos financiados a través de la droga para poder seguir haciendo la guerra, práctica que ya era habitual en la fase de Indochina. Este investigador indica además que no es una coincidencia el hecho de que se incremente de forma sospechosa la producción y el consumo de drogas en aquellos territorios donde se encuentran desplazadas fuerzas estadounidenses, y su paulatina disminución cuando terminan sus intervenciones.

Si tuviéramos que enumerar las causas por las que se produjo este fenómeno en Vietnam, podríamos reducirlas a dos. De un lado, el horror diario al que se enfrentaban los soldados, a lo que habría que añadir la creciente desmoralización por no encontrar respuestas a las mismas preguntas, tales como «¿qué hago yo aquí?», «¿para qué luchar en una guerra ya perdida?» o «¿realmente es una causa justa?», todo lo cual amenazaba su ya de por sí frágil equilibrio emocional y su escasa capacidad de resistencia. De otro, por muy paradójico que resulte, el uso de las drogas –básicamente morfina– con fines terapéuticos convirtió a un elevado número de soldados en auténticos adictos. Para paliar los terribles dolores que sufrían los soldados cuando se producían desgarros en sus cuerpos por acción de las explosiones, los médicos les inyectaban morfina para cortar las partes del cuerpo que estuvieran

Soldados estadounidenses y el cadáver vietnamita. La
deshumanización de la guerra de Vietnam fue total. Solo
importaba matar al enemigo en un número lo más elevado
posible y comprobar que el objetivo se había cumplido.
El soldado debía contemplar la muerte con total pasividad.
Fuente: archivo fotográfico de la revista *Life*

gangrenadas. Cuando la guerra acabó, unos científicos
contratados por el gobierno comenzaron a investigar de
qué forma podría anularse la dependencia de esta sustan-
cia. Fue entonces cuando descubrieron un polvo blanco
al que llamaron «heroína» –nombre dado por los héroes
guerreros mutilados y drogodependientes– que resultaba

extremadamente efectivo. Pensaron que habían conseguido un éxito absoluto porque, a aquellos a los que se les había inyectado heroína, ya no dependían de la morfina. Sin embargo, fue un tremendo error. La droga que supuestamente salvaba a los héroes de Vietnam, creaba un mayor grado de dependencia y un terrible síndrome de abstinencia mucho más agresivo y difícil de superar que el que causaba la morfina.

Durante los primeros años de la guerra, entre 1965 y 1967, el consumo de droga entre la tropa no era una práctica muy habitual y, por tanto, tampoco causaba mayores problemas. La favorita era la marihuana; aunque el opio, los barbitúricos y las anfetaminas eran bastante accesibles. A medida que la guerra avanzaba, fue aumentando el consumo de drogas hasta llegar a alcanzar unas cifras jamás pensadas. No solamente fueron los problemas de la guerra lo que empujó a la droga a miles de soldados. El hecho de que el Sudeste Asiático –principalmente el denominado «triángulo de oro», esto es, Laos, Tailandia y Birmania, donde el cultivo de opio y marihuana era habitual– fuese uno de los mayores centros de droga del mundo, favoreció mucho esta situación. En Vietnam podían obtenerse este tipo de sustancias a precios muy asequibles. Se sabía que hasta el propio gobierno survientamita estaba implicado en el tráfico de drogas; sobre todo, en el contrabando de opio. Las leyes vietnamitas eran muy laxas en este asunto y tampoco existía ningún organismo oficial que controlase o previniese el consumo de marihuana.

Ante el cariz que estaba tomando el asunto, el gobierno de Estados Unidos decidió en 1968 cambiar la política respecto a las drogas. Se pusieron en marcha diversas campañas que evidenciaban lo peligroso de su consumo y advertían de sus impredecibles consecuencias, tanto físicas, como psicológicas. Los campamentos militares comenzaron a llenarse de carteles en este sentido.

El límite se había rebasado hacía ya tiempo, llegando a practicarse unas mil detenciones semanales por posesión o consumo de drogas. A pesar de que estaba muy bien camuflada, resultaba relativamente fácil localizarla por el olor característico que desprendía. Fue tal presión la que sufrieron las autoridades americanas que promulgaron leyes prohibiendo el consumo y la venta de marihuana. Dicha prohibición se hizo extensible a los jefes locales del sur, por lo que los campos donde se producía fueron destruidos por el ARVN y la aviación. Las autoridades llegaron aún más lejos y crearon agentes encubiertos para descubrir droga en las unidades ante el alarmante dato de que uno de cada dos soldados consumía droga.

La marihuana sería sustituida por la heroína. A finales de 1969 el famoso triángulo de oro mejoró el proceso de refinamiento de la droga y transformó el opio en heroína. La droga tenía una pureza del noventa por ciento —en Estados Unidos era del dos por ciento— y quizás por ello sus efectos inhibidores de la realidad se multiplicaban, aunque la heroína no producía un efecto relajante como la marihuana, sino todo lo contrario.

A principios de los setenta la droga llegó a Saigón. En 1971 fueron casi mil ochocientos las personas arrestadas por consumo de droga. Los distribuidores oficiales eran desde las camareras de los bares, hasta traficantes callejeros, pasando por simples adolescentes que transitaban por las rutas de la guerra. Es interesante señalar que la heroína en Vietnam se fumaba, no se inyectaba; incluso se podía aspirar, debido quizás a su increíble pureza. Muchos soldados utilizaban sus escopetas reglamentarias para inhalar estas sustancias. Pero el consumo de droga en el ejército, y también la población civil de Saigón, estaba llegando a unos límites insostenibles. Tras la marcha de los estadounidenses de Vietnam del Sur el Pentágono elaboró un informe en el que consideraba que al menos un 35 % de los efectivos que participaron en Vietnam habían probado la heroína, y un 20 % se convirtieron en adictos en algún momento del servicio.

A pesar de las leyes del gobierno estadounidense, del control dentro del propio ejército, e incluso de la creación de un «escuadrón antidroga», entre el cuarenta y el cincuenta por ciento de los soldados estadounidenses había consumido opio, marihuana o heroína. La droga se convirtió en una auténtica epidemia difícil de erradicar. Para R. Higgs, desde las esferas oficiales no se tomó ningún tipo de medidas contundentes en aras de solucionar este gravísimo problema y tan solo se desarrollaban medidas puntuales que tampoco servían de mucho. Se infligían castigos como el consejo de guerra o penas de prisión en la cárcel de Long Binh y podía suponer que el soldado sorprendido con drogas fuese degradado con deshonor, lo cual implicaba la pérdida de su derecho a recibir un subsidio por haber sido soldado o por veterano, aparte del hecho de que, ya reincorporado a la vida civil, nadie contrataba a un excombatiente que había sido expulsado del ejército por posesión o consumo de drogas. No obstante, lo peor, según este autor, era que las autoridades sabían la gravedad de la situación. Así, en 1967, McNamara remitió un informe a Johnson en el que advertía del peligro de las drogas, porque «puede haber un límite mucho más allá a partir del cual muchos estadounidenses y gran parte del mundo no permitirán que los Estados Unidos vayan». Con razón la historiografía ha considerado la de Vietnam como la primera guerra psicotrópica o psicodélica de la historia.

Las drogas, el miedo, la incertidumbre, la baja moral, todo impulsaba al soldado estadounidense a comportarse en esta guerra de forma extrema. La guerra generaba en él unas conductas que, aunque puedan ser hasta cierto punto comprensibles porque se lleven a cabo en situaciones límite, no pueden ser justificadas. El *fragging*, la rebelión contra la autoridad establecida, es decir, un motín en

La granada, símbolo del *fragging* en la guerra de Vietnam. Atentar contra los oficiales que ponían en peligro innecesariamente la vida de sus soldados no surgió en Vietnam. Sin embargo, sí fue en este conflicto donde alcanzó cifras verdaderamente preocupantes y se convirtió en una práctica generalizada. Fuente: www.chegenit. blogspot.com

términos militares, fue uno de los más claros ejemplos del efecto que puede producir en un ser humano el compendio de todos estos factores que acabamos de enumerar. El acto de atacar a un superior en la cadena de mando, el llamado *fragging*, con la intención de asustarle o incluso matarle, se convirtió en una práctica bastante más habitual de lo que cabría desear entre la tropa estadounidense. El elemento del que se valían para ponerlo en práctica era la granada de mano, porque resultaba mucho más difícil detectar al autor, o autores, materiales del atentado; sobre todo si este había tenido lugar en el fragor de la batalla. Cuando se quería avisar al oficial al mando de su equivocada actitud, se le dejaba el pasador de la granada sobre su cama en señal de advertencia. Aunque la mayoría de los autores de estos hechos nunca fueron identificados, se registraron 71 casos de soldados condenados por ellos.

El *fragging* fue el resultado, pues, de la droga y de la baja moral de la tropa. A pesar de la vietnamización seguían llegando soldados para combatir el comunismo, y el racismo estuvo presente en el seno del ejército de Estados Unidos, ya que muchos oficiales ofrecían un trato discriminatorio a los soldados de etnias minoritarias. El asesinato de Martin Luther King desencadenó la violencia racial en la sociedad norteamericana y un inconformismo que fue trasladado al ejército desplazado en Vietnam. Ya no basta con un simple fenómeno de desobediencia, atacar a un superior, o replantearse la continuidad o no en el conflicto, sino que se llega mucho más allá y el recelo, principalmente de los afroamericanos, se convierte en una rebelión contra lo establecido. Se consideran víctimas del racismo tanto en el trato, por estar menos instruidos eran rechazados para muchos trabajos, como en el destino que se les había asignado –solo estaban en infantería y nunca ocupaban puestos administrativos–, por lo que se definían a sí mismos como «la carne de cañón de esta guerra».

Vietnam constituyó el primer conflicto en el que los afroamericanos caminaron junto a los blancos defendiendo una causa común. Al menos era así en teoría. La presencia significativa de esta etnia en el ejército estadounidense no tuvo lugar hasta 1967, puesto que, hasta esa fecha, siempre habían estado en unidades pequeñas, separados, y bajo las órdenes de un oficial blanco. «*Charlie* lograba unirnos a todos con rapidez en el frente de batalla»; sin embargo, la cosa cambiaba cuando no se estaba combatiendo. El enfrentamiento entre negros y blancos era habitual, porque los brotes racistas no se quedaban en casa, y no se manifestaban exclusivamente contra los «amarillos comunistas», sino también contra «el morenito, el tizón que nos acompaña en esta guerra». La segregación racial se producía nada más despegar de Estados Unidos; los afroamericanos viajaban juntos y

Soldados afroamericanos ayudando a un compañero herido.
Los soldados afroamericanos sirvieron en Vietnam con la misma
fuerza que los blancos. A pesar del racismo del que eran objeto
por parte de sus compañeros blancos, en el campo de batalla
todos formaban un frente común para poder sobrevivir.
Fuente: www.periodistadigital.com

solo hablaban entre ellos. Si había más cordialidad en el campo de batalla era una mera cuestión de necesidad, de apoyarse unos a otros para asegurarse la supervivencia. Las cuestiones morales quedaban al margen. Pero al final de la guerra, según datos oficiales de las fuerzas armadas, había la misma proporción de afroamericanos que en la población americana, esto es, uno por cada diez blancos. Desde 1967 uno de cada cuatro soldados caídos en Vietnam era afroamericano. Ellos solamente querían demostrar que tenían las mismas aptitudes que un blanco. Solo había que darles una oportunidad.

Los destinos que ocupaban casi siempre estaban relacionados con las posibilidades económicas que ofrecían. Cuanto más duro era, más dinero podría cobrarse. Y, si tenemos en cuenta que una gran mayoría de los reclutas de esta etnia procedían de los barrios bajos, comprenderemos que arriesgaran sus vidas con más frecuencia que un blanco. Aunque no solo era el dinero, por supuesto. También querían dejar constancia de su valía como soldados, aunque muy a menudo no les dejaban hacerlo. Los pantanos, los arrozales y la jungla solían ser los destinos más habituales. Su escasa formación y la etnia a la que pertenecían impedían que accedieran a cierto tipo de puestos considerados superiores, como el de oficinista. Les resultaba cuanto menos curioso saber que estaba luchando en una guerra que, tras finalizar, devolvería a los blancos su bienestar habitual, aunque con sus diferencias por supuesto; pero dejaría a los afroamericanos relegados al eterno papel de segundón que estos les habían asignado. Si en el combate estaban más unidos por el miedo y la desesperación que suponía enfrentarse a este tipo de enemigos, en la base la situación era radicalmente distinta. En los baños aparecían pintadas del tipo «prefiero una cara amarilla a un morenito», o cruces del Ku Klux Klan dibujadas en las paredes. A finales de la década de los sesenta la situación fue a peor, llegando incluso a haber enfrentamientos raciales entre alguna sección de los marines y afroamericanos. El tiempo libre tampoco lo compartían. Cada uno tenía su propio territorio en Saigón y los afroamericanos lo aprovechaban para evadirse de la guerra y olvidarse del enemigo blanco. Un informe oficial del ejército estadounidense llegó a reconocer que «el tratamiento desigual se expresa en castigos desiguales, vocabulario ofensivo e insultante, designación desigual de tareas, escasez de productos para los negros, hostigamiento de parte de la policía militar que dispersa a grupos de más de cinco negros y aplicación desigual de los reglamentos».

Una vez más, las rivalidades en el ejército enemigo eran aprovechadas por el Viet Cong en su propio beneficio. La guerrilla enviaba mensajes cuyo contenido empujaba a los soldados afroamericanos a luchar contra su verdadero enemigo, aquel que le humilla y no le considera un igual, debiéndose olvidar de luchar contra aquellos que defienden la igualdad entre las personas. Ho Chi Minh llegó a decir que en las fuerzas norteamericanas también se libraba una guerra civil. Pero lo cierto era que uno de los dichos más populares entre estos soldados fue: «Ningún Viet Cong me ha llamado *nigger*».

Sin embargo, lo que sí presentaba una clara igualdad de condiciones fue en la posibilidad de caer prisionero en manos del enemigo, o pasar a engrosar las listas de los desaparecidos en combate. Los POW –Prisoner Of War– y los MIA –Missing In Action– fueron un tema bastante escabroso, tanto para las autoridades estadounidenses, como para el propio Pentágono. Unos ochocientos estadounidenses fueron hechos prisioneros en Vietnam. Cifra bastante pequeña si se compara, por ejemplo, con Corea, en donde hubo unos siete mil hombres prisioneros de guerra. Para el Viet Cong cualquier miembro de las fuerzas estadounidense era susceptible de ser capturado y convertirse en su prisionero, aunque su víctima predilecta para la captura siempre fueron los pilotos; sobre todo porque eran los que efectuaban las misiones de bombardeos.

La responsabilidad de las autoridades americanas, civiles y militares, era la de rescatar a aquellos que habían caído en manos del enemigo. Tarea que no resultaba nada fácil, porque el operativo de rescate exigía la implicación de demasiados efectivos, y su planificación resultaba cuanto menos complicada. Para que la misión pudiese tener éxito tenían que intervenir helicópteros de evacuación, operadores de radio, naves cisterna de aprovisionamiento y un número no determinado de cazas que ejercían de escolta. Los pilotos derribados eran una presa fácil para la guerrilla por dos motivos fundamentales. De un lado, el paracaídas abierto en tierra, o colgando de un árbol, daba importantes pistas sobre el posible paradero del piloto. Y, por otro, este presentaba tal debilidad física después del impacto de la caída que le resultaba muy costoso emprender la huida, a pesar de lo cual lo más recomendable era hacer acopio de valor y desaparecer lo más rápidamente que fuera posible, si querían evitar ser hechos prisioneros o perder la vida. Inevitablemente había un tiempo de espera hasta que la unidad de rescate viniese a por ellos. Un tiempo crucial en el que tenía que esconderse, esperando su salvación. Pero esta no siempre se producía y, si eran localizados por el Viet Cong y no eran eliminados, automáticamente se convertían en un POW que, en muchos casos, era trasladado a su nuevo lugar de residencia. La prisión de Hoa Loa [horno ardiente] fue bautizada irónicamente por los prisioneros de guerra estadounidenses con el nombre de Hanói Hilton. Era esta una prisión que ya había sido utilizada previamente por los franceses para encarcelar a presos políticos que instaban al pueblo a la rebelión por la independencia. De esta prisión se divulgaron noticias estremecedoras que mostraban las terribles condiciones en las que allí tenían que sobrevivir los prisioneros, víctimas de torturas e interrogatorios vejatorios que denigraban su condición de seres humanos. Pero las autoridades americanas siempre callaban ante el temor de que se tomasen represalias contra los presos que aún quedaban allí. Las autoridades vietnamitas, por su parte, siempre han mantenido que en esta prisión solo se encontraban aquellos que formaban parte de las fuerzas enemigas que habían atacado Vietnam sin autoridad ninguna.

El Pentágono calculó que podría haber más de dos mil soldados prisioneros entre las fuerzas comunistas. De ellos, mil cien habían sido dados por muertos y casi mil doscientos eran considerados MIA, desaparecidos en combate, sin que pudiera tenerse la certeza de su muerte. Los MIA simplemente desaparecieron o se dejó de tener contacto con ellos en el transcurso de una misión. Este hecho solía suceder en la inmensa mayoría de los casos en territorio enemigo, por lo que su localización resultaba prácticamente imposible. La historiografía considera que son básicamente cuatro las posibles causas por las que desaparecieron tantos hombres: por propia voluntad, sobre todo la infantería; por haber sido hecho prisionero por el enemigo, por haberse perdido y no haber podido ser localizado, o por desertar. En la década de los ochenta las autoridades de Hanói todavía seguían recibiendo documentación de casos de desaparecidos; aunque la apertura política que experimentó el país en los años posteriores facilitó el intento de zanjar de una vez por todas este delicado asunto. Hay voces, por otra parte, que denuncian la postura tanto del gobierno de Estados Unidos como del Pentágono por fomentar lo que algunos han bautizado como «la industria de los MIA», puesto que periódicamente se alimentaba la controversia publicando fotografías de hombres, blancos o afroamericanos, supuestamente prisioneros de tribus indígenas o en campos secretos de Vietnam y actualmente sigue sin poder ser comprobada la veracidad de estas historias.

Las que sí pueden ser comprobadas sin género de duda, aunque su trascendencia haya sido bastante menor, son las historias protagonizadas por un colectivo que jugó un papel altamente significativo en la determinación de la estrategia seguida en el conflicto. Las mujeres tuvieron un protagonismo indiscutible en este conflicto. No se limitaron a hacer simplemente trabajos complementarios, o servir de soporte desde diversos escenarios a las fuerzas de su país. Podría decirse que en el bando vietnamita la actuación de las guerrilleras en primera línea fue más contundente, aunque abarcaron muchos otros ámbitos como bailarinas y cantantes, enfermeras, e incluso agentes del servicio de inteligencia. El componente emocional fue decisivo para que las mujeres participaran activamente en el conflicto, ya que todas tenían un miembro de su familia luchando en la guerrilla. Había, pues, que

Guerrillera en un campo de entrenamiento. La participación
de las mujeres en la guerra de Vietnam, aunque bastante más
anónima, fue verdaderamente significativa. Se convirtieron en
auténticas expertas en la técnica de la emboscada y lucharon con
la misma capacidad que sus compañeros.

colaborar de la forma que fuera para conseguir la victoria. A ello contribuyeron, por ejemplo, las famosas *Mary*,
guerrilleras expertas en emboscadas de las que fueron
víctimas no pocos soldados estadounidenses. En el frente
de batalla el arma más comúnmente utilizada por las
mujeres soldado del Viet Cong fue, sin lugar a dudas,
la paciencia, imprescindible para estabilizar una emboscada. Eran capaces de esperar casi sin límite de tiempo,
fusil en mano y el dedo en el gatillo, hasta vislumbrar
al enemigo. Resistían ante lo que fuera, ya se tratara de
aviones estadounidenses sobrevolando sus cabezas o de
la posibilidad de ser sorprendidas por su infantería. Eran
igual de excelentes combatientes que sus compañeros. La
explicación a esta circunstancia es probable que tenga su
origen en la teoría política de Ho Chi Minh y el partido

comunista de Vietnam. Podría decirse que con este revolucionario comenzó el movimiento de liberación de la mujer en su país. En el programa político de su partido se incorporó por primera vez el derecho de la mujer a ser igual que el hombre, aunque solo fuera, para el líder del comunismo vietnamita, por el objetivo común que les unía: liberarse de la dominación extranjera.

Con la división de Vietnam muchas familias tuvieron que separarse al decretarse la reagrupación de las fuerzas del Viet Minh en el norte; mientras, en el sur el aparato represivo de Diêm presionó para que las mujeres renegaran de sus maridos y sus familiares combatientes, lo que provocó que muchas mujeres del sur se unieran a la lucha en el norte creándose así el primer grupo de guerrilleras. Una figura importante de la lucha femenina la constituyeron las llamadas «abuelas de la guerra», que se hicieron famosas por convertirse en las madrinas de los jóvenes combatientes vietnamitas, protegiéndoles en sus casas, curando sus heridas o, simplemente, alentándoles para resistir en la lucha. «El ejército de los cabellos largos» llegó a contar con dos millones de combatientes, convirtiéndose así en un ejemplo de participación masiva femenina en un conflicto.

Otro motivo por el que las vietnamitas participaron tan activamente fue la política de destrucción masiva de las aldeas estratégicas. Cuando los campesinos eran expulsados de sus aldeas, las mujeres se quedaron solas haciendo frente a la situación. Tenían que defender sus tierras y a sus hijos, y en este sentido, la movilización política e incluso armada constituía el escenario perfecto para sus reivindicaciones. Ellas solas lucharon contra los bombardeos estadounidenses, el envenenamiento de sus tierras, y la desintegración de sus familias contribuyendo de forma muy destacada a la liberación nacional. Desgraciadamente también fueron víctimas de esta guerra. Las prostitutas que Saigón puso al servicio de las tropas norteamericanas, o las campesinas violadas y asesinadas por los soldados dan buena cuenta de ello.

Por el bando estadounidense la contribución de la mujer fue mucho más específica, centrándose su actuación en tres unidades concretas: el Servicio Médico de Hospitales (SMH), en el que trabajaron directamente con pacientes combinando el trabajo médico con la terapia social, ya que se encargaban de la recuperación tanto física como anímica de los heridos; el Servicio de Instalaciones Militares (SMI), donde eran trabajadoras sociales de la Cruz Roja y se encargaban del correcto funcionamiento del servicio de comunicaciones entre los soldados y sus familias en Estados Unidos: hacían de intermediarias de todo cuanto allí sucedía y tenía que ver con la vida de los soldados, es decir, nacimiento de hijos, muerte de algún familiar, etc.; y, por último, DOD –Servicios Especiales–, en donde estaban encargadas de administrar los *Rest and Recreation* para proporcionar un ambiente relajado en medio de la guerra a través de juegos, representaciones navideñas, cuidando las bibliotecas de las bases y hasta celebrando conciertos. Fue en este servicio donde tuvieron lugar el mayor número de relaciones sentimentales entre las tropas y las enfermeras.

Pero para Estados Unidos la guerra acabó en 1973 y había que regresar a casa. Cuando llegaron los soldados que habían luchado en Vietnam se encontraron un país envuelto en una gran conflictividad política, con un inconformismo superlativo entre los jóvenes, una economía dominada por la inflación y una escasa fe en el poder militar de Estados Unidos. P. Biedler, excombatiente de Vietnam y profesor universitario, explicó el elemento diferenciador de un veterano de guerra y un veterano de Vietnam que, para este autor, no es otro que el olvido; es decir, a este último se le pidió que olvidase la experiencia que había vivido, lo que allí había sentido y, sobre todo, lo que le había supuesto, ya que, en su opinión, suponiendo que la guerra de Vietnam pudiese explicarse, a nadie le interesaría. Esta afirmación puede explicar en una parte muy importante las secuelas psicológicas que dejó Vietnam y que convirtieron la vida de los veteranos de guerra, en un gran número de casos, en una prolongación del sufrimiento que allí vivieron. Su salud –muchos siguieron siendo drogadictos–, su familia, sus relaciones sociales, su trabajo, todo se vio afectado; en palabras de M. Morán Ortí, «tristemente, cuando acabó la guerra, los excombatientes de Vietnam fueron marginados de la memoria colectiva, es decir, como cubiertos por un tupido velo; lo que pudo agudizar sus trastornos psicológicos de lo que allí vivieron».

El síndrome de Vietnam les impidió la adaptación a la vida civil con normalidad. Todas aquellas condiciones que se derivan del síndrome de estrés postraumático, como lo definen los expertos –recuerdos dolorosos de la guerra, miedo, insomnio, depresión– se despertaron en las mentes de estos hombres de una manera mucho más intensa, porque se sintieron solos, ignorados, incomprendidos y utilizados. Se habían enfrentado en vano con la muerte. Muchos veteranos tendrán incluso problemas con la ley, aumentando entre los afroamericanos el porcentaje de casos en este sentido. Vietnam les había cambiado por completo. Tanto es así que, como dato significativo, el número de divorcios entre los veteranos de Vietnam era elevadísimo: «Habían cambiado tanto –decían sus mujeres o sus novias– que era como si fueran otras personas». Si bien esto fue así, lo cierto es que tampoco sucedió en el cien por cien de los casos. Algunos afortunados consiguieron restablecer su vida conyugal con relativa normalidad.

Es cierto que cualquier guerra acarrea consecuencias psicológicas dramáticas. Sin embargo, este hecho en Vietnam resultó ser especialmente significativo. ¿Qué tuvo Vietnam de especial para que miles de hombres vivieran el resto de su vida trastornados? Cuando un soldado vuelve a casa, generalmente es considerado un héroe; pero los de Vietnam fueron tratados como villanos. No gozaron del reconocimiento de sus compatriotas, siempre necesario para al menos pensar que ha merecido la pena. Así, un detalle verdaderamente significativo de la gravedad de su situación fue que muchos de ellos, cuando volvieron, se enfrentaron a la soledad de la manera más brusca y violenta porque no había nadie para recibirlos; nadie les esperaba. Ni siquiera sus propias familias. Sufrían, en definitiva, lo peor que podría sucederles para desestabilizarles absolutamente: el rechazo. Mientras luchaban tenían que matar a otras personas sin preguntarse por qué. Cuando volvieron fueron tratados de asesinos de niños, de mujeres y de pueblos enteros. Durante el conflicto no comprendían por qué luchaban; en su propio país no entendían por qué los odiaban. Sentían que nadie reconocía su mérito. La sociedad por la que habían sufrido tanto, ahora les negaba la posibilidad de vivir como ciudadanos normales dentro de su propio país. Les negaba su derecho a reinsertarse. No había una segunda oportunidad. Esta situación fue especialmente dañina cuando se trataba de encontrar un trabajo. Nadie quería contratar a personas que arrastraban traumas importantes, se drogaban o, sencillamente, eran considerados unos inadaptados. Da igual dónde estuvieran. Desgraciadamente tenían que seguir haciéndose la misma pregunta: «¿Por qué yo?».

10

La versión de los hechos

Ningún país debe sesgar su historia, ni elegir aquellos acontecimientos que han de ser recordados con mayor intensidad en detrimento de otros que quizás resulte más conveniente olvidar. Las distintas Administraciones que intervinieron en la guerra de Vietnam no tuvieron tan claro de qué manera contar lo que allí había sucedido. Más que ninguna otra vez en su historia hubieron de plantearse qué es exactamente lo que se quería enseñar y qué mensaje debían transmitir; porque, en función de por donde se canalizara la intención informativa del gobierno, la sociedad civil estadounidense, la opinión pública, podría premiar o castigar a sus políticos.

Vietnam supuso un punto de inflexión en la forma de narrar un conflicto armado. Se ha repetido hasta la saciedad que ha sido la guerra más retransmitida por los medios de comunicación. Por vez primera se permitió a los corresponsales de guerra integrarse en unidades militares y realizar su trabajo en el corazón del frente de batalla. Los periodistas gozaron de una libertad plena para realizar su trabajo, y casi podríamos afirmar que tuvieron carta blanca para llegar con sus cámaras hasta donde considerasen que era necesario. Por primera vez los ciudadanos vivieron una guerra en tiempo real. Día a día se mostraba lo que en Vietnam acontecía. Ante esta situación resulta inevitable preguntarse el porqué de esta actitud. ¿A qué fue debida esta permisividad para contar lo sucedido? Máxime cuando las autoridades norteamericanas a lo largo de todos los años que duró el conflicto se mostraron recelosas de contar al mundo la historia tal y como fue. Negociaciones secretas, programas no desvelados, o actuaciones que no se correspondían con la intención política manifestada, son una buena muestra de ello. Si quisiéramos responder a estas preguntas de una manera concreta, bastaría con decir dos palabras, justificación y propaganda, para hacernos comprender qué subyace en la extensa difusión del conflicto de Vietnam.

Había que interpretar Vietnam como una causa justa. Y, en honor a la verdad, hay que decir que esta política fue desarrollada por igual en ambos bandos, aunque con una metodología diferente. En palabras de A. Expósito Moras, lo que importa es trascender que lo que se hace es lo correcto por una mera cuestión de popularidad, o impopularidad, frente a la opinión pública. Para este autor, la propaganda juega un papel esencial ante la victoria o la derrota, ya que la información puesta al servicio de los intereses políticos y las necesidades militares conducirá a la sociedad civil a manifestarse en un sentido determinado. Bien es cierto que esta actitud propagandística en la difusión del conflicto no fue exclusiva de los estadounidenses, sino que los vietnamitas, «los del norte», como así eran llamados los fotógrafos al servicio del FNL, y entre los que destacaron cuatro nombres propios, Doan Công Thinh, Chu Chi Thanh, Maï Nam y Hua Kiem, se entregaron si cabe con mucho más fervor a la divulgación de lo que allí sucedía, entre otras razones porque eran conscientes de sus numerosas limitaciones frente al despliegue de medios técnicos, y de toda índole, de los estadounidenses.

La cuestión era darle sentido a la intervención en una guerra que resultaba muy difícil comprender para la mayoría de la opinión pública. Tanto Johnson como Nixon, en sus respectivas campañas propagandísticas, sustentadas en la obsesión anticomunista que caracterizó a los dos presidentes, se esforzaron por mantener una imagen resolutiva, firme y sin fisuras ante una guerra que defendía la libertad y debía acabar con el comunismo. Sin embargo, ambos hicieron de la mentira el hilo conductor de sus políticas belicistas. Los Papeles del Pentágono –desclasificados en 2011– corroboran esta hipótesis. Los informes encargados por McNamara, popularizados con esta denominación, con el fin de analizar la verdadera implicación americana en Vietnam desde el fin de la guerra mundial hasta la década de los sesenta, pusieron en evidencia la sucesión de errores en la política exterior del país y el desastroso desencadenamiento en una intervención armada en la zona. Estos documentos vieron la luz gracias a Daniel Ellsberg, analista que trabajaba para las Fuerzas Armadas de los Estados Unidos, quien filtró a la prensa, concretamente al *The New York Times* y al *Washington Post*, el contenido de estos informes, y denunció su marcado carácter inconstitucional «por parte de una sucesión de presidentes –Johnson y Nixon–, cuya deliberada actuación en contra de los intereses nacionales podían conducir a América al desastre más absoluto». Para Ellsberg, solo cabe esperar que recapaciten y tomen conciencia de lo imprescindible de poner fin a una guerra absurda. Los papeles del Pentágono, pues, evidenciaron el doble rasero con el que se midió la política exterior estadounidense durante estos años. Incluso ha llegado a comentarse del presidente Johnson que su inclinación por mentir era una verdadera patología: «Nada puede ser peor que perder la guerra contra los comunistas». Por eso, cualquier método es válido cuando el fin es supremo.

Los papeles causaron un auténtico revuelo en el seno de la opinión pública y convirtieron a Nixon, quien instó a la prensa a desistir de su intención de continuar publicando el contenido de los informes, en el otro gran verdugo de la paz. Mientras que por un lado proclamaba la vietnamización y prometía no extender la guerra, por otro concebía un plan secreto para Vietnam, que nunca llegó a desvelar, que sin duda contenía la intención de proseguir con una guerra condenada al fracaso; como lo confirma las órdenes secretas dadas por el presidente para bombardear de forma masiva estos territorios. Su decisión de «enviar a Vietnam todo lo que pueda volar para así mandarlos a todos al infierno» era incuestionable. En público, por el contrario, quería poner en práctica su Teoría del Loco, justificando así su actuación. Como el propio presidente explicaba a sus colaboradores, había que transmitir la idea de que Nixon está loco para esconder su verdadera intención de nuclearizar la guerra en Vietnam. Se ha sabido que hasta en trece ocasiones diferentes el presidente llegó a amenazar con la posibilidad de luchar allí con armas nucleares, aunque las protestas populares le obligaron a rectificar. Difundiendo la idea de que Nixon está «loco», obsesionado con el comunismo de tal manera que no se le puede contradecir y en cualquier momento podrá apretar el botón nuclear, controlará a la opinión pública, la cual no podrá censurar sus actuaciones. «A los dos días –se jactaba el presidente– Ho Chi Minh estará suplicando la paz en París»; pero mientras el volcán vietnamita siguiera en erupción, la grieta abierta entre la Administración y la sociedad americana no podría cerrarse.

En la mediatización del conflicto vietnamita no solamente intervino la prensa, sino que la línea política del gobierno fue también señalada desde dos elementos clave de los *mass media*, esto es, el cine y la televisión. Hollywood habló de Vietnam a través de las muy diversas películas que se rodaron sobre el conflicto. Las distintas perspectivas desde las que este fue considerado por la industria cinematográfica variaron en función de la ideología del director y de su experiencia vital, teniendo en cuenta que algunos participaron en el conflicto, como fue el caso por ejemplo de Oliver Stone. Lo que sí es cierto es que, con independencia de la intención, todas las películas invitan a la reflexión, sea en la dirección que sea, y a la crítica; o, más bien, a la autocrítica. Aunque, a pesar de ello, y tal y como nos indica I. Ramonet, Hollywood nunca trató el tema de Vietnam ni en un sentido triunfalista, como con la Segunda Guerra Mundial o Corea, ni tampoco realizando una crítica radical a la política imperialista de los Estados Unidos (excepción hecha del documental *Vietnam in the year of the pig* (1968), primera película sobre Vietnam, el cual manifiesta, en palabras de este autor, las causas profundas de la guerra analizando sus consecuencias con sentido crítico y demostrando dos cosas: la larga premeditación de la agresión norteamericana y lo inevitable de la derrota.

Podría decirse que el cine bélico no fue el mismo desde la guerra de Vietnam. Como defiende G. Pala, cambió la manera de interpretar este género en Estados Unidos, ya que, hasta este acontecimiento, el cine era prácticamente un panegírico de la grandeza americana. Solo se resaltaban sus victorias, sus hazañas, sus proezas a favor de la libertad; pero ahora se lanzará un mensaje diferente. Los cineastas se decidieron a cuestionar el conflicto de una forma contundente. La temática plasmada en la gran pantalla estructuró las películas sobre Vietnam en diversos grupos. En primer lugar, el cine épico de denuncia sobre el sufrimiento de la guerra y crítica desgarrada al horror que esta produce. *Apocalypse Now* (1979) y *Platoon* (1986) son los dos ejemplos más representativos de este tipo de cine. Respecto de la primera, la crítica coincide en decir que Coppola dirigió la película más radical de cuantas se han hecho sobre el conflicto y la que más censura la política norteamericana, en donde más se evidencia la agresión brutal de la nación más poderosa y con la tecnología más avanzada, contra un pequeño país pobre con un ejército de campesinos. En *Platoon*, o la irracionalidad de la guerra, se pone de relieve la confusión moral y emocional que el miedo a la muerte desencadena en el ser humano y cómo reacciona ante el bien y el mal según su conciencia y su moralidad. Así como la espiral de violencia incontrolable a la que se ve abocado sin remedio. Algunos críticos han destacado que el director, Oliver Stone, en realidad pretendió denunciar que las guerras nunca son patrióticas, es decir, al final no importa si el enemigo es el del bando contrario, tus propios compañeros o incluso tú mismo. La única realidad es que la violencia de una guerra solo desencadena el desastre y el horror.

Una segunda temática en la filmografía sobre la guerra de Vietnam es la del veterano de guerra. Esta figura siempre es planteada desde el fracaso que ha supuesto un conflicto mal entendido, que ha arruinado la vida de los que consiguieron volver de aquel horror. *Los visitantes* (1972) fue la primera película que se centró en los veteranos de guerra en la ficción. Pretendía reflejar el injusto sufrimiento de este colectivo marginado e incomprendido por el país por el que arriesgó su vida, cuyo maltrato le obliga a prolongar el sufrimiento y la tragedia vivida durante la guerra. Los críticos de cine consideran a esta película como la impulsora de la figura del veterano como un ser asocial, resentido y frustrado de por vida. *Taxi Driver* (1976) refleja cómo la experiencia de Vietnam

Cartel publicitario de la película *Apocalypse Now*. Hollywood se convirtió en un importante medio para denunciar lo que estaba sucediendo en Vietnam. Las películas abordaron el conflicto desde sus diferentes temáticas, pero el denominador común de todas ellas fue el horror de Vietnam y sus terribles consecuencias.

ha enseñado a una persona a no poder entender la vida de otra forma que no sea la violencia. Es como estar en un continuo estado de guerra que le impide desarrollar cualquier otra forma de comunicarse. *The Deer Hunter* (1978) cuestiona el conflicto de Vietnam a través de tres veteranos de una forma mucho más psicológica. La película incide en la devastación emocional que supone una experiencia de estas características, reflejándolo a través del trastorno mental e incluso la locura que padecen sus protagonistas a los que la guerra ha arruinado la vida por completo. *El regreso* (1978) impulsa a reflexionar sobre la injusticia de la guerra y la necesidad de buscar alternativas no destructivas que permitan vivir en paz a los que arriesgaron su vida por la patria y ahora, mutilados y enfermos, sufren sus consecuencias. *Acorralado* (1982), con el famoso personaje John Rambo, interpretado por Silvester Stallone, describe los problemas de adaptación de este excombatiente condecorado de las fuerzas especiales. *Birdy* (1984) es la expresión clara de la tristeza más pura del ser humano que, tras pasar por la terrible experiencia de una guerra, queda destrozado física y emocionalmente. *Jardines de piedra* (1987), cuyo título hace alusión al nombre que recibe el cementerio de Arlington donde están enterrados la mayoría de los soldados que combatieron en Vietnam, narra la vida de un veterano dedicado a entrenar a futuros marines, que se debate entre el cumplimiento de su obligación y el desconcierto que le producen los métodos de formación del ejército, los cuales no tienen nada que ver con lo que se encontrarán en el campo de batalla. Se siente atrapado en una realidad que no comprende. Por último, *El cielo y la tierra* (1993) presenta a través de la experiencia de su protagonista, que vuelve a casa casado con una vietnamita, cómo no es posible superar el horror vivido ni los traumas de una guerra, a pesar de haberse enamorado en medio de tanta tragedia. El suicidio es la única liberación.

Una tercera vía en la filmografía sobre la guerra de Vietnam es la que aborda la inutilidad de prepararse, de entrenarse, para luchar en la guerra, lo vulnerable del ser humano cuando tiene que elegir entre morir o matar, así como la crueldad que al mismo tiempo es capaz de desarrollar cuando el combate le obliga: es el caso de *La chaqueta metálica* (1987), de Stanley Kubrick, donde también aparece el *fragging*; *El sargento de hierro* (1987), en donde Clint Eastwood entrena a un grupo de hombres para ser auténticos marines; *La colina de la hamburguesa* (1987), o la crueldad de la guerra; y *Cuando éramos soldados* (2002), sobre la batalla del valle de Ia Drang, son un claro ejemplo de ello. Mención especial merece la película *La escalera de Jacob* (1990), en donde se aborda la experimentación con sustancias químicas, el BZ, de la que fueron objeto las tropas estadounidenses y los devastadores efectos que ello produjo. Como gran parte de la crítica refiere, esta película en realidad manifiesta la guerra que dentro de su propio ejército libró el gobierno de los Estados Unidos.

En relación con el resto de los títulos con guiones basados en Vietnam, cabría mencionar *Boinas verdes* (1968), exaltación del triunfalismo estadounidense, en la que John Wayne resalta la labor de esta unidad especial en Vietnam; *Desaparecido en combate* (1984), con el famoso coronel Braddock, interpretado por Chuck Norris, que, como el título indica, aborda la cuestión de los desaparecidos en el conflicto y los campos de concentración vietnamitas; *Good morning Vietnam* (1987), la manipulación de los medios de comunicación; *Nacido el 4 de julio* (1989), sobre pacifismo (refleja la transformación de un veterano parapléjico en un líder pacifista; ilustra de alguna manera la confianza en la paz como salida a cualquier conflicto, incluso los internos); *Corazones de hierro* (1989) plantea la guerra como conflicto moral; *Air America* (1990) plantea la historia de dos pilotos de la línea aérea de la CIA que transportan soldados y material para el ejército de Vietnam sur, y descubren que la línea es usada para el contrabando de heroína y como fuente de ingresos para oficiales corruptos del ejército survietnamita. Además de estos, destacan otros títulos como *Strike Comando 2* (1988), *Bat 21* (1988), *Casualities of War* (1989), *La guerra* (1994), *Forrest Gump* (1994), *Tigerland* (2000), *Camino a la guerra* (2002), punto de vista del presidente Johnson; *The Fog of War* (2003), documental sobre McNamara, y *Rescate al amanecer* (2006).

Respecto de cómo trató la televisión norteamericana la guerra de Vietnam habría que destacar el hecho de que esta fue transmitida como un acontecimiento ajeno a la cotidianidad estadounidense, en el sentido de que se contaba lo que estaba ocurriendo en otro país. Se retransmitían por televisión los bombardeos, pero no se explicaba por qué sucedían. Con esta actitud el gobierno pretendía utilizar la televisión para asegurarse de que la opinión pública no se quejaba de desinformación, pero, al mismo tiempo, controlaba las noticias que llegaban desde Vietnam. Era el termómetro que medía el efecto que en la sociedad civil podía tener el conflicto y, pretendidamente, intentaba ser el principal medio de difusión de propaganda anticomunista. También la ficción en la televisión abordó la cuestión de la guerra. La serie *MASH –Mobile Army Surgical Hospital–*, aunque basaba la acción en la guerra de Corea, podía extender su efecto a Vietnam: fue la mayor muestra de antibelicismo emitida por televisión y una de las más emblemáticas en este sentido. Narraba las experiencias de un grupo de médicos militares que desarrollaban su trabajo en un hospital de campaña durante la guerra de Corea.

Con independencia del efecto que surtieran los *mass media* entre la población civil estadounidense, lo cierto es que la opinión pública cada vez adquiría una postura más delimitada, en su mayoría en contra del conflicto. En líneas generales, se definía por negarse a asumir el incremento desorbitado del coste de la guerra, rechazando, por otro lado, abandonar sin más los compromisos adquiridos en la zona; plantearse la posibilidad de alcanzar una solución negociada; y no mostrarse indiferente ante lo que allí estaba aconteciendo. En definitiva, cada vez cobraba más fuerza el movimiento pacifista que abogó por una solución rápida y humanitaria de la guerra.

Durante los años de la guerra los movimientos pacifistas y pro derechos civiles alcanzaron una enorme relevancia en Estados Unidos. Fueron años de lucha, reivindicaciones y denuncias antibelicistas que puso en el punto de mira el sistema de vida estadounidense. Tanto fue así que no se libraron de ser espiados y perseguidos

Movimientos pacifistas contra Vietnam, 1967. El gesto de mostrar una flor ante el fusil de un soldado realizado por esta pacifista se convirtió en un auténtico símbolo para los movimientos a favor del fin del conflicto en Vietnam. La forma de demostrar la existencia de una alternativa a tanta violencia y sufrimiento innecesario.
Fuente: www.objetivodenuncia.blogspot.com

por las instituciones oficiales, temerosas de no poder controlar la situación o, yendo mucho más lejos, que una especie de comunismo encubierto estuviese infiltrándose en el corazón del país más anticomunista. El inicio concreto de la protesta contra la situación en Vietnam puede datarse en 1963, fecha en la que la llamada Liga de Resistentes a la Guerra se organizó para protestar contra la persecución que el gobierno de Diêm ejercía hacia los budistas. A pesar de que todavía Estados Unidos no había enviado tropas a combatir, solo estaban presentes en forma de asesores, ya se alzaron voces en contra de cualquier tipo de presencia norteamericana en suelo vietnamita. Un año después comenzaron a emerger con fuerza las voces que pedían colaboración para conseguir la estabilidad en ese país y los que abogaban por la continuidad con las armas.

Vietnam era el espejo en el que se miraba la sociedad estadounidense. Los movimientos de derechos civiles fueron el trasfondo de una agitación social que tomó connotaciones antibelicistas ante la confusión que provocaba la anomalía de Vietnam. Los movimientos estudiantiles, cuya actuación comenzó ya en la década de los cincuenta, constituyen en gran medida el germen de la acción antibelicista de los años siguientes. Comenzaron a surgir asociaciones, como la Students Non-Violent Coordinating Committee (SNCC), que empiezan a despertar de alguna manera la conciencia social ante lo que consideraban la pasividad de las autoridades, o los Students for a Democratic Society (SDS), que se convirtieron en grandes activistas durante la década de los sesenta. Fue también la hora del despertar de la protesta pacífica que vio en las manifestaciones, las marchas pacíficas e incluso la desobediencia civil, la forma más idónea de presionar al gobierno y dirigir al mismo tiempo a la opinión pública hacia una posición antibelicista.

El detonante del movimiento antibelicista lo protagonizaron en marzo de 1964 doce jóvenes que decidieron quemar públicamente sus tarjetas de reclutamiento en señal de protesta contra la guerra. Cuando meses más tarde aconteció el incidente de Tonkín, la situación estaba aún más crispada. En diciembre unas mil quinientas personas se manifestaron en Nueva York contra la guerra y otras seiscientas en San Francisco. En otras ciudades como Washington, Miami o Chicago se produjeron situaciones parecidas. Reivindicaban el alto el fuego inmediato y el fin de la presencia estadounidense en ese país. Pero en la escena sociopolítica del momento irrumpió con fuerza un movimiento que no estaba tan dispuesto a caminar por la senda de la protesta pacífica;

El líder afroamericano Martin Luther King en un mitin contra Vietnam. «La injusticia en cualquier lugar es una amenaza en todos lados»; «una nación que gasta más dinero en armamento militar que en progresos sociales avanza hacia su muerte espiritual». Vietnam representaba para Luther King la mayor injusticia que su país estaba cometiendo y conducía a su muerte moral. Fuente: www.wordsport.com

al menos no exclusivamente. La minoría afroamericana en los años de la guerra de Vietnam empezó a no admitir la pasividad de las autoridades y no aceptar la imposición que suponía participar en el conflicto. Detrás de esta actitud se escondían décadas de sumisión obligada a los blancos y la necesidad de hacer reivindicaciones propias para la mejora de su situación en el país de la libertad. El *Black Power* parecía tener muy clara la actuación mediante la violencia, la cual estará presente en la mayoría de sus actos. Sin embargo, dentro de la comunidad afroamericana, pero en el extremo contrario, se manifestarán los activistas dirigidos por la trascendental figura de Martin

Luther King, que, a través de la resistencia pacífica y las creencias religiosas, arrojarán un rayo de esperanza a los jóvenes de su raza que se sienten todavía más atrapados por Vietnam que los blancos.

Será en 1965, momento en el que las tropas participan de forma directa en el conflicto y la opinión pública comienza a conocer realmente lo que está sucediendo en ese lejano país asiático, cuando la intelectualidad irrumpa en el movimiento pacifista. El *teach-in*, mezcla de reuniones, seminarios y protestas, conducirán las acciones de gran parte del mundo académico. Varios profesores de la universidad de Michigan protagonizaron una protesta organizada en la que participaron dos mil quinientas personas, extendiéndose a treinta y cinco universidades más. Cuando en febrero el país entero tuvo noticia del primer bombardeo masivo en Vietnam hubo revueltas sociales, altercados con las fuerzas de orden público e incluso piquetes por las principales ciudades. El punto álgido de la protesta llegó cuando empezaron a recogerse firmas llamando a la desobediencia civil. Según avanzaba el año el número de organizaciones civiles en contra de la guerra iba aumentando de forma un tanto preocupante para el gobierno, el cual estaba empezando a tomar conciencia de la gravedad de la situación. Veinticinco mil personas se concentraron en Washington, escenario de las muchas protestas civiles que tendrían lugar a partir de entonces y hasta el final del conflicto. En otras ciudades como California, las universidades seguían siendo el foro en el que miles de personas expresaban su oposición a la guerra; llegando incluso a quemar carteles con la imagen del presidente Johnson, a pesar de que todavía un 48 % de la población aprobaba las decisiones que el gobierno tomaba en relación con el conflicto. El Pentágono y las embajadas de otros países, como la de Gran Bretaña, no se libraron de contemplar manifestaciones y reivindicaciones antibelicistas.

Los activistas están cada vez más estructurados y los actos se realizan de forma mucho más organizada. En Nueva York, el Comité de Pacifistas de la Quinta Avenida, en el que incluso estaban presentes comunistas y socialistas contrarios a la guerra, lanzó a protestar a la calle a más de cincuenta mil personas. Pero los ánimos lejos de calmarse se crisparon aún más cuando Johnson, haciendo oídos sordos a lo que gran parte de la sociedad americana expresaba, decidió ordenar los bombardeos masivos sobre Vietnam y elevar en miles el contingente de soldados allí desplazados. La población, sobre todo los jóvenes, estaba cada vez más en contra de la guerra. Las manifestaciones no cesaban y los grupos de oposición eran cada vez más reivindicativos. En mayo de 1966, diez mil personas pidieron el fin de la guerra frente a la Casa Blanca, y para el mes de julio ya no eran solo las voces americanas las que se alzan contra la violencia de esta guerra absurda, sino que en muchos otros países clamaban por la retirada estadounidense y el fin del conflicto armado. Huelgas, protestas y sentadas protagonizaron la movilización social a lo largo de todo ese año. Los *Fort Hood Three*, tres soldados que se negaron a ser reclutados y que fueron encarcelados por ello, serían los grandes protagonistas de los movimientos de este año. Y el famoso boxeador Mohamed Ali se declaró objetor de conciencia.

Entre 1966 y 1967 el fenómeno de la denominada contracultura cobrará una fuerza verdaderamente significativa. Además de los veteranos, que fueron desoídos por las autoridades, una alternativa hasta ahora existente pero no lo suficientemente contundente desatará una verdadera revolución pacífica en el seno de la sociedad estadounidense. El movimiento hippie, paradigma de la no violencia, insistirá con sus particulares prácticas en lo imprescindible de convencer a las autoridades de no continuar con la locura de esta guerra. La famosa *Human be in,* en San Francisco, será el centro destacado

Sentada delante del Pentágono el 27 de octubre de 1967. En
la década de los sesenta el conflicto vietnamita se trasladó a
la sociedad estadounidense en forma de activismo, protestas
y manifestaciones contra la intervención estadounidense. La
sociedad civil se movilizó para poner de manifiesto a su gobierno
el terrible error que cometía prolongando la guerra.

del movimiento hippie (a quienes Ronald Reagan, el que
sería presidente de los Estados Unidos en la década de
los ochenta, definió como «aquellos que visten como
Tarzán, tienen el pelo como Jane y huelen como Chita»).
«La reunión de tribus para un *Human be in*», que culminaría con el *Summer of love*, la gran celebración del movimiento contracultura, como la prensa local anunció el
acontecimiento, tuvo lugar en el Golden Gate Park de

San Francisco a principios de 1967 con motivo de la prohibición de una nueva droga, el LSD, por las autoridades de California. Por medio de este acto el movimiento hippie afianzó la idea de resistencia pacífica y el cuestionamiento de la autoridad establecida, esta vez en relación con los derechos de los consumidores, los derechos de civiles y los de las mujeres. Precisamente las NOW, principal organización de mujeres antiguerra, o las *Women Strike for Peace,* que llegaron hasta el Pentágono, aunque serían rechazadas por McNamara, despertaron muchas conciencias femeninas para combatir por la paz. El otro gran ejemplo de movimientos contraculturales lo constituyeron los *draft-cards*, jóvenes que, como ya hemos comentado, se negaban a prestar el servicio militar en Vietnam y quemaban sus cartillas de reclutamiento, yendo a la cárcel por este motivo muchos de ellos. En casos extremos algunos jóvenes llegaron a quemarse vivos para manifestar su oposición a la guerra.

No obstante, los movimientos de protesta y resistencia más reivindicativos fueron los protagonizados por los afroamericanos. Como mencionábamos unas líneas más arriba, la situación de esta etnia en estos momentos empujó a sus líderes a aprovechar la ocasión para reivindicar no solamente el trato igualitario de negros y blancos en el conflicto vietnamita, sino en el conjunto de la sociedad estadounidense. El mencionado *Black Power Movement* tendrá gran repercusión en los movimientos antibelicistas. Los Panteras Negras, facción más violenta de este movimiento, entenderán la revolución desde el radicalismo e incluso las acciones terroristas, posturas que chocaban frontalmente con la ideología que defendía Martin Luther King. La marcha que dirigió en la ciudad de Chicago, y a la que acudieron cinco mil personas, fue solo el principio de todo lo que acontecería después a favor de la paz en Vietnam. «Si el alma de Estados Unidos llega a envenenarse totalmente, en algún lugar de la autopsia se deberá leer «Vietnam». Es mi propio gobierno el mayor generador de violencia del mundo en estos momentos». Estos comentarios de Martin Luther King expresaban el sentir de una gran mayoría de la población norteamericana horrorizada frente a la crueldad de sus dirigentes, que comenzaba a considerar el conflicto de verdadera atrocidad, calificativo que se le otorgaba ya dentro y fuera de las fronteras estadounidenses. El premio Nobel Bertrand Russell denunció públicamente al gobierno estadounidense y sus aliados por crímenes contra la humanidad, lo cual contribuyó a caldear mucho más el ambiente y propiciar la intensidad de las protestas.

De la intelectualidad a los hippies, pasando por los afroamericanos, continúan sin cesar las protestas contra una guerra que ya es «un callejón sin salida», al que se unirá con fuerza una manera alternativa de reivindicar la paz. Hasta que estalló la guerra en Vietnam parecía que la música era ajena a la política. Tan solo se permitían algunas actitudes patrióticas como las de Elvis Presley cuando se alistó en el ejército en 1958. Sin embargo, en la década de los sesenta la canción protesta, en diversos estilos, avivó el fuego reivindicativo entre los jóvenes estadounidenses. Junto a ellos los cantantes querían cambiar el mundo y la forma de pensar de los dirigentes. Peter Seeger, *Where have all the flowers gone*, fue uno de los pioneros de la canción protesta y se convirtió en un verdadero referente para muchos otros artistas que vinieron después y se sumaron al movimiento pacifista cuando escribió *Bring them home*, pidiendo el regreso de los soldados a casa. Bob Dylan con *Blowing in the wind*; Simon and Gartfunkel, cuya música es en gran medida un rechazo abierto a la guerra; John Lennon, con canciones absolutamente pacifistas; o The Doors, mucho más reivindicativos, que emplearán la música como argumento para derrotar la violencia. En 1971 Marvin Gaye, *What's going on*, lanzaría un álbum

John Lennon y Yoko Ono en un acto a favor de la paz. El cantante John Lennon fue uno de los personajes públicos más comprometidos con la causa pacifista, ofreciendo al mundo la actitud que los políticos de entonces debían manifestar: trabajar a favor de la paz permanente.

de condena a la guerra en el que se pregunta «¿quién va a juzgarme por llevar el pelo largo?». No obstante, a lo largo de los años sesenta, se escribieron canciones que hacían referencia explícita a la guerra de Vietnam, y muchos cantantes y grupos musicales volcaron gran parte de su carrera en motivar a los jóvenes a no rendirse ni permanecer impasibles ante el horror de este conflicto. Algunos de los ejemplos más destacados en este sentido fueron Barry Maguire, *Eve of destruction*; The Animals, *We gotta get out of this place*; The Youngblood, *Get together*, himno de la generación *flower-power* –recordemos esa escena en la que activistas armados con flores colocan estas en el cañón del arma reglamentaria de la policía–; Edwin Star, *War*; Crosby Still Nash and Young, *Ohio*, después de la matanza de cuatro estudiantes que protestaban contra la guerra de Vietnam; o The Doors, *The unknow soldier*. Como curiosidad cabe destacar que en el frente de batalla la música más escuchada por los soldados estadounidenses eran los Rolling Stones, The Doors, The Who, The Beatles, Eagles, Bob Dylan y Jimmy Hendrix.

Pero el activismo será disuelto cada vez con más contundencia y agresividad. Se utiliza la violencia para apagar las manifestaciones contra el uso de la violencia. La policía militar detiene a los activistas por centenares y recibe órdenes claras de no vacilar en sus actuaciones, aunque el activismo antibelicista sigue celebrando actos reivindicativos, como la marcha de la Primavera, que supondrá el desarrollo de una serie de marchas contra la guerra en la que participarían personas de las principales ciudades americanas como Nueva York, Washington o San Francisco. El año acabó con la convocatoria de un referéndum no vinculante que planteaba la urgencia de una retirada inmediata de las tropas americanas en Vietnam. Curiosamente, el 67 % de los votantes dijeron «no», lo que fue interpretado por el gobierno como un espaldarazo para su política belicista de continuidad de la guerra.

El punto culminante de las protestas sociales coincidirá con el punto álgido del conflicto: 1968 se caracterizó por la especial intensidad de las reivindicaciones pacifistas. El asesinato de Martin Luther King provocó la crispación entre la población afroamericana, que explotó en una oleada de violencia realmente preocupante. Los disturbios de Washington fueron la muestra más significativa de ello. La ira y el rechazo visceral a la guerra se multiplicarán cuando se conozca lo acontecido en Vietnam en la ofensiva del Tet y la masacre de My Lai, que no fue conocida hasta un año después. La sociedad americana dejó de confiar y de creer en su gobierno y comenzó a cambiar las protestas por las exigencias con consecuencias desastrosas. En agosto tuvo lugar los trágicos disturbios de Chicago, en donde se libró una auténtica batalla campal a lo largo de seis días entre la policía y los manifestantes, que impulsó a su alcalde a prohibir cualquier tipo de marcha o manifestación, incluso reunión, en lugares públicos. Esta decisión fue justificada argumentando que «se necesitaba tranquilizar, doblegar, a las masas».

En la marcha por la paz construida en estos años, fue el famoso festival de Woodstock de 1969 el que protagonizó uno de los momentos más especiales. Allí se dieron cita unas quinientas mil personas –aunque la policía había previsto sólo seis mil– para proclamar la paz. Casi sin darse cuenta, el festival se convirtió en icono del movimiento pacifista en contra de la guerra de Vietnam. En 1969, con Nixon ya en el poder, y preocupado por «la mayoría silenciosa», la lucha pacífica en Estados Unidos por el fin de la guerra miraría expectante al nuevo presidente con la esperanza de que recapacitara y pusiera fin a ese sufrimiento inmerecido; pero nada más lejos de la realidad. No quedaba más remedio que seguir luchando y miles de manifestantes invadían de nuevo las calles. El Comité de Movilización Estudiantil y la New Mobilization Committee to End the War in Vietnam movilizaron a miles de personas con el fin de exigir una vez más una retirada inmediata de las tropas. Cada vez está más arraigada la idea de que Vietnam ha sido un tremendo error.

La década de los setenta comienza con las incursiones en Laos y Camboya, a pesar de la tan anunciada vietnamización, y una opinión pública cada vez más contraria a la guerra. Según D. García García lo más característico de estos últimos años de protesta será la creciente división existente en los distintos sectores antiguerra, la aparición de nuevas fuerzas de resistencia y la mayor influencia en política de los movimientos antibelicistas. Ante el cariz que estaban tomando los acontecimientos, en el verano de 1970 Nixon decide crear una comisión que acabe con la espiral de violencia que está viviendo el país y el caos que se está instalando en la sociedad estadounidense.

Camiones que estallan delante de universidades o las macromanifestaciones antibélicas que ocurren en lugares principales como California provocan la contundente reacción del gobierno que ordena a la policía atacar con cargas y gases lacrimógenos matando a dos personas. Momentos después de dispersar a los manifestantes, un grupo de agentes entraron en un bar cercano, donde dispararon y asesinaron a Rubén Salazar, un periodista de *Los Angeles Times*. En abril de 1971 varios grupos de veteranos de Vietnam arrojaron más de setecientas medallas por las escaleras del Capitolio.

Las manifestaciones siguieron aumentando y llegaron incluso a bloquear el Congreso. Las actuaciones de grupos reivindicativos fueron cada vez más contundentes y se produjeron miles de detenidos. Algunos grupos reivindicativos llegaron a entrar en oficinas de reclutamiento del ejército para destruir todo lo que consideraban documentación oficial que validaba la continuidad de la guerra. Al año siguiente, en respuesta a la escalada de bombardeos en Vietnam, el ámbito académico se moviliza y protesta por las calles de Nueva York, San Francisco y Los Ángeles. En 1972, lejos de calmarse los ánimos, no cesan las protestas y se extienden por todo el país con gran contundencia cuando el presidente anuncia su decisión de minar los puertos norvietnamitas y lanzar nuevos ataques aéreos. Sin embargo, cuando Nixon anuncie el fin de la intervención norteamericana en Vietnam, las protestas irán diluyéndose hasta apagarse del todo. Entre 1973 y 1975 aún quedaron resquicios del movimiento pacifista en forma de pequeños grupos aislados que no tendrán el apoyo generalizado de la sociedad. Ahora las manifestaciones serán contra la continuidad de la ayuda a Saigón y a favor de la amnistía del medio millón de jóvenes que habían eludido el servicio militar; pero en realidad, las protestas antibelicistas de forma masiva habían concluido.

Las protestas concluyeron y la guerra también. El alcance de la guerra sobrepasó todas las previsiones. El conflicto más largo, doloroso y humillante para Estados Unidos cambió su perspectiva de la realidad. Ya no eran la potencia invencible para el comunismo, la nación libertadora; sino que Vietnam había demostrado los fallos del sistema estadounidense. Desde un punto de vista puramente militar la consecuencia más grave de la sucesión de errores cometidos por las fuerzas estadounidenses fue la derrota. Para empezar, no hubo una coordinación informativa que permitiera comunicar la realidad de la situación de manera que estuvieran preparados para los acontecimientos que tendrían que superar. Después, el abandono de los terrenos conquistados que eran ocupados de nuevo por el Viet Cong dejaba sin efecto la acción bélica emprendida, viéndose obligados a acometer un nuevo ataque. Y por último, la obstinación en seguir defendiendo las mismas tácticas frente a una guerrilla que sabía como hacer frente al increíble potencial bélico estadounidense abocó al fracaso la empresa vietnamita.

Desde el punto de vista social, la consecuencia más grave que tuvo que afrontar el país fue el solucionar la situación de un nuevo colectivo marginado surgido tras el conflicto, el de los veteranos, inadaptados, enfermos y esclavos de la droga. Estados Unidos también tuvo que hacer frente al elevado coste económico del conflicto. La guerra costó 150.000 millones de dólares, la mayoría de los cuales se destinó a gastos militares. Las 7,6 millones de toneladas de bombas lanzadas a lo largo de la guerra supusieron unas pérdidas cuantiosas para el erario público, a las que habría que sumar los tres mil setecientos aviones, entre cazas y bombarderos, que perdió y los cinco mil helicópteros que fueron derribados.

Pero el precio más elevado, las cifras más dramáticas de cualquier guerra, siempre son las pérdidas humanas. Casi 58.000 soldados estadounidenses murieron en Vietnam y más de 153.000 resultaron heridos. Entre civiles y militares hubo 587 prisioneros de guerra y cientos de desaparecidos. Para Vietnam las pérdidas fueron mucho más dramáticas: más de dos millones de muertos y tres millones de heridos; cientos de miles de niños quedaron huérfanos y hubo casi doce millones de refugiados, de los cuales cerca de un millón se reubicaron en dieciséis países. Quinientos mil de estos refugiados intentaron huir por mar (murieron en torno al 10 %-15 %), y los que lo consiguieron encontraron serios obstáculos legales y administrativos en los países de acogida. Los *boat people*, como fueron conocidos los refugiados vietnamitas del sur que huyeron por mar, protagonizaron un triste episodio del final de la guerra. Con destino a Malasia, Singapur, Filipinas, Indonesia o incluso Hong Kong, estos miles de personas tuvieron que resignarse a su triste destino. Su situación provocó una crisis internacional humanitaria con los países del Sudeste Asiático que cada vez tenían menos intención de aceptarlos. Es por eso que Vietnam tuvo que poner un límite a la salida de sus ciudadanos para impedir el colapso. Por su parte, los países asiáticos decidieron acoger temporalmente a los refugiados que fueran llegando, y los países desarrollados acordaron asumir la mayor parte de los costes del cuidado de estas personas. Muchos de ellos fueron repatriados.

Vietnam quedó destrozado. Había perdido el setenta por ciento de su infraestructura industrial y de transportes, tres mil escuelas, quince universidades y diez hospitales. La economía del país, que se basaba fundamentalmente en la agricultura, se vio muy seriamente dañada. El medio ambiente sufrió daños irreparables por efecto sobre todo de la guerra química, y la selva se vio brutalmente mermada. Pero las peores consecuencias en este sentido las vivió la población que, debido a los terribles efectos de las armas químicas, padecería graves enfermedades, abortos, niños con malformaciones al nacer y un elevadísimo índice de esterilidad. Además de esto hay que contar con el hecho de que el suelo vietnamita quedó plagado de minas sin explotar con el subsiguiente peligro que ello conlleva para el desarrollo de la vida cotidiana de la población. Pero sin lugar a dudas, desde el punto de vista humano, una de las consecuencias más duras que tuvo que soportar Vietnam tras su guerra fue la existencia de miles de niños nacidos fruto de las relaciones entre soldados estadounidenses y mujeres vietnamitas. «Los hijos de la guerra» fueron una consecuencia más del menosprecio estadounidense hacia este país. En Vietnam sur la prostitución estaba al alcance de todos. En ciudades como Saigón y Hue los proxenetas se acercaban a los vehículos militares para ofrecer a los soldados las mujeres que tenían a su cargo. Estos buscaban diversión, evadirse del horror de la guerra y algunos hasta cierta estabilidad emocional, cuya consecuencia directa será un fenómeno que en algunas fuentes aparece bajo la denominación de *bungalowing*, que consistía en alojar en un apartamento a una vietnamita por períodos de tiempo determinados, que podrían prolongarse hasta un año, para estar con ella durante los permisos. Había ocasiones en las que estas parejas se enamoraban y se casaban, llegando en no pocos casos a producirse situaciones de bigamia. Sin embargo, lo más triste de todo fue que, fruto de estas relaciones, nacieron más de cincuenta mil niños con un futuro bastante incierto. De ellos veintitrés mil pudieron emigrar a Estados Unidos, donde fueron totalmente repudiados; aunque en Vietnam no corrieron mejor suerte, ya que, en el norte les odiaban porque recordaban a aquellos que habían masacrado el país, y en el sur, les rechazaban porque les recordaban a aquellos que los habían abandonado. Fueran donde fuesen, eran rechazados.

Refugiados survietnamitas tras la caída de Saigón. Miles de survietnamitas se vieron obligados a exiliarse y buscar refugio en otros países al acabar la guerra. Tras la marcha de Estados Unidos, sintiéndose solos y abandonados, no tuvieron muchas más opciones de supervivencia.

En definitiva, y a pesar de que entre los dos países se restablecieran relaciones diplomáticas en 1995, y los presidentes estadounidenses posteriores al conflicto, Ford y Carter expresaran sus condolencias y lamentos al pueblo vietnamita, será tremendamente difícil superar la atrocidad que supuso este conflicto para las dos naciones. Sin embargo, lo que realmente no debe olvidarse es, como dice la canción de John Lennon, «give peace a chance».

Bibliografía

ABAD, Ángel. *Vietnam: independencia, guerra civil, conflicto internacional.* Barcelona: Ed. Nueva Terra, 1966.

APPY, Christian G.; ALDALUR BARBAS, Martín. *La guerra de Vietnam: una historia oral.* Barcelona: Crítica, 2008.

ARNALTE, Arturo. «El Vietnam soviético». En: *La aventura de la Historia*, 2001; n.º 37: 4.

BARCIA TRELLES, Camilo. «El calvario sudvietnamita». En: *Revista de Política Internacional*, 1971; n.º 115 (mayo/junio): 7-30.

BERGOT, Erwan. *La batalla de Diên Biên Phu.* Sant Andreu de Llavaneres, Barcelona: Malabar, 2007.

BURCHETT, Wilfred G. *Hanoi bajo las bombas.* Barcelona: Edima, 1967.

CANALES TORRES, Carlos; DEL REY VICENTE, Miguel. *Arrozales sangrientos: guerra en Vietnam.* Madrid: Edaf, 2003.

CAPARRÓS LERA, José M.ª. *La guerra de Vietnam entre la historia y el cine.* Barcelona: Ariel, 1998.

CHAFFARD, Georges. *La guerra de Vietnam: Indochina, diez años después.* Madrid: Ediciones Cid, 1965.

CRILE, George. *La guerra de Charlie Wilson.* Córdoba: Almuzara, 2008.

DAUGHERTY, Leo J. *La guerra de Vietnam día a día.* Madrid: LIBSA, 2003.

Demiquels, Martí. *Los marines en la guerra de Vietnam: uniformes, equipo, insignias, documentos y armamentos.* Valladolid: Galland Books, 2014.

Devillers, Philippe. «De Indochina a Vietnam». En: *Cuadernos de Historia 16*, 1985; n.º 114.

Edelman, Bernard/New York Vietnam Veterans Memorial Commission. *Dear America: letters home from Vietnam.* New York: Norton, 1985.

Fallaci, Oriana. *Nada y así sea.* Barcelona: Noguer, 2005.

Frade, Fernando. «La línea de la política exterior norteamericana después de la Segunda Guerra Mundial». En: *Revista de Política Internacional*, 1964; n.º 74: 133-144.

Gil Pecharromán, Julio. *La OTAN frente al Pacto de Varsovia.* Madrid: Temas de Hoy, 1998.

González, Pedro N. *Vietnam: una historia sin fin.* Madrid: Bubok, 2012.

González-Fierro Santos, Francisco Javier. *Toda la guerra del Vietnam en cine y tv.* Madrid: Arkadin Ediciones, 2008.

Gutiérrez Mángel, Joaquín. *Vietnam: crónicas de guerra.* San José, Costa Rica: Ed. Legado, 2011.

Herr, Michael. *Despachos de guerra.* Barcelona: Anagrama, 2001.

Jiménez, David. «Perdón sin olvido: cuatro décadas después». En: *La aventura de la Historia*, 2013; n.º 178: 72-73.

Keegan, John. *Dien Bien Phu.* Madrid: Ed. San Martín, 1975.

Krieg, E. *La tragedia de Vietnam (1945-1954).* Madrid: Ed. Círculo de Amigos de la Historia, 1969.

Lane, Mark. *Hablan los desertores de Vietnam.* Barcelona: Dopesa, 1971.

Leguineche, Manuel. *La guerra de todos nosotros: Vietnam y Camboya (1948-1985), el testamento de una época que hace hablar a los protagonistas por un testigo directo.* Esplugues de Llobregat (Barcelona): Plaza & Janés, 1985.

LARGO ALONSO, María Teresa. *La guerra de Vietnam*. Madrid: Akal, 1992.

MARÍN, Pilar. *La guerra de Vietnam en la narrativa norteamericana*. Barcelona: PPU, 1992.

MARIÑAS OTERO, Luis. «El sudeste asiático: las raíces históricas y sociales de un mundo conflictivo». En: *Revista de Política Internacional*, 1973; n.º 129: 33-50.

—, «La Constitución de 1967 en Vietnam del Sur». En: *Revista de Política Internacional*, 1971; n.º 113: 87-98.

MARTÍ GARCÉS, JORDI *et al. NAM. Crónica de la guerra de Vietnam, 1965-1975*. Barcelona: Planeta-Agostini, 1988.

MARTÍN ALARCÓN, Julio. «Sangre, napalm y lágrimas de muerte». En: *La aventura de la Historia*, agosto 2013, n.º 178: 60-61.

MENÉNDEZ, Jaime. «Estados Unidos en la Guerra Fría». En: *Revista de Política Internacional*, 1964; n.º 71: 7-36.

—, «Ni paz en Vietnam, ni elecciones en Inglaterra». En: *Revista de Política Internacional*, 1965; n.º 80: 53-74.

MESA, Roberto. «La encrucijada de Vietnam». En: *Revista de Política Internacional*, 1964; n.º 74: 7-55.

MINUÉ, Lázaro. *Vietnam: la guerra que nunca acabó*. Madrid: Ed. San Martín, 1985.

MOORE, Harold G.; GALLOWEY, Joseph. *Cuando éramos soldados... y jóvenes: la Drang, la batalla que cambió el curso de la Guerra de Vietnam*. Barcelona: Ariel, 2003.

MORÁN ORTÍ, Manuel. «La evolución de Estados Unidos en la segunda mitad del siglo XX». En: PAREDES, Javier. *Historia del Mundo contemporáneo*, siglo. XIX-XX. Madrid: Ariel, 2004.

MORENO CANTERO, Ramón. *Apocalypse Now redux: Francis Ford Coppola (1979-2001)*. Valencia: Nau Llibres; Barcelona: Ediciones Octaedro, 2003.

NEALE, Jonathan. *La otra historia de la guerra de Vietnam*. Barcelona: El Viejo Topo, 2003.

Ninh, Bao. *El dolor de la guerra*. Barcelona: Ediciones B, 2007.

O'Brien, Tim. *Las cosas que llevaban los hombres que lucharon*. Barcelona: Anagrama, 1990.

Pimlott, John. *Vietnam, las batallas decisivas*. Barcelona: Folio, 1998.

Prina, Agustín. *La guerra de Vietnam*. México, D. F.: Ocean Sur, 2008.

Rivers, Gayle; Hudson, James. *Cinco dedos*. Buenos Aires: Emecé Editores, 1979.

Robb, David L. *Operación Hollywood: la censura del Pentágono*. Barcelona: Océano, 2006.

Romaña Arteaga, José Miguel. *Tempestad sobre Vietnam*. Barcelona: Inédita Editores, 2005.

Rottman, Gordon L.; Lyles, Kevin. *Los boinas verdes en la guerra de Vietnam*. Barcelona: RBA, 2009.

Rubio García, Leandro. «Época nuclear y limitación de la guerra». En: *Revista de Política Internacional*, 1966; n.º 85: 145-160.

Salas, Fernando de. «Cómo es la guerra en el Vietnam». En: *Revista de Política Internacional*, 1965; n.º 79(mayo-junio): 107-114.

Salgado Alba, Jesús. «El riesgo de escalada atómica en Vietnam». En: *Revista de Política Internacional*, 1966; n.º 84: 129-140.

Schell, Jonathan. *En primera línea: crónicas de la guerra de Vietnam*. Barcelona: Galaxia Gutenberg, Círculo de Lectores, 2006.

Solar, David; Bosque, Alfredo. «Ocaso francés en Indochina». En: *La aventura de la Historia*, 2003; n.º 62.

Walmer, Max. *Guía ilustrada de tecnología militar. Fuerzas de élite*. Barcelona: Orbis, 1986.